Uschi Herzer und Joachim Hiller

Kochen ohne Knochen – Das Ox-Kochbuch 5

Noch mehr vegane Punk-Rezepte

Alle Rezepte sind, soweit nicht anders vermerkt,
für vier normalhungrige Menschen gedacht.

FSC www.fsc.org
MIX
Papier aus verantwortungsvollen Quellen
FSC® C106847

Print CO2 kompensiert
Id-Nr. 1328783
www.bvdm-online.de

kochbuch@ox-fanzine.de
www.ox-kochbuch.de

2. Auflage 2013

Edition Kochen ohne Knochen
ISBN 978-3-931555-28-3

Redaktion: Uschi Herzer und Joachim Hiller
Titelgrafik und Illustrationen: Rautie, www.rautie.de
Layoutentwicklung: Linda Köper, André Bohnensack
Layout: André Bohnensack
Lektorat: Ute Borchardt
Druck und Bindung: freiburger graphische betriebe

Fotos: Anja Falkenberg (32, 80, 96, 101, 104, 110, 126), Björn Lexius (54), Dirk Scheuer (74), Daniela Mohr (92, 134, 155, 166, 168, 184), Michael Auer (122), Sandra Gärtner, Foodfotografin.de (148), Rebekka Große (170), Diego Lemes (178), Katrin Hecker (180)

Ventil Verlag
Boppstr. 25
55118 Mainz
www.ventil-verlag.de

wir kochen ohne knochen

Dies ist nicht das erste vegane Kochbuch und auch nicht das letzte, ja wir träumen von einer (nicht so) fernen Zukunft, in der nicht-vegane Kochbücher die Ausnahme darstellen. Es ist unser veganes Kochbuch, es spiegelt unseren Geschmack und unsere Vorlieben wieder.

Es ist das fünfte Buch in der Ox-Koch-buch-Reihe, die Mitte der Neunziger als Ableger unseres Punk-Musikmagazins namens Ox begann, und nach vier vegetarisch-veganen Büchern ist dieses nun das erste vollständig vegane. Dies spiegelt unsere Entwicklung wieder, nach vielen Jahren als Vegetarier den entscheidenden, konsequenten Schritt hin zur veganen Ernährung getan zu haben, wofür ethische, gesundheitliche und ökologische Gründe gleichermaßen ausschlaggebend waren.

Wir wollen mit dieser rund 200 Rezepte starken Sammlung Vegan-Neulingen, erfahrenen Veganern, Nur-Vegetariern und neugierigen Allesessern ein Buch an die Hand zu geben, mit dem man die allermeisten Küchensituationen meistern kann. Ein Allzweckkochbuch gewissermaßen, mit all den Speisen und Gerichten, die wir am liebsten mögen. Dabei haben wir Wert gelegt auf Anleitungen, die verständlich und nachvollziehbar geschrieben sind.

Wir schätzen eine Küche, die mit so wenig Fertigprodukten wie möglich auskommt, die mit saisonalen und möglichst regionalen Zutaten arbeitet, und wir legen Wert auf biologischen Anbau und, falls Produkte von weit her kommen, auf fairen Handel.

Wir haben bewusst negative Begriffe wie „Verzicht" vermieden, denn Veganer verzichten auf nichts, sie dürfen und können alles essen, sie wollen es nur nicht. Und wir benutzen auch keinen „Ersatz", sondern setzen auf pflanzliche Alternativen. Wir sind zudem der Meinung, dass alles erlaubt ist, was schmeckt (solange es pflanzlicher Herkunft ist), und deshalb gibt es bei uns sowohl Rezepte für Gerichte, die sich an Fleischspeisen orientieren (Seitan und texturiertes Soja bieten sich dafür an), wie auch solche, die einfach nur den wunderbaren Geschmack von frischem Gemüse feiern.

Wir wünschen guten Appetit und viel Spaß beim „Kochen ohne Knochen"!
Uschi Herzer und Joachim Hiller

P.S.: Wer sich für vegane Ernährung und Lebensstil interessiert, findet interessante weiterführende Informationen in unserem Kochen ohne Knochen-Magazin (Infos unter kochenohneknochen.de)
P.P.S.: Wie bei all unseren Kochbüchern ist zu jedem Rezept die nach Meinung des Verfassers passende Musik angegeben. Musik ist Geschmackssache, im Zweifelsfall passt immer die eigene Lieblingsmusik, denn mit Musik macht das Kochen einfach noch mehr Spaß.

Wir danken: Rautie für seine Malkünste, Daniela Mohr für alles, Mille und Mareike für Inspiration, Ute fürs Lektorieren, André für das Layout, Björn für Ideen, Volker für lehrreiche Kochkurse, Markus für fachlichen Rat, Anja für Fotos, Jens, Oli, Ingo vom Ventil Verlag, Dani, Nico, Julius – und all unseren Gastrezeptschreiber/innen.

vegan – wie und warum?

Was bedeutet „vegan"?
Vegan zu leben bedeutet, in seiner Ernährung und seiner Lebensweise komplett tierische (in der „Szene" wird oft das Wort „tierlich" statt „tierisch" benutzt) Produkte völlig zu vermeiden: keine Eier, kein Käse, keine Milch, kein Honig, kein Fleisch, kein Fisch, keine Gelatine, kein Leder, keine Wolle, keine Seide – und auch keine Produkte, bei deren Herstellung Substanzen tierischer Herkunft verwendet wurden. Dadurch unterscheidet sich die vegane Lebensweise von der des Omnivoren (isst alles), Vegetariers (isst nichts vom toten Tier) oder Pescetariers (fischessende „Vegetarier"). Auch vegane Rohköstler gibt es. Oft wird statt vegan auch der Begriff „streng vegetarisch" verwendet. Und Obacht: Wer „veganisch" sagt oder schreibt, macht sich gegenüber Veganern als gänzlich uninformiert verdächtig.

Veganer – was sind das für Menschen?
Es klingt immer negativ, wenn man schreibt, was ein Anhänger einer bestimmten Lebensweise alles nicht tut – und wenn dann auch vermutet wird, dass er das, wie unter Befolgung eines quasireligiösen, nicht hinterfragten Regelwerks tun muss. Dabei wird vergessen, dass jeder uns bekannte Veganer zu dieser Lebensweise durch einen meist längeren Erkenntnisprozess gelangte. Deshalb darf man als Veganer alles essen, man will es nur nicht!
Also vergegenwärtigen wir uns lieber, was ein Veganer tut: Er achtet seine Mitkreaturen, die Umwelt, er macht sich Gedanken über das Verhältnis zu den anderen Lebewesen auf diesem Planeten, er schützt die Umwelt, die Ressourcen, seine Gesundheit und die Anderer. Und das ganz einfach, indem er Dinge lässt, die man bei rationaler Überlegung eben nicht tun muss. Es gibt bei genauerer Betrachtung für einen in einer westlichen Überflussgesellschaft lebenden Menschen weder gesundheitliche noch wirtschaftliche Gründe, eine in jeder Hinsicht ausreichende Ernährung durch die Tötung und/oder Nutzung (Veganer sprechen hier oft von Ausbeutung, sehen den Begriff „Nutzung" als Euphemismus an) von Tieren sicherzustellen.
Was nun das von Nicht-Veganern, von „Normalessern" hier und da als aggressiv, beleidigend oder belehrend empfundene Gebahren von manchen Veganern gegenüber „Fleisch(fr)essern" und als inkonsequent empfundenen Vegetariern betrifft: Solch ein Verhalten gibt es. In jeder sozialen Gruppe gibt es Menschen, die ihren Lebensstil, weil als allein selig machend empfunden, am liebsten der ganzen Welt aufdrücken wollen, weil sie sich in beinahe religiöser Weise erleuchtet und erhöht fühlen. Das sind Menschen, die angesichts der millionenfachen Tötung von Tieren so wütend sind, dass sie vergessen, dass man mit aggressivem Auftreten, mit Pöbeln und Beleidigen niemanden von seiner Meinung überzeugen kann. Das gelingt allein durch ein positives Beispiel und freundliches Vertreten und Erklären seiner Ansichten. Viele Veganer machen allerdings die Erfahrung, dass sie von „Normalessern" allein schon durch ihre Anwesenheit, durch das Verweigern von Fleisch, Wurst, Käse, Milch und Co. als „Störer" wahrgenommen werden, als Querulanten. „Jetzt hab dich nicht so, das Stückchen Sahnetorte kannst du doch wohl essen!" oder „Da ist nur ein bisschen Speck drin, das kannst du doch rausfummeln" sind Sätze,

die jeder Veganer schon so oft gehört hat, dass es manchmal schwerfällt, beim tausendsten Mal noch nett zu lächeln. Die meisten Veganer sind dennoch freundliche, positive Menschen, denen belehrendes Auftreten völlig fremd ist, die sich nur auf konkrete Nachfrage als vegan lebend zu erkennen geben – und sie machen dennoch die Erfahrung, dass man auf ihr Verhalten, ihre Einstellung ablehnend reagiert. Es mag nach „Küchenpsychologie" klingen, aber es ist wohl so, dass viele Fleischesser ein latent schlechtes Gewissen haben wegen ihres Tuns (bzw. Nicht-Lassens). Jeder weiß, dass er mehr Sport machen, weniger Alkohol trinken, nicht rauchen und auch weniger (oder kein!) Fleisch essen sollte, und wird man auf das Thema aufmerksam, wacht der innere Schweinehund auf und fühlt sich auf den Schwanz getreten. Statt eines resignativen „Jaaa, du hast ja eigentlich Recht ..." gilt bei vielen Menschen die Devise „Angriff ist die beste Verteidigung", und so wird der Veganer, der einem durch sein bloßes Nicht-Tun vor Augen führt, was man selbst (der letzte Fleischskandal ist zu jedem beliebigen Zeitpunkt höchstens ein paar Wochen her) eigentlich weiß, nur zum unabsichtlichen Überbringer einer Botschaft, die man nicht hören will. Die Griechen brachten den Überbringer der schlechten Nachricht einst um, soweit geht man dann doch nicht, aber für ein aggressives Anpampen reicht es dennoch. Und wenn der „Angepampte" dann nicht nur lächelt, sondern noch was Treffendes entgegnet, stimmt vermeintlich wieder das Bild der veganen Spaßbremse, des überheblichen Pflanzenfressers.

Warum vegan, und was ist „falsch" an vegetarischer Ernährung?

Es ist ganz simpel: Ohne Kuh keine Milch, und keine Milch ohne Kälbchen. Damit Kühe Milch geben, müssen sie Nachwuchs bekommen. Damit sie viel und ständig Milch geben, müssen sie ständig Nachwuchs haben. Und der Nachwuchs (also die Kälbchen) muss weg. Deshalb gibt es Kalbfleisch. Oder um es andersherum zu betrachten: Keine Milch (keine Käse, keine Sahne ...) ohne Kalbfleisch, ohne Rindfleisch. An genau dieser Stelle setzt die Kritik von Veganern an Menschen ein, die sich „nur" vegetarisch ernähren: Wer Milchprodukte konsumiert, isst zwar selbst kein Fleisch, trägt aber zwingend dazu bei, dass es ständig neue Kälbchen (und Kühe) gibt, die der landwirtschaftlichen Logik entsprechend „verwertet" werden müssen – im Schlachthaus. Ergo gilt: Wer nicht will, dass für seine Ernährung Tiere sterben müssen, darf nicht nur selbst kein Fleisch essen, sondern sollte konsequenterweise auch nicht durch sein Essverhalten dazu beitragen, dass für die Fleischesser ständig neuer Fleischnachschub „produziert" wird. Ökologische Milchviehwirtschaft ändert an der grundlegenden Problematik übrigens nichts. Ähnlich verhält es sich auch mit Eiern: Legehühner, auch die vom Bio-Hof, landen letztlich im Suppentopf und nicht auf dem Hennen-Gnadenhof. Und beim Nachwuchs wird selektiert: männliche Küken landen im Schredder oder werden vergast, weil sie nutzlos für die Eierproduktion sind und als Masthähnchen nicht taugen.

Vom direkten Fleischkonsum brauchen wir gar nicht erst zu reden: Die Zeiten, als sich hierzulande Bauern ein paar Schweine hielten, um Lebensmittelreste verfüttert zu bekommen, sind lange schon vorbei, die Bauernhofidylle ist längst eine Lüge, riesige Mastbetriebe sorgen für Billigfleisch im Supermarktregal, zigtausende Tonnen Gülle vergiften die Umwelt, Medikamentenrückstände bedrohen nicht nur die Fleischesser, sondern alle. Und

Geflügel, „gesundes" Putenfleisch, Chicken-Nuggets & Co.? Der Realität der Massen(qual)haltung kann sich niemand verschließen, der die Nachrichten verfolgt. Die (industrielle) Produktion von Fleisch unter Einsatz von Mastfutter, in der Regel auf Sojabasis, bedeutet Monokulturen, genmanipulierte Pflanzen, massenhaften Pestizideinsatz, von Großkonzernen und Spekulanten dominierte Märkte.
Und Bio-Fleisch oder Öko-Milchviehwirtschaft? Für manche Menschen mag diese Art der „Produktion" als akzeptable Lösung erscheinen zur Vermeidung der schlimmsten Auswüchse, den Überzeugungsveganer interessiert das nicht: tot ist tot, und für das Töten von Tieren, ihre „Nutzung", gibt es keinen vernünftigen Grund, lässt sich doch eine vollwertige, gesunde Ernährung auf rein pflanzlicher Basis problemlos sicherstellen.
Fisch aus Wildfang ist angesichts überfischter Bestände nicht nur unter ökologischen und ethischen Aspekten unverantwortlich. Die Fangflotten der Industrie- und Schwellenländer leeren die Meere schneller, als die Fische nachwachsen können, und berauben etwa vor Afrikas Küsten die einheimische Bevölkerung ihrer Nahrungsquelle, werfen zigtausende Tonnen Fische als „Beifang" verletzt oder tot wieder ins Meer. Aber auch Fisch, Shrimps und Co. aus Zuchtbetrieben sind unter ökologischen Aspekten abzulehnen, jenseits von ethischen Gründen, wird hier doch oft mit massiver Medikation und Massenhaltung das wiederholt, was man aus der Tierhaltung zu Lande kennt.

Von Genussveganern und Antispeziesisten

Die vegane Szene ist so bunt wie das Leben. „Die Veganer" gibt es nicht, einig ist man sich nur darin, nichts vom Tier essen oder gebrauchen zu wollen. Manche sind reine „Genussveganer", sie finden pflanzliches Essen einfach leckerer als solches, das vom lebenden oder toten Tier stammt. Andere leben aus gesundheitlichen Gründen vegan, manchmal spielt hier eine „Vorbelastung" durch eine Allergie eine Rolle, oder Laktose-Intoleranz.
Ökologische Aspekte sind für viele Veganer ebenfalls ein wichtiger Grund für ihre Entscheidung, schließlich schaden Massentierhaltung, Fleischkonsum und Milchwirtschaft wegen des enormen Ressourcen- und Flächenverbrauchs der Umwelt ganz erheblich und tragen zur Erderwärmung bei. Wenn pflanzliche Nahrungsmittel als Viehfutter verwendet werden, ist zudem immer ein politischer Aspekt im Spiel: In Südamerika und zunehmend auch in Afrika gehören riesige Agrarflächen internationalen Großkonzernen, deren Interessen gegenüber Kleinbauern und Landlosen oft mittels korrupter Regierungen und durch polizeiliche und militärische Gewalt durchgesetzt werden, von den mafiösen Strukturen im Holz-Raubbau (auf den gerodeten Flächen weiden hinterher Tiere oder wird Soja angebaut) einmal abgesehen. Nicht zu vergessen der Absatzmarkt für oft genmanipuliertes, patentiertes Saatgut nebst dazugehörigen Pestiziden und gesundheitlichen Folgen für die Landarbeiter, die diesen ausgesetzt sind.
Für andere Veganer stehen wiederum die Tierrechte im Vordergrund: Denen geht es nicht darum, ob Legehennen ein paar Quadratzentimeter mehr Platz haben oder dass Zirkustiere ordentlich gehalten werden. Statt „nur" um den Tierschutz, geht es hier ganz grundsätzlich um das Verhältnis zwischen Menschen und „nichtmenschlichen Tieren". Von Antispeziesismus ist da oft die Rede: Warum sollte dem Menschen das Recht zustehen, andere Lebewesen zu nutzen, sie auszubeuten, sie zu töten? Hier kommen aber

oft auch recht radikale Ansichten und Forderungen zum Tragen, die nicht jeder nachvollziehen kann oder will. Gerade Fleischesser oder Nur-Vegetarier sind von diesen komplexen, philosophischen Argumenten oft überfordert, zudem wenn sie mit aggressivem Unterton vorgetragen werden, etwa mit der Parole „Vegetarier sind Mörder". Oft wird hier vergessen, dass Menschen sich nur durch positive Beispiele beeindrucken und überzeugen lassen, nicht aber durch anklagend erhobene Zeigefinger.

Was Veganer nicht konsumieren – und was sie stattdessen verwenden

„Hilfe, ich bin in vegan, was soll ich denn jetzt essen?!" Ruhe bewahren: Prinzipiell lässt sich sagen, dass sich für alles, was man bislang nur als nichtpflanzliches Produkt kannte, eine Alternative findet. Eine vegane Ernährung bedeutet eben immer auch eine grundsätzliche Umstellung der Ernährung. Wer als Fleischesser vorher Berge von Hähnchen und Schweinshaxen vertilgt hat, wer als Vegetarier kiloweise französische Käsespezialitäten verspeist hat, wird es auf kurze Distanz sicher schwer finden, sich mit gleichen Speisen vegan zu ernähren. Zwar ist die vegane Lebensmittelbranche sehr erfinderisch, gerade was „Fleischersatzprodukte" betrifft, und es gibt auch diverse vegane „Käse"-Sorten, doch viele Veganer, die ehrlich zu sich selbst sind, geben zu, dass manche dieser Produkte zwar durchaus gelungen sind und man sie ab und zu auch mal gerne isst, aber in jeder Hinsicht überzeugend, also von Geschmack bis zur küchentechnischen Verwendbarkeit, sind sie nicht für jeden. Die Konsequenz: Man setzt solche Produkte hier und da und eher sparsam ein, wenn man denn darauf steht, wohingegen andere Veganer bei allem, was nach Fleisch oder Käse aussieht und riecht, die Flucht ergreifen. Veganer Käseersatz ist eben oftmals – nur merkt man es da im Gegensatz zum Original an der Zutatenliste – ein Klumpen Fett und damit ernährungsphysiologisch zumindest fragwürdig. Auch tun sich hier oft Welten auf zwischen einem vollwertigen Lebensmittel aus Bio-Zutaten und einem zwar rein pflanzlichen, aber dafür auf die Kunstgriffe moderner Lebensmittelchemie zurückgreifenden Produkt. Polemik und stark wertende Urteile sind hier aber fehl am Platz, denn letztlich ist erlaubt, was schmeckt und gefällt. Und mit Bildern aus der Massentierhaltung und Schlachthöfen vor Augen fällt das Urteil über das „kleinere Übel" sowieso eindeutig aus.
Wenn man nun aber nach der Entscheidung für eine vegane Lebensweise so „normal" wie möglich weiterkochen und -essen will, stößt man zwangsläufig auf einige Produkte, die in der europäischen Küche ständig vorkommen und für die man entsprechende pflanzliche Alternativen benötigt. Mit etwas Übung sind alle veganen Zutaten einfach einsetzbar – und für so ziemlich jede Frage findet sich irgendwo im Netz ein Blog- oder Foreneintrag. Hier nun eine kleine Übersicht, was es gibt, was man damit macht und was nicht.

Milch: Dem Veganer sollte man besser nicht mit Milch (auch nicht laktosefreier!) kommen, nicht mit Sahne, Butter, Crème fraîche, Käse, etc. Erstaunlicherweise haben viele Omnivore völlig absurde Vorstellungen bezüglich der Lebensmittel, die Milchprodukte enthalten, ja Schwierigkeiten, etwa Butter als tierisches Produkt zu identifizieren. Jeder Veganer ist deshalb zwangsläufig geschult im Erläutern solcher Sachverhalte, aber angesichts der Ahnungslosigkeit, Ignoranz oder Arroganz, die ihm entgegenschlägt, immer wieder erstaunt. Vegane Milch darf

– dumme Gesetze sorgen dafür – nicht so heißen, also lautet der korrekte Begriff beispielsweise „Sojadrink". Auch aus Hafer, Reis oder Mandeln lässt sich Milch herstellen. Manche Produkte sind mit Kalzium angereichert, andere gesüßt oder aromatisiert, das eine lässt sich für Cappuccino besser aufschäumen als das andere, manches flockt in Tee oder Kaffee aus. Ausprobieren und Lieblingsprodukt finden.

Sahne: Wie bei Milch gibt es eine breite Palette an Alternativprodukten, etwa auf Soja- oder Haferbasis oder auch Mandelmus. Nicht immer lassen sich die pflanzlichen Alternativen 1:1 verarbeiten, manche Vegan-Sahne mag es nicht, in der Pfanne aufgekocht zu werden, auch das Aufschlagen für Kuchen und Süßspeisen ist im Detail anders. Aber etwas Übung, Recherche und Küchenforschung helfen auch hier schnell weiter.

Quark/Frischkäse: Hier gibt es verschiedene Fertigprodukte, viele erfahrene Veganer schwören aber auf Seidentofu, der sich hervorragend für Käsekuchen oder Mousse au Chocolat eignet. Und einen Frühstücksquark bzw. Kräuterfrischkäse auf Tofubasis kann man leicht selbst herstellen (Rezept auf Seite 144).

Butter: Statt Butter bietet sich vegane Margarine (manche Margarine enthält Milchprodukte) als Brotaufstrich an, zum Backen eignet sich die etwas festere Variante sehr gut, auch Rapsöl beispielsweise ist beim Backen eine gute Alternative.

Käse: Es gibt verschiedene Hersteller von veganem Käse, der im Grunde ein „Analogkäse" ist. Ob einem das schmeckt, ist Geschmackssache, und viele Ex-Vegetarier sehen hier den härtesten Schnitt zu ihrem bisherigen Essverhalten, denn rundum überzeugen kann veganer Käse (bislang) nicht wirklich. Dennoch wird eine breite Palette an Produkten angeboten, sowohl am Stück wie auch bereits gerieben zum Überbacken. Zum Überbacken eignet sich aber auch Hefeschmelz, der leicht selbst gemacht ist (Rezept auf Seite 145).

Joghurt: Sojajoghurt schmeckt, vor allem mit Früchten vermischt oder z.B. als Zaziki zubereitet, nicht anders als solcher aus Milch. Beim Kauf aufpassen, denn mancher Natur-Sojajoghurt ist vorgesüßt (Zutatenliste beachten) und eignet sich deshalb nicht für Herzhaftes.

Ei: Das vegane Frühstücksei oder Spiegelei bleibt Zukunftsmusik, aber davon abgesehen ist die Substituierung einfach. Man kann spezielle Ersatzprodukte kaufen, billiger geht es mit vollfettem Sojamehl, das beim Backen oder zum Stocken einer Quiche Eier ersetzen kann. Und Rührei kann man mit einer Mischung aus normalem Tofu und Seidentofu zaubern (Rezept auf Seite 154). Übrigens denken viele „Normalos", dass Nudeln immer Eier enthalten – dabei besteht italienische (Trocken-)Pasta typischerweise nur aus Hartweizengries, wohingegen frische Nudeln meist Ei enthalten.

Mayonnaise: Mit Ei-Mayo kann man ganze Altenheime entvölkern, aber warum ist da überhaupt Ei drin – nur als Salmonellenquelle? Geschmacklich ist Ei in Mayo völlig redundant, eifreie Mayo ist im Bio-Laden erhältlich und zudem leicht selbst herstellbar (Rezept auf Seite 145).

Honig: Beim Backen und Kochen lässt sich Honig leicht ersetzen, etwa durch Agavendicksaft oder Ahornsirup. Die „reine Lehre" des Veganismus sagt: kein

Honig, weil ein Produkt der Tierausbeutung. Aber zu diesem Thema hat jeder Veganer eine eigene Meinung, manche essen Honig, andere nicht. Falls Honig, dann aber nur aus biologischer Landwirtschaft. Außerdem wird Bienenwachs oft als Trennmittel verwendet, z.B. bei eigentlich veganen Fruchtgummis.

Fleisch, Wurst: Die Trennlinie in der Veganszene verläuft zwischen Freunden der „Substitutküche" einerseits und jenen, die alles Fleischige ablehnen, ob nun vom Tier oder nur nachgeahmt. Pragmatische Veganer essen, worauf sie Lust haben: „Mock Duck", also „Falsche Ente" aus Seitan? Lecker. Sojasteak? Yummy! Gebratener Tofu? Eine Delikatesse! Das sehen andere Veganer ganz anders, lecker geht für sie pflanzlich, und alles, was nach Fleisch aussieht, so schmeckt oder dessen Textur hat, wird abgelehnt. Auch die vegane Küche ist eben in erster Linie Geschmackssache.
Wer es also gerne fleischig hat in Pfanne und Eintopf, auf Grill oder Brot, findet unzählige Alternativprodukte, basierend auf texturiertem Soja, Tofu, Tempeh und Seitan (Weizengluten). Ob Hackfleisch, Schnitzel, Geschnetzeltes, Döner/Gyros, Bratwurst, Aufschnitt – in keinem Bereich ist die vegane Lebensmittelbranche erfinderischer und greift dabei oft auf uralte asiatische Traditionen zurück. Wenn man das mag, ist es lecker, wenn man allerdings Veganer wurde aus Ekel vor Fleisch und Wurst, ist die Alternative oft so echt, dass sie die gleichen Reaktionen hervorruft. Aus Geschmacksgründen gibt es angesichts vielfältiger, ausgereifter Pflanzenprodukte keinen Grund, weiterhin Tiere zu essen.

Leder, Pelz, Wolle, Seide: Wer kein totes Tier auf dem Teller liegen haben will, trägt es auch nicht an den Füßen, an den Beinen oder am Oberkörper spazieren. Manche Veganer gehen so weit, auch Kunstpelz und Kunstleder abzulehnen, vielen aber genügt zu wissen, dass ihre Kleidung und Schuhe tierproduktfrei sind. Dass die Ersatzprodukte oft aus ökologisch nicht unbedenklichen Kunststoffen sind, wird als das kleinere Übel angesehen. Lederfreie Jacken/Hosen sind kein Problem, bei Schuhen muss man etwas suchen und eine etwas kleinere Auswahl hinnehmen, stellt dann aber fest, dass es für jeden Bereich von Outdoor bis Büro lederfreie Alternativen in sehr guter Qualität gibt. Kleidung aus Wolle und Seide wird auch oft vermieden, ebenso Produkte, die beispielsweise Rosshaar (z.B. in Matratzen) enthalten.

Haustiere: Hunde als „Allesfresser" lassen sich relativ einfach, artgerecht und problemlos vegan ernähren. Es gibt entsprechendes Futter, und im Web lassen sich dazu zahlreiche Einträge finden. Bei Katzen, die Fleischfresser sind, ist es anders: Zwar ist veganes Katzenfutter erhältlich und es gibt Erfahrungsberichte, dass Katzen damit klarkommen, aber auch ganz gegenteilige Meinungen. Und wie jeder Katzenbesitzer weiß: Erwachsene Katzen fressen nur, was sie wollen. Also greifen viele vegane Katzenbesitzer reumütig zum (Bio-)Fleischfutter. Immer eine konsequente Entscheidung: Tiere aus dem Tierheim, nicht vom Züchter, so trägt man nicht zu Steigerung der Nachfrage bei. Grundsätzlicher gehen manche Tierrechtler die Sache an und lehnen die Haltung von Tieren in Gefangenschaft – zuhause und im Zoo – ab, inklusive Goldfisch, Kanarienvogel und Hamster.

Kosmetik: Viele Kosmetik- und Körperpflegeprodukte enthalten tierische Inhaltsstoffe, die mögliche Palette ist groß. Viele Hersteller bieten jedoch pflanzliche, tierversuchsfreie Naturkosmetik an, die auch durch entsprechende Logos gekennzeichnet ist. Zu Beginn ist die Suche auch hier zeitintensiv, doch hat man dann „seine" Produkte gefunden, ist es kein Problem mehr.

Gelatine und andere „versteckte" tierliche Substanzen: Mit Agar Agar oder Johannisbrotkernmehl lässt sich eine feste Konsistenz von beispielsweise Süßspeisen genauso gut erreichen wie mit Gelatine, die aus Schlachtabfällen hergestellt wird. Aber die Lebensmittelindustrie ist findig, wenn es darum geht, in Produkten oder bei deren Herstellung Produkte vom lebenden oder toten Tier einzusetzen. Medikamente werden in Gelatinekapseln gefüllt, Tabletten mit Milchzucker hergestellt, Saft und Wein mittels Gelatine oder Hühnereiweiß von Trübstoffen befreit.

Woran erkenne ich vegane Produkte?
Viele vegane Produkte kann man am Vegan-Logo, einem ähnlich dem Bio-Siegel geschützten V-Logo erkennen, das sich auf einer Reihe von Produkten findet, sowohl Lebensmitteln wie Kosmetika. Es gibt verschiedene V-Labels, mit etwas Internetrecherche lernt man sie zu unterscheiden. Grundsätzlich sind Bio-Läden eine gute Vor-Ort-Quelle für vegane Lebensmittel, ebenso verschiedene spezialisierte Internet-Versandhändler mit oft tausenden Produkten, die ausschließlich „sichere", also vegane Waren anbieten. Um im Laden erkennen zu können, ob ein Produkt vegan ist, auch wenn es das V-Logo nicht trägt, kann eine Smartphone-App hilfreich sein: Barcode fotografieren und schon kann man erkennen, ob vegan oder nicht. Nur zu Beginn der „veganen Karriere" ist das etwas aufwendiger, denn wenn man „seine" Produkte mal kennt, ist das Einkaufen nicht komplizierter als vorher.

Vegan = bio = fair?
Vegan ist nicht gleich bio. Viele vegane Lebensmittel finden sich im Bio-Laden, aber es gibt auch viele konventionelle Veganprodukte – und manch veganes Produkt lässt sich aufgrund der strengen Bio-Richtlinien gar nicht „in bio" herstellen. Vielfach gibt es auch beide Versionen, etwa bei Sojamilch, Sojasteaks oder Tofu. Wir sind der Meinung: So viel bio wie möglich muss sein! Gleiches gilt für fair gehandelte Produkte (erkennbar z.B. am FairTrade-Logo). Vegane Schokolade, die nicht mit fair gehandeltem Kakao hergestellt wurde, ist ein Beispiel für ein inkonsequentes Produkt.

Wo bekomme ich weitere Infos zu veganer Lebensweise, wer verkauft vegane Lebensmittel?
Unter www.ox-kochbuch.de haben wir eine Linkliste hinterlegt mit Infos zu veganen und vegetarischen Interessenverbänden, Rezeptblogs, Versandhändlern, Läden und so weiter. Was immer vor Ort nicht zu bekommen ist, etwa lederfreie Schuhe oder vegane Spezialitäten – in den Tiefen des Internets findet sich so ziemlich alles. Kein Grund also, als Provinzbewohner oder Berufstätiger mit beschränkter Zeit zum Einkaufen an der veganen Lebensweise zu verzweifeln. Mit „Kochen ohne Knochen" geben die Autoren dieses Kochbuchs zudem eine Zeitschrift heraus, in der sich viele hilfreiche Infos in Sachen veganer Lebensweise finden. Mehr Infos unter www.kochenohneknochen.de.

das einmaleins der veganen ernährung von dr. markus keller

Eine vegane Ernährung sollte abwechslungsreich und vielseitig gestaltet werden. Wer den täglichen Speiseplan aus allen pflanzlichen Lebensmittelgruppen zusammenstellt und zusätzlich auf eine sichere Vitamin-B_{12}-Zufuhr achtet, kann sich mit allen Nährstoffen optimal versorgen. Eine praxistaugliche Orientierung mit den entsprechenden Mengenempfehlungen gibt die Gießener vegetarisch-vegane Lebensmittelpyramide (PDF-Download: www.ox-fanzine.de/vegpyramide). Die zehn wichtigsten Dinge, auf die bei einer veganen Ernährung geachtet werden sollte, sind außerdem hier dargestellt, im Einmaleins der veganen Ernährung.

5 a day

Gemüse und Obst sollten die Grundlage jeder gesundheitsfördernden Ernährungsweise darstellen. Dabei gilt: täglich drei Portionen Gemüse (mind. 400 g) und zwei Portionen Obst (mind. 300 g), wobei je ein Viertel der Menge auch als Saft getrunken werden kann. Ausgewählt wird am besten nach dem „Ampelprinzip": täglich gelbe, orange-rote und grüne Obst- und Gemüsesorten liefern eine gesunde Kombination von Mineralstoffen, sekundären Pflanzenstoffen und Vitaminen. Da die letzten beiden Stoffgruppen durch Kochvorgänge teilweise zerstört werden können, sollte etwa ein Drittel der Gemüsemenge als unerhitzte Frischkost gegessen werden. Generell sollten gering verarbeitete Lebensmittel bevorzugt werden, da sie eine höhere Nährstoffdichte haben.

Regional, saisonal, bio!

Bohnen aus Ägypten und Äpfel aus Neuseeland? Importiertes Obst und Gemüse hat oft weite Reisewege per Schiff oder Flugzeug hinter sich, bis es in unserem Einkaufswagen landet. Das wirkt sich (meist) negativ auf die Klimabilanz unserer Lebensmittel aus. Ähnlich ist es bei Tomaten oder Gurken, die im Winter im beheizten Gewächshaus reifen, wofür viel Energie aufgewendet werden muss. Vorteile für die Klimabilanz bringt hingegen der Öko-Landbau gegenüber der konventionellen Landwirtschaft: Bio-Betriebe verbrauchen im Schnitt weniger Energie, reichern den CO_2-bindenden Humus im Boden an und verzichten auf klimaintensive Kunstdünger und Pestizide. Wer also darauf achtet, Gemüse und Obst regional, saisonal und im besten Fall auch bio einzukaufen, tut nicht nur sich selbst, sondern auch Klima und Umwelt etwas Gutes.

Raus in die Sonne

Sonnenlicht wirkt sich nicht nur positiv auf die Stimmungslage aus, sondern ist auch wichtig für die körpereigene Vitamin-D-Synthese. Seine wichtigsten

Funktionen erfüllt Vitamin D im Knochenstoffwechsel und im Immunsystem. Um ausreichend Vitamin D zu bilden, sollte man sich während der Mittagszeit mindestens 15 Minuten pro Tag mit unbedeckten Armen, Hals und Gesicht in der Sonne aufhalten. In den sonnenarmen Monaten (Ende Oktober bis Mitte April) reicht allerdings die Sonneneinstrahlung nicht mehr für eine ausreichende Vitamin-D-Bildung aus. Dann sind – unabhängig von der Ernährungsform – mit Vitamin D angereicherte Lebensmittel oder Nahrungsergänzungsmittel sinnvoll.

Vitamin B_{12} muss sein

Trotz der vielen, sich hartnäckig haltenden Behauptungen, Vitamin B_{12} sei ausreichend in pflanzlichen Lebensmitteln wie Algen, Sauerkraut oder Tempeh enthalten oder könne von Bakterien der Darmflora für den Menschen zur Verfügung gestellt werden: Bisher konnte keine dieser Theorien wissenschaftlich bestätigt werden. Bei veganer Ernährung führt kein Weg am Verzehr angereicherter Lebensmittel oder an einer Supplementierung mit Vitamin B_{12} vorbei. Um die empfohlenen 3 Mikrogramm Vitamin B_{12} pro Tag aufzunehmen, kann beispielsweise ein tägliches Supplement mit 10 Mikrogramm Vitamin B_{12} verwendet werden. Außerdem sollte etwa einmal im Jahr die Vitamin-B_{12}-Versorgung anhand von Blutwerten (Holo-Transcobalamin, Serum-Vitamin-B_{12}, Homocystein) überprüft werden, um einen Mangel auszuschließen.

Starke Knochen

Ein weiterer potenziell kritischer Nährstoff bei veganer Ernährung ist Kalzium. Er dient dem Körper vor allem als Baustein für Knochen und Zähne, ist aber auch an der Reizweiterleitung der Nerven, der Muskelkontraktion und der Blutgerinnung beteiligt. Um die für Erwachsene empfohlene Aufnahmemenge von 1000 Mikrogramm pro Tag zu erreichen, sollten gezielt kalziumreiche Lebensmittel verzehrt werden, wie dunkelgrünes Gemüse, Nüsse, Samen (vor allem Sesammus) und mit Kalzium angereicherte Produkte (z.B. Soja- oder Hafermilch). Beim Kauf von Mineralwässern sollten kalziumreiche Sorten (> 150 mg/l) bevorzugt werden.

Vollkorn hat's in sich

In Getreide stecken viele Vitamine und Mineralstoffe, die sich vor allem in den Randschichten der Körner befinden. Je weniger das Getreide ausgemahlen und je stärker es verarbeitet wird, desto weniger Mikronährstoffe und Ballaststoffe verbleiben im Produkt. Deshalb lieber zur Vollkorn- als zu Weißmehlprodukten greifen. Sie halten nicht nur länger satt, sondern versorgen den Körper obendrein mit deutlich mehr Vitaminen und Mineralstoffen. Damit es nicht langweilig wird, bieten sich zur Abwechslung mit Vollkornprodukten auch Kartoffeln (vor allem Pellkartoffeln) für den Speiseplan an. Auch sie garantieren eine hohe Nährstoffdichte.

Und die Proteine?

Ein beharrliches Vorurteil in Bezug auf vegane Ernährung ist die angebliche Unterversorgung mit Protein (Eiweiß). Bei breiter Auswahl unterschiedlicher pflanzlicher Proteinquellen und ausreichender Zufuhr ist ein Proteinmangel praktisch unmöglich. Neben Soja- (z.B. Tofu, Tempeh), Seitan- sowie Lupinenprodukte zählen dazu auch Getreide, Nüsse und Samen. Auch Hülsenfrüchte sollten öfters auf dem Teller landen – sie enthalten nicht nur viel Protein, sondern auch Ballaststoffe und sekundäre Pflanzenstoffe, die gesundheitsfördernde Wirkungen entfalten. Aber auch Kartoffeln tragen zur Proteinversorgung bei. Durch die Kombination verschiedener Proteinquellen – über den Tag verteilt genügt – kann die geringere Verfügbarkeit von pflanzlichem gegenüber tierischem Protein für den menschlichen Körper geschickt ausgeglichen werden.

Powerpaket Nuss

Nüsse sind nicht nur reich an Protein und vollgepackt mit Vitaminen und Mineralstoffen, sondern weisen auch ein günstiges Fettsäuremuster auf. Studien zeigen, dass ein häufiger Konsum von Nüssen das Risiko für Herz-Kreislauf-Erkrankungen senkt. Um diese günstigen Wirkungen zu erreichen, sollten täglich etwa 30 bis 60 Gramm verschiedener Nüsse, auch als Nussmus, verzehrt werden. Übrigens zeigen alle vorliegenden Studien, dass es keinen Zusammenhang zwischen Nussverzehr und Übergewicht gibt.

Jod

Jod kommt in der hierzulande üblichen Ernährung hauptsächlich in Milch, Käse und Seefisch vor. Erdgeschichtlich bedingt sind die Böden, Weideflächen und auch das Trinkwasser in Deutschland relativ jodarm. Entsprechend enthält das auf unseren Ackerflächen erzeugte Getreide, Gemüse und Obst sehr wenig Jod. Grundsätzlich sollte daher immer mit Jod angereichertes Salz – oder auch mit jodhaltigen Algen angereichertes Meersalz – verwendet werden. Einige Algenarten mit mäßigem (!) Jodgehalt (z.B. Nori) können den Speiseplan bereichern und so zur Jodversorgung beitragen.

Omega-3-Fettsäuren

Omega-3-Fettsäuren sind wichtige Bestandteile der Zellmembranen und Ausgangsprodukte zur Bildung von Gewebshormonen. Zudem spielen sie bei der Prävention von Herz-Kreislauf-Erkrankungen eine Rolle, weil sie sich positiv auf die Gesundheit von Herz und Gefäßen auswirken. Da sie vom Körper nicht selbst gebildet werden können, müssen wir sie mit der Nahrung aufnehmen. Gute pflanzliche Quellen sind einige Speiseöle, besonders Lein-, Hanf-, Raps- oder Walnussöl, oder auch Walnüsse. Ein Teelöffel Leinöl deckt den Tagesbedarf an Omega-3-Fettsäuren (in Form der α-Linolensäure).

Ernährungswissenschaftler Dr. Markus Keller ist Mitverfasser des Standardwerks „Vegetarische Ernährung" (UTB 2010, 22,90 Euro) und Leiter des IFANE-Instituts (Institut für alternative und nachhaltige Ernährung) in Gießen. Als ausgewiesener Experte in Sachen vegetarischer und veganer Ernährung steht er dem Magazin „Kochen ohne Knochen", dem Vegetarierbund und vielen anderen Organisationen sachkundig zur Seite.
www.ifane.org

salate

abc-salat

von Joachim Hiller
MINOR THREAT „Salad Days"

Warum ABC-Salat, warum ein Rezept für einen Salat? Weil es immer noch Menschen gibt, die am Salat verzweifeln. Weil man immer wieder miserabelste, völlig fantasielose Salate vorgesetzt bekommt, zubereitet von Menschen, die das Grünzeug ja sowieso nur als Dekoration betrachten, das traditionell zu Kadavergerichten gereicht wird. Ein ordentlicher Mann lässt den Beilagensalat nach Verzehr seines Steaks natürlich völlig unangerührt zurückgehen ...

Für den Salat:
- **Salatblätter (Eisbergsalat, Romana, junger Spinat, Lollo Rosso, Lollo Bionda, Feldsalat, Endivie, Eichblatt ... was immer die Saison hergibt)**
- **Rucola**
- **Rotkohl**
- **Paprika**
- **Radicchio**
- **Radieschen**
- **Fenchel**
- **Tomaten**
- **Möhren**
- **Zwiebel, Frühlingszwiebel**
- **Maiskörner (aus Glas oder Dose)**
- **Salatgurke**

Für die Extras:
- **essbare Blüten**
- **Kresse**
- **Minzblätter**
- **Apfel, Birne (kleine Stücke)**
- **Pfirsich/Nektarine (kleine Stücke)**
- **Erdbeeren**

Für das Dressing:
- **Essig (Apfel, Wein, Balsamico ...)**
- **Öl (Olive, Raps, Sonnenblume ...)**
- **Pfeffer, (Kräuter-)Salz**
- **Senf**
- **Agavendicksaft**
- **Mayo**
- **Tomatenmark**
- **(TK-)Kräutermischung**
- **obendrüber: Sonnenblumenkerne oder andere Sämereien wie Sesam, Kürbiskerne etc.**

1. Wichtig ist beim Salat wirklich auf knackige, frische, regionale (Bio-)Ware zu setzen. Salatmischungen aus Beutel oder Box im Kühlfach sind erwiesenermaßen bäh. Natürlich macht es keinen Sinn, sich als Ein-Personen-Haushalt drei Salatköpfe ins Gemüsefach zu stopfen, und im Winter, wenn es außer spanischem Eisbergsalat nichts anderes gibt, greift man sowieso lieber zu Chinakohl, Kohl oder Chicorée. Also: Salat putzen, das heißt die welken Blätter aussortieren und die knackigen in mundgerechte Stücke zupfen oder schneiden. Die harten Blattrippen sind dabei eher was für Kaninchen und Meerschweinchen. Waschen und schleudern/abtropfen lassen (der Profi legt sich eine Salatschleuder zu, der Rest nimmt ein Küchensieb). In einer luftdichten Dose halten sich die Blätter auch 2-3 Tage im Kühlschrank.
2. Was immer zur Hand ist – nicht alle hier beispielhaft aufgeführten Zutaten auf einmal verarbeiten, weniger ist mehr! –, wird nun kleingeschnibbelt und in eine große Schüssel gekippt.
   Rucola: bitte putzen, harte Stiele abknipsen.
   Feldsalat: auslesen, waschen, schleudern. Rotkohl: ein kleines Stück eines kleinen Kopfes feinst hobeln.
   Radicchio: ein paar Blätter waschen und in kleine Stücke zupfen.
   Fenchel: Das Grünzeug hinten weg, die harten äußeren Stücke wegpulen, halbieren, den Strunk V-förmig raus-

schneiden, dann fein hobeln.
Möhre: waschen, eventuell schälen, fein reiben.
Radieschen: achteln oder fein hobeln.
Salatgurke: ein paar Zentimeter davon schälen und in Stücke schneiden.
Tomate: waschen, halbieren, Stilansatz rausschneiden, achteln.
Zwiebel (egal ob rot oder weiß): fein würfeln oder in dünne (Halb-)Ringe schneiden.
Frühlingszwiebel: Bart ab, weiches Grünzeug ab, waschen, in dünne Ringe schneiden.
Mais: zwei, drei Gabeln voll.

3. Sonnenblumenkerne (sind viel billiger als oft überteuerte Salat-Körnermischungen) in einer Pfanne anrösten, zur Seite stellen.
4. Und jetzt geht es ans Dressingmachen. Grundsätzlich und für Veganer sowieso sind Fertigdressings voller Zeugs, das niemand braucht. Man nehme eine kleine Schüssel, einen kleinen Schneebesen und diese Grundmenge (pro Person): 2 EL Öl, 1 EL Essig, 1 Prise Salz, etwas Pfeffer in einer Schüssel verquirlen. Jenseits des Pflichtprogramms hat sich dann bewährt (alles kann, nichts muss): 1 TL Senf, etwas Agavendicksaft, Kräuter (frisch oder tiefgekühlt), wer will etwas Mayo, etwas Tomatenmark – und noch mal gut verquirlen.
5. Endspurt: Erst den Salat gut durchmischen, noch ohne Dressing, und dann entweder auf einzelne Teller verteilen oder in der großen Schüssel lassen. Dann das Dressing, wobei es da verschiedene Meinungen gibt: Dressing in die Schüssel und dann durchmischen? Obacht, da wird der Salat schnell matschig. Oder eben erst direkt vor dem Servieren darübergeben. Die Extras obendrauf, ebenso die Sonnenblumenkerne, fertig!

allzweck-kartoffelsalat

für 2, von Uschi Herzer und Joachim Hiller
KVELERTAK „s/t"

Dieser Kartoffelsalat geht immer und zu allem. Joachims Oma Kristek machte den statt mit Senf nur mit Gemüsebrühe sowie natürlich mit Gewürzgurkenstückchen. Und als sie längst schon wusste, dass wir Vegetarier sind, waren trotzdem Speckwürfel im Kartoffelsalat, Reklamationen wurden mit dem Hinweis abgetan, die könnten wir ja wohl rauspicken. Deshalb die Oma-Variante mit Räuchertofu als Speck-Ersatz.

- **1 kg Kartoffeln**
- **2 TL Dijonsenf**
- **2 TL mittelscharfer Senf**
- **1 große Zwiebel, fein gehackt**
- **300 ml Gemüsebrühe**
- **2 EL Essig**
- **Salz und Pfeffer**
- **Sonnenblumenöl**
- **4 Essiggurken, in kleine Würfel geschnitten (optional)**
- **Räuchertofu, fein gewürfelt**

1. Kartoffeln waschen und kochen. Abgießen, pellen und in nicht zu dicke Scheiben schneiden.
2. In der Zwischenzeit die Zwiebelwürfel in etwas Öl glasig dünsten. Dann die Brühe dazugießen und 5 min bei mittlerer Hitze köcheln lassen.
3. Nun Senf und Essig unterrühren und heiß über die geschnibbelten Kartoffeln kippen. Ziehen lassen.

→ Wer will, kann nach dem Essig noch etwas Mayonnaise dazugeben.
→ Passt hervorragend zu Bratlingen oder paniertem Tofu!

black-is-beautiful-salat

von Nadine Guaiana
COLDPLAY „A Rush Of Blood To The Head"

Dieser köstliche Salat ist mit Brot eine vollwertige Mahlzeit, kommt aber auch gut als Starter bei einem Menü.

- **1 Zwiebel**
- **1 Knoblauchzehe**
- **Olivenöl**
- **Balsamico-Essig**
- **mittelscharfer Senf**
- **200 g Beluga-Linsen**
- **1 TL Thymian**
- **Salz und Pfeffer**
- **1 kleiner Romanasalat**
- **50 g Walnüsse, Mandeln oder Sonnenblumenkerne**

1. Zwiebel und Knoblauch fein würfeln und in einem ausreichend großen Topf in etwas Olivenöl anbraten.
2. Wenn die Zwiebeln glasig sind, gebt ihr die Linsen, etwas Salz und Pfeffer und den Thymian dazu. 300 ml Wasser draufkippen, alles gut verrühren und zum Kochen bringen. Blubbert das Ganze, Gas runter und 30 min leicht köcheln lassen. Deckel auf den Topf!
3. In der Zwischenzeit könnt ihr euch schon mal an den Salat machen. Einfach den ganzen Salatkopf quer in 1 cm breite Streifen schneiden, waschen, schleudern, fertig.
4. Das Salatdressing stellt ihr aus 2 EL Balsamico-Essig, 1 TL Senf, 8 EL Olivenöl und Salz und Pfeffer her.
5. Zum Schluss sind die Sämereien oder Nüsse dran. Walnüsse oder Mandeln grob hacken, Sonnenblumenkerne können ganz bleiben. In einer Pfanne ohne Fett goldbraun rösten.
6. Wenn die Linsen fertig sind (die dürfen schon noch etwas Biss haben!), gebt ihr das Dressing drüber. Gut vermischen und dann vorsichtig den Romanasalat unterheben. Nüsse oder Kerne obendrauf und fertig!

→ Schmeckt warm am besten, ist aber auch kalt lecker.
→ Kann mit Sherry-Essig abgerundet werden.

bohnensalat mallorquin

für 4, von Joachim Hiller
NOFX „Self Entitled"

- **1 großes Glas weiße Bohnen**
- **je 1/2 rote und grüne Paprika**
- **1 Bund Frühlingszwiebeln**
- **2 Tomaten**
- **1/2 Dose Mais**
- **2 EL Olivenöl**
- **2 EL Essig**
- **1/2 TL Salz**
- **Pfeffer, frische Gewürze**

1. Zuallererst die Bohnen in ein Sieb geben, den Glibber abspülen und gut abtropfen lassen.
2. Nun die Paprika und Tomaten in kleine Würfel und die Frühlingszwiebeln in feine Ringe schneiden (natürlich erst, nachdem ihr sie geputzt habt). Jetzt das Gemüse und die Bohnen sowie den Mais in eine Schüssel geben und vermischen.
3. Dann noch das Dressing zusammenpanschen, alles über den Salat kippen und nochmals gut durchmischen. Ziehen lassen.

→ Partytauglich.
→ Gut zum Mitnehmen zur Arbeit, Schule oder zum Picknick.

fenchel-orangen-salat mit tahini-dressing

für 4, von Jobst Eggert
NOTHING „(We) Embrace The Hatred"

Salat:
- 200 g Räuchertofu
- 1 große Fenchelknolle
- 1 Orange
- 100 g Rucola
- 1 Handvoll Pinienkerne
- 2 Karotten
- ein paar Zweige Rosmarin

Dressing:
- 3-4 EL Tahini
- 2 EL weißer Balsamico-Essig
- 1 TL Trüffelöl
- Chilipulver
- Agavendicksaft
- Salz und Pfeffer

1. Pinienkerne in einer Pfanne (ohne Öl) kurz anrösten.
2. Rosmarinnadeln fein hacken, Räuchertofu in kleine Würfel schneiden und mit etwas Olivenöl und einer Handvoll Rosmarin in der Pfanne anbraten.
3. Fenchel und Karotten putzen, waschen und in dünne, kurze Scheiben schneiden oder raspeln.
4. Orange schälen und filetieren. Rucola waschen und putzen.
5. Alles zusammen in einer großen Schüssel vorsichtig vermischen.
6. Dressing-Zutaten verrühren und nach Geschmack mit Chili, Salz und Pfeffer würzen. Anschließend das Dressing über den Salat kippen. Ist lecker.

fruchtiges leckerschmecker-dressing ohne öl

von Mareike Petrozza
AT THE DRIVE-IN „Acrobatic Tenement"

Ursprünglich war dies mal ein Honig-Senf-Dressing. Mit sehr vielen Abwandlungen wurde dann dieses vegane Dressing daraus. Sehr erfrischend!

- 6 EL Soja-Joghurt, natur
- 1 Zehe Knoblauch, gepresst
- Saft einer ganzen Orange
- 3 EL Gemüsebrühe
- 1 TL Senf
- 1 EL Agavensirup
- 1 EL Marmelade
- 3-4 EL Balsamico-Essig
- 2 EL Schnittlauch (gern auch andere Kräuter)
- Salz und Pfeffer

Alle Zutaten sehr gut vermengen. Über einen Salat freier Wahl geben (das Dressing liebt auch die Gegenwart von gebratenen und gewürzten Champignons oder mariniertem und zubereitetem Tofu). Mengenmäßig reicht es für viele Menschen sicherlich für mehrere Salate (hält sich ein paar Tage im Kühlschrank), bei uns Viel-Dressing-Liebhabern reicht es gerade mal für eine große Schüssel und zwei Personen.

→ Statt Orangensaft eignet sich auch Zitronensaft gut, dann aber mengenmäßig weniger. Rote Marmelade macht das Dressing hübsch rosa.

highway-car-crash-salad

für 4, von Uschi Herzer
CANNIBAL CORPSE „Eaten Back To Life“

Das ultimative Rezept für Splatterfilm-Fans ...

- **500 g möglichst kleine Rote Bete (die werden beim Kochen schneller weich)**
- **150 g Feldsalat**
- **4 EL Obstessig**
- **1 Lorbeerblatt**
- **1 Knoblauchzehe**
- **1 TL Kümmel**
- **2 EL Balsamico-Essig**
- **2 EL Öl**
- **200 g Soja-Joghurt natur (ohne Zucker!)**
- **2-3 EL pflanzliche Sahne**
- **Saft von 1/2-1 Zitrone**
- **1 EL Salz**
- **1 EL Zucker**

1. Am besten bindet ihr euch eine abwaschbare Metzgerschürze um, bevor ihr loslegt, denn das wird jetzt eine ganz schöne Sauerei. Zuerst die Rübchen mit einer Bürste abschrubben (unter Wasser in der Spüle natürlich!), dann in einem Topf so viel Wasser erhitzen, dass die Rüben später bedeckt sind, und je 1 TL Salz und Zucker, das Lorbeerblatt und den Obstessig dazupacken. Wenn das Wasser kocht, befördert ihr die Rüben vorsichtig hinein und lasst sie so lange bei mittlerer Hitze drin, bis sie weich sind (immer wieder mal mit einer Stricknadel o.ä. reinpiksen). Deckel nicht vergessen. Dauert ca. 30-60 min.
2. Damit ihr in der Zwischenzeit nicht untätig herumsteht, könnt ihr schon mal das Dressing zubereiten: 2 EL Balsamico-Essig mit der zerdrückten Knoblauchzehe, Kümmel und Salz verrühren und anschließend das Öl unterrühren.
3. In einer anderen Schüssel Soja-Joghurt und Sahne mit Zitronensaft und Salz abschmecken und gut umrühren.
4. Dann noch den Feldsalat putzen, waschen (am besten Wasser ins Spülbecken einlaufen lassen und den Salat darin wässern) und gut abtropfen lassen bzw. schleudern. Damit legt ihr jetzt vier Teller aus, so dekorationstechnisch, denn darauf werden nachher die Roten Bete angerichtet. Und da das Auge ja bekanntlich mitisst, solltet ihr euch ein bisschen Mühe geben.
5. Wenn die Rüben weich sind (zur Probe mit einer Fleisch(!)gabel anstechen), nehmt ihr sie raus und schreckt sie mit kaltem Wasser ab. Sind sie so abgekühlt, dass ihr sie anfassen könnt, geht es ans Schälen. Das macht tierischen Spaß, denn eure Hände verfärben sich auf wundersame Weise dunkelrot. Dann die roten Dinger in möglichst feine Scheiben schneiden und noch warm auf dem Feldsalat anrichten.
6. Mit der Essigsauce beträufeln und zum Schluss die Joghurt-Sahne-Mischung dekorativ darauf verteilen. Was für eine Augenweide ...

→ Pussies tragen bei der Zubereitung Latexhandschuhe.
→ Mit Meerrettich lässt sich das Joghurtdressing noch etwas aufmotzen.
→ Schmeckt natürlich auch kalt sehr lecker. Dann am besten in einer Schüssel die roten Bete mit dem Essig-Dressing vermischen und ziehen lassen.

frühlinxsalat

für 2, von Uschi Herzer
MUFF POTTER „Bordsteinkantengeschichten“

- 1 Kohlrabi
- 1 Bund Radieschen
- 1 EL Gomasio
- Salz und Pfeffer
- 2 EL Soja-Joghurt
- 1 EL Sojasahne
- 1 TL Obstessig
- 4 EL Sonnenblumenkerne
- 1 EL Schnittlauch

1. Als Erstes wird der Kohlrabi geschält und anschließend fein geraspelt (vorzugsweise gleich in eine Schüssel). Die Radieschen waschen und auf dem Gurkenhobel in dünne Scheiben schreddern. Obacht! Fingerkuppen nicht mit in den Salat hobeln!
2. Mit Gomasio und etwas Salz und Pfeffer würzen. Jetzt noch Joghurt und Sahne unterrühren, mit Essig abrunden und schon ist der Salat fast fertig. Aber nur fast.
3. Da sind ja noch die Sonnenblumenkerne! Was für den blassen Mitteleuropäer das Solarium, ist für die Kerne die Pfanne ohne Fett ... Also flugs eine Pfanne auf den Herd, Volldampf voraus und den Sonnenblumenkernen eine dezente Bräune geben. Wie im richtigen Leben muss man dabei den richtigen Moment abpassen, sonst ist alles zu spät.
4. Die Kerne über den Salat leeren, mit Schnittlauchröllchen bestreuen und alles aufessen. Gesundes kann so gut schmecken!

ingwer-knobi-sesam-knusper

von Familie Schäfer-Hiller
KAISER CHIEFS „Employment“

Zur Aufsuperung eines gemischten Salats eignet sich diese Mischung hervorragend.

- 1 kleine Knolle frischer Ingwer
- 2-4 Knoblauchzehen, je nach Geschmack
- 1-2 EL ungeschälten Sesam
- Agavendicksaft

1. Ingwer und Knobi schälen, in Miniwürfel schneiden und in Olivenöl knusprig anbraten – aber nicht zu heiß, denn das Zeug brennt recht schnell an.
2. Dann den Sesam darüberstreuen, kurz mit anbraten, anschließend mit Agavendicksaft beträufeln und durchziehen lassen.

karbosalat

für 1-4, von Joachim Hiller
FUTURE ISLANDS „On The Water“

Kartoffelsalat ist ein Grundnahrungsmittel, immer wieder anders, und mein aktueller Favorit ist diese Variante, die auch optisch überzeugt, weil die Farbkombination Grün, Rot und Gelb sehr hübsch anzusehen ist.

- 1 kg Salatkartoffeln
- 500 g frische dünne grüne Bohnen
- 1 große rote Zwiebel
- Olivenöl, Essig, Salz, Pfeffer

1. Kartoffeln waschen und in Salzwasser kochen. Schneller geht's im Dampfkochtopf.
2. In der Zwischenzeit einen großen Topf mit Wasser aufstellen und Vollgas

geben. Die Bohnen waschen und putzen: Enden abschneiden, dann in zwei gleich große Stücke schneiden. Bohnen ins gesalzene Wasser geben und bisszart kochen.
3. Die rote Zwiebel schälen und in kleine Würfelchen schneiden.
4. Kartoffeln schälen und vierteln, also relativ lange Schnitze machen, keine Scheiben wie sonst. Mit den Bohnen und den Zwiebelwürfeln in eine große Schüssel kippen.
5. In einer Schüssel das Dressing anrühren: 3 EL Olivenöl, gleiche Menge Essig (kein dunkler Balsamico bitte, das sieht sonst eklig aus), Salz, Pfeffer, fertig. Über den Salat kippen, durchmischen, ziehen lassen. Gegebenenfalls noch mit Öl, Essig, Salz, Pfeffer abschmecken.
6. Unfassbar den Wanst vollschlagen.

kartoffelsalat mit gurke

für 4, von Pee und Selkie
Henry Rollins „Do It"

Das Ganze geht superschnell, wenn die Kartoffeln bereits gekocht sind. Da vorausschauende Planung in der Küche nicht zu den hochentwickelten Fähigkeiten der Menschen gehört, die dieses Rezept beitragen, dauert alles etwas länger.

- **750 g Kartoffeln, festkochend**
- **250 g Soja-Joghurt**
- **ca. 100 ml Gemüsebrühe**
- **1 Salatgurke**
- **2 EL Kapern**
- **mindestens 2 TL Senf (gerne eine süßere Sorte)**
- **1 mittelgroße Zwiebel**
- **Olivenöl**
- **Salz, Pfeffer, Zucker**

1. Als Erstes Topf mit Wasser auf den Herd, die Kartoffeln waschen und ab damit in das blubbernde, leicht gesalzene Wasser. Kochen lassen, bis sie beim Anpiksen weich sind.
2. In der Zwischenzeit, die beim Kochen von Kartoffeln ja nicht wirklich knapp bemessen ist, kann man sich dem Kleinscheiden und der Salatsauce widmen. Gurke schälen und in ca. 1 cm große Würfeln schneiden. Zwiebel ebenfalls schälen und fein würfeln. Wem die Kapern zu groß sind, kann die nach dem Abspülen (in einem Teesieb) noch etwas kleinhacken.
3. Das Dressing gleich in der großen Salatschüssel machen, dann lassen sich die geschnibbelten Kartoffen einfach drunterrühren. Also: für das Dressing Joghurt mit Senf und einem guten Schuss Olivenöl verrühren, Gurken- und Zwiebelwürfel und Kapern untermischen und mit Salz und Pfeffer ordentlich abschmecken. Wer mag, kann vorsichtig mit etwas Zucker leichte Süße reinbringen. Da es noch eine Weile dauert, bis die Kartoffeln fertig sind, kann man die Zeit prima nutzen und sich auf YouTube die „Muppets" ansehen. „In the navy" ist ganz großer Sport, „Bohemian rhapsody" auch.
4. Wenn die Kartoffeln fertig sind, müssen sie noch gepellt und anschließend in Scheiben geschnitten werden, ehe sie ins Dressing wandern. Neulich war bei „Galileo" zu sehen, wie sie frisch gekochte Kartoffeln in Eiswasser getaucht haben, um sich das Schälen zu sparen, weil man dann die Kartoffeln einfach aus der Pelle drücken kann. Wir haben das ausprobiert und es hat tatsächlich funktioniert! Das Wasser muss allerdings echt eisig sein.

5. Sind die Kartoffeln schon mit dem Dressing vermischt? Nee? Na dann mal los! Wem das Ganze zu matschig ist, der kann noch einen guten Schuss Gemüsebrühe unterrühren, das hilft. Evtl. noch mit Salz und Pfeffer nachwürzen, fertig.

→ Dazu schmecken Tofuwürstchen.
→ Eignet sich als Mitbringsalat.
→ Statt der Kapern kann man auch frischen Bärlauch oder Rote Bete (Supersauerei) oder Äpfel nehmen, dann aber Gewürzgurken aus dem Glas wie bei Mutti (statt der Salatgurke).

schwäbischer kartoffelsalat

für 8, von Petra Veser
COLDPLAY „A Rush Of Blood To The Head"

- **2 kg Salatkartoffeln**
- **1 große Zwiebel**
- **500 ml Gemüsebrühe**
- **4 EL Essig**
- **4 EL Öl (halb geschmacksneutral, halb Olivenöl)**
- **Salz, Pfeffer**
- **1 TL Senf**

1. Kartoffeln kochen, sofort schälen und in dünne Scheiben schneiden. Zwiebel in Würfel kleinschneiden und auf die Kartoffeln geben. Salzen, pfeffern.
2. Den Senf mit dem Essig verrühren und einen Teil der Gemüsebrühe mit dazugeben. Alles über die Kartoffeln geben, verrühren und ziehen lassen, bis alles etwas abgekühlt ist.
3. Dann kann das Öl zum Salat und man kann nachwürzen, vielleicht muss auch noch Gemüsebrühe dazu, denn je nach Kartoffelsorte braucht es da mal mehr und mal weniger. Fertig.

krautsalat mit oliven

für 2, von Uschi Herzer
DEAD KENNEDYS
„Fresh Fruit For Rotten Vegetables"

- **250 g Weißkohl**
- **1 kleine Stange Lauch**
- **3 EL Olivenöl**
- **2 EL entkernte schwarze Oliven**
- **Salz und Pfeffer**
- **1 TL Obstessig**

1. Welke Blätter vom Kohl entfernen, den Kopf vierteln und auf einem Gurkenhobel zerkleinern. Den Strunk dabei aussparen. Auch den Lauch vom welken Zeug befreien, waschen und in feine Ringe schneiden.
2. Jetzt holt ihr die größte Pfanne aus dem Schrank, die ihr habt, erhitzt darin 1 EL Olivenöl und dünstet den gehobelten Weißkohl darin an. Rühren nicht vergessen. Nach 5 min den Lauch dazukippen und nochmal 3 min weiterschmoren lassen.
3. Schüssel aus dem Schrank holen und das Krautgedönse reinkippen. Jetzt noch die Oliven kleinmachen (vorzugsweise halbieren) und zum Kohl geben. Mit Salz und Pfeffer würzen. Zum Schluss das restliche Olivenöl untermischen und mit dem Obstessig je nach Laune abschmecken. Lauwarm essen!

der nudelsalat

für 2, von Uschi Herzer und Joachim Hiller
CLINIC „Bubblegum"

- **250 g Spiralnudeln**
- **1 kleines Glas Erbsen-Möhren-Mischung**
- **4 große Essiggurken**
- **1 Zwiebel**

- 2 EL Sonnenblumenöl
- 2 EL Apfel- oder Weißweinessig
- Salz, Pfeffer
- evtl. Mayo

1. Nudeln in Salzwasser kochen. Spiralnudeln sind für Nudelsalat praktisch, weil sie das Dressing gut aufnehmen.
2. In der Zwischenzeit die Essiggurken und die Zwiebel fein würfeln. Möhren-Erbsen-Mischung in ein Sieb kippen, die Möhren in Ringe schneiden.
3. Nudeln abgießen, mit kaltem Wasser abbrausen (dann kleben sie nicht zusammen), abtropfen lassen und alles zusammen in eine große Schüssel kippen. Essig, Öl, Salz und Pfeffer drüber. Etwas ziehen lassen.

→ Der eine oder andere Löffel selbstgemachte Mayo kann auch noch untergerührt werden. Dann weniger oder kein Öl nehmen, auch weniger Essig.
→ Variante: Paprikawürfelchen, Mais (aus der Dose), Salatgurkenwürfelchen, Currypulver.

marokkanischer couscous-salat

für 4, von Uschi Herzer
I GOT YOU ON TAPE „Church Of The Real"

- 1,5 Kaffeebecher (ca. 250 ml Inhalt) mittelfeiner Couscous
- 1,5 Kaffeebecher Gemüsebrühe
- 1/2-1 TL Ras el Hanout-Gewürz
- Chilipulver
- 1 EL Oregano
- eine gute Prise Kurkuma
- 1 TL gemahlener Koriander
- 1/2 TL Zucker
- 3 Tomaten
- 1/2 Gurke
- 1 Paprika
- 1/2 Bund Minze
- 1/2 Bund Petersilie
- 3 EL weißer Balsamico-Essig
- 6 EL Olivenöl
- evtl. Zitronensaft
- Salz

1. Als Erstes mischt ihr die Basis an, sprich: den Couscous. Dazu die Gemüsebrühe zum Kochen bringen. In der Zwischenzeit könnt ihr schon mal den Couscous in einer Schüssel mit Ras el Hanout, Chili, Oregano, Kurkuma und Zucker vermischen. Dann die kochende Gemüsebrühe drüberkippen, alles verrühren und zugedeckt 5 min ziehen lassen. Danach mit einer Gabel etwas auflockern.
2. Als Nächstes ist Gemüseschnibbeln dran: Tomaten waschen und fein würfeln. Gurke schälen und ebenfalls klein würfeln. Paprika waschen, Kerngehäuse raus und in kleine Würfel schneiden.
3. Jetzt kommt mein allerliebster Lieblingspart: Petersilie und Minze mikroskopisch fein hacken! Es rächt sich am Ende bitter, wenn ihr hier nachlässig wart. Ich weiß, wovon ich rede ...
4. Wir nähern uns dem Ende und geben jetzt Gemüse und gehackte Kräuter zum Couscous. Alles schön miteinander verrühren und mit Essig, Öl und Salz abschmecken. Wer mag, kann noch einen Spritzer Ztronensaft dazugeben; der verpasst dem Ganzen eine herbere Note.

→ Eignet sich gut als Vorspeise, zum Brunch, als Marschverpflegung oder für die nächste Grillfete.
→ Kann noch aufgepimpt werden mit eingeweichten Rosinen, angerösteten Pinienkernen und fein geraspelter Möhre.
→ Funktioniert auch mit feinem Bulgur.

sandras salat

von Sandra Wessel
DEATH CAB FOR CUTIE

- 4 Salatherzen (auch lecker: Feldsalat oder milder Rucola)
- 1 Bund dünnen grünen Spargel
- Olivenöl
- 1 Bund Fingermöhren
- 4 Schalotten
- 125 g Himbeeren
- 1 Granatapfel (Kerne)
- 1 Beutel gekochte Maronen
- Salz, Pfeffer, Zucker

Dressing:
- 4 EL Himbeeressig
- 6 EL Macadamianussöl (aber es geht auch Walnussöl oder Ähnliches)
- 2 TL Feigensenf
- Salz, Pfeffer, Zucker

1. Die geputzen und gewaschenen Salatblätter auf einer Servierplatte oder einem richtig großen Teller als Bett anrichten.
2. Den Spargel putzen, eventuell den unteren Teil schälen, in Olivenöl anbraten, salzen, pfeffern und gegen die Bitterstoffe etwas Zucker drüber, kurz karamellisieren, dann abkühlen lassen.
3. Die Fingermöhren putzen/abbürsten, kurz in kochendem Wasser blanchieren, dann anbraten, salzen, pfeffern, ebenfalls in Zucker karamellisieren und abkühlen lassen.
4. Die Schalotten in Würfel schneiden, in wenig Öl andünsten und abkühlen lassen.
5. Spargel und Möhren auf dem Salatbett drapieren.
6. Dann 125 g Himbeeren (falls nicht frisch, dann tiefgekühlt), die Kerne von einem Granatapfel und gekochte süße Maronen sowie die Schalotten darüber verteilen. Die Maronen sind nicht solche aus der Dose, sondern aus einem Frischepack – aber erst ganz zum Schluss aufmachen, weil man die sonst schon vorher auffuttert, die sind soooo lecker.
6. Für das Dressing Himbeeressig, Walnussöl und Feigensenf verrühren und mit Salz, Pfeffer, Zucker abschmecken. Über den Salat gießen und schmecken lassen.

tomaten-nudelsalat

für 2, von Uschi Herzer und Joachim Hiller
LES HATEPINKS „My city is sick of pizza"

- 250 g Spiralnudeln
- 1/2 Glas eingelegte, getrocknete Tomaten
- 1/2 Schale oder 1 Bund Rucola
- 30 g Pinienkerne
- 2 EL Olivenöl (evtl. aus dem Tomatenglas)
- 2 EL Balsamico-Essig
- Salz, Pfeffer

1. Nudeln kochen. Spiralnudeln sind für Nudelsalat praktisch, weil sie das Dressing gut aufnehmen.
2. In der Zwischenzeit die Tomaten klein würfeln, den Rucola putzen, waschen und sehr grob hacken.
3. Die schweineteuren Pinienkerne in einer Pfanne anrösten und dabei bloß nichts anderes tun, sonst sind die ruckzuck verkokelt und vier Euro haben sich in Rauch aufgelöst ...
4. Nudeln abgießen, mit kaltem Wasser abbrausen (dann kleben sie nicht zusammen), abtropfen lassen und alles zusammen in eine große Schüssel kippen. Essig, Öl, Salz und Pfeffer drüber. Ziehen lassen.

wo ist der nächste zahnarzt?-salat

für 4, von Uschi Herzer
JAWBREAKER „Dear You"

Wie man Getreide kocht, lässt sich beim Rezept „Körnerzeugs mit Paprikagemüse" in diesem Buch nachlesen. Wichtig bei diesem köstlichen Salat ist, dass ihr farblich unterschiedliche Zutaten nehmt und dass diese schön klein geschnibbelt werden. Je nach Jahreszeit können diese variieren.

- **1 große Tasse gekochter Dinkel (gute Resteverwertung vom Vortag)**

Gemüse nach Saison, z.B.:
- **1/8 Rotkohl**
- **1/2 Paprika**
- **1 Möhre**
- **2 Frühlingszwiebeln**
- **Mais aus der Dose**
- **1/2 Zucchini**
- **Kresse oder Sprossen zur Deko**

Dressing:
- **2 EL Olivenöl**
- **2 EL Balsamico-Essig**
- **Agavendicksaft**
- **1 TL scharfer Senf**
- **Salz und Pfeffer**
- **TK-Kräutermischung**
- **Zitronensaft**

1. Gemüse waschen, putzen und dann folgendermaßen weiterverarbeiten: Rotkohl fein hobeln, Paprika fein würfeln, Möhre fein raspeln, Frühlingszwiebel in dünne Ringe schneiden, Zucchini fein würfeln.
2. Dann das Dressing zusammenrühren, alles gut mit Dinkel und Gemüse vermischen und am besten 1-2 Std. im Kühlschrank ziehen lassen. Danach probieren und eventuell nachwürzen.
3. Als Finish etwas Zitronensaft drüberquetschen, noch mal durchrühren und auf Tellern verteilen. Mit Kresse oder Sprossen dekorieren und schmecken lassen.

→ Lässt sich auch prima am nächsten Tag zur Arbeit oder in die Schule mitnehmen.

→ Auf einem kleinen Teller oder in einer Espressotasse auch gut geeignet als Amuse Gueule (übersetzt „Maulfreude" – ein appetitanregendes, kleines und somit mundgerechtes Häppchen, das zumeist vor der kalten Vorspeise im Rahmen eines Menüs serviert wird.)

sauerkraut-salat

für 4, von Oma Kristek
HOLE „Live Through This"

- **1 große Dose Sauerkraut**
- **1 Karotte**
- **1 kleine Zwiebel**
- **1 rote und 1 gelbe Paprika**
- **Dill**
- **2 TL Senf**
- **2 TL Agavendicksaft**
- **2 EL Öl**
- **Salz**

1. Sauerkraut ohne Saft aus der Dose fummeln und auseinanderzupfen.
2. Die Paprika in sehr dünne Streifen schneiden, die Karotte raspeln und die Zwiebel fein hacken.
3. Aus Senf, Öl, Agavendicksaft, Dill und Salz eine Sauce rühren, über das Gemüse (samt Kraut) geben, alles gut durchmischen und etwas ziehen lassen.

bunter bohnensalat

für 4, von Uschi Herzer
ASTA KASK „Aldrig en LP"

- 300 g Buschbohnen
- 1 Bund Bohnenkraut
- 1 Zwiebel
- 1 gelbe Paprika
- 1 kleine Zucchini
- 3 Tomaten
- 1/2 Päckchen TK-Kräutermischung
- 6 EL Apfelessig
- 4 EL Olivenöl
- 1 1/2 TL Kräutersalz

1. Als Erstes sind die Bohnen dran: Waschen, Enden abschneiden und halbieren. Einen kleinen Topf mit Wasser aufsetzen, Bohnen und -kraut rein, Deckel drauf und bissfest kochen. Das dauert ungefähr 10-15 min.
2. Nun kommt die Sauce: Dafür die Zwiebel schälen und fein würfeln, dann Essig, Öl und Kräutersalz gut vemischen, Zwiebel dazu und alles verrühren.
3. Wenn die Bohnen weich sind, aber noch etwas Biss haben, diese abschütten, Bohnenkraut entsorgen und die noch warmen Bohnen mit der Sauce vermischen. Eine Stunde zum Durchziehen in den Kühlschrank stellen.
4. Wenn sich die 60 min dem Ende nähern, könnt ihr das restliche Gemüse kleinschnibbeln: Paprika waschen, entkernen und in feine Streifen schneiden. Die Zucchini waschen, Bürzel abschneiden, der Länge nach vierteln und anschließend in dünne Scheiben schneiden. Tomaten waschen und achteln.
5. Alles zusammen mit den Kräutern zu den Bohnen geben, vorsichtig durchmischen und noch mal 15 min ziehen lassen. So lecker!

→ Eignet sich gut als Partysalat oder Mitbringsel zum Grillen.
→ Kann sehr gut schon am Tag vorher zubereitet werden.

suppen

brunis linsensuppe

für 4, von Bruni Tewes
ABBA „Greatest Hits"

- 2 kleine Zwiebeln
- 2 TL Öl
- 200 g braune Linsen
- 1 1/2 l Gemüsebrühe
- 600 g Kartoffeln
- 150 g pflanzliche Sahne
- Salz, Pfeffer
- 1 Bund Schnittlauch
- 1 Bund Bohnenkraut (geht auch ohne)
- 1 dicke Möhre
- 1 große Stange Lauch

1. Die Zwiebeln schälen und fein hacken. Das Öl in einem großen Topf erhitzen, die Zwiebeln und die Linsen darin bei mittlerer Hitze unter Rühren einige Sekunden anbraten.
2. Die Gemüsebrühe dazugießen, einmal aufkochen und zugedeckt bei schwacher Hitze etwa 20-30 min garen, bis die Linsen halbweich sind.
3. Während die Linsen kochen, Kartoffeln schälen, waschen und klein würfeln. Lauch in Streifen und Karotte in dünne Scheiben schneiden (Gurkenhobel rules!).
4. Alles zu den Linsen geben, erneut aufkochen und die Suppe weitere 10-15 min garen, bis das Gemüse weich ist.
5. Die Sahne hinzugießen und bis knapp unter den Siedepunkt erhitzen. Die Suppe mit Salz und Pfeffer abschmecken und auf Tellern verteilen.
6. Das Bohnenkraut und den Schnittlauch waschen, trockentupfen und fein zerkleinern, die Suppe damit dekorieren.

→ Eignet sich bestens zum Aufwärmen, falls ihr wirklich zuviel gekocht habt.
→ Dazu passt Baguette.

chinakohlsüppchen aka püpschensuppe

für 4, von Frank Wiercioch
Zum Köcheln und Küchen-Action: COLISEUM „Parasites" (nur acht Stücke, aber geht auch wieder von vorn)
Zum Verputzen: THE ESCALATORS „Moving Staircases"

- 1 Kopf Chinakohl
- 2-4 Kartoffeln (geht auch ohne)
- 1 Zwiebel
- 1-2 TL Sambal Oelek
- Sweet Chili-Sauce
- Saft einer Zitrone
- Petersilie
- 1 Block Tofu
- 1-2 EL Gemüsebrühe
- 1 TL Paprikapulver (ich schwöre auf El Avion Smoked Hot Paprika), evtl. Curry

1. Zuerst Musik anmachen, die schmutzigen Finger waschen und alles hinstellen.
2. Die Zwiebel schälen und würfeln, Chinakohl waschen und in mittelgrobe Würfel schneiden, Kartoffeln schälen und ebenfalls würfeln.
3. Etwas Öl in einen ausreichend großen Topf geben und die Zwiebeln darin bei mittlerer Hitze goldig werden lassen. Dann den zerstückelten Chinakohl dazugeben und schon mal etwas Sambal Oelek hineinrühren und ein bisschen weiterschmoren lassen.
4. Je nachdem, wie schnell oder langsam man ist, Hände abputzen und Platte umdrehen. Kartoffeln dazugeben. Dann den ganzen Kram mit 1-1,5 Liter Wasser übergießen und die Gemüsebrühe dazu; Dosierung entsprechend der Wassermenge. Zum Schluss mit einem guten Schuss Sweet Chili Sauce so langsam den Schärfegrad abschmecken. Eventuell vorsichtig mit Sambal Oelek nachwürzen. Anschließend die Zitrone halbieren und den Saft auspressen und ebenfalls rein damit. Alles noch ein wenig köcheln lassen.
5. Den Tofu in Würfel schneiden und in einer Pfanne mit Öl und Paprikapulver oder auch Curry richtig knusprig anbraten.
6. Während es brutzelt und köchelt, die Petersilie (anderes Grünzeug geht auch oder man kann es auch einfach weglassen) splattern und zusammen mit dem gebratenen Tofu ab in den Topf.

→ Dazu passt am besten Brot.
→ Die Suppe funktioniert auch mit Weißkohl. Der muss nur ein wenig länger köcheln.
→ Mein Tip: zum Essen ruhigere Musik, sonst schaufelt man zu schnell.

curry-kokos-suppe mit tofu

für 4 als Vorspeise, für 2 zum Sattessen, von Hamburg-Punk-Djihad
PROJEKT KOTELETT „Griechenland"

- 1 Zwiebel
- 1 rote, 1 gelbe Paprika
- 1,5 EL Curry
- 25 g frischer Ingwer
- 1 l Gemüsebrühe
- 3 große Kartoffeln
- 1 große Möhre
- 150 g rote Linsen
- 1 Dose Kokosmilch
- 1/2-1 Limette
- Pfeffer (Salz muss nicht, ist genügend in der Brühe drin)
- 1 Packung Tofu (am besten passt Sesam-Mandel-Tofu, saulecker!)

1. Zwiebel, Paprika, Kartoffeln und die Möhre zerstören (würfeln).

2. Ingwer schälen und fein raspeln.
3. Zuerst Zwiebel und Paprika mit Curry und Ingwer anbraten, anschließend die Gemüsebrühe dazu. Kartoffeln und Möhre darin kochen, bis sie weich sind.
4. 10 min bevor die Sachen weich sind die Linsen dazugeben (die brauchen nicht so lange).
5. Irgendwann auch noch Tofu rein (muss ja nur warm werden), vorher natürlich in hand-/mundliche Stückchen schneiden.
6. Zum Schluss die Kokosmilch und den ausgepressten Saft von der Limette dazukippen und mit Pfeffer abschmecken.

➜ Dazu ein bisschen Brot reichen (ich liebe ja die Sesamringe, die es beim befreundeten türkischen oder kurdischen Laden gibt)
➜ Eignet sich in großen Mengen auch für Volxküchen, Solipartys, Haus- und Bauwagenplatz-Besetzungen ... Bambule ist überall!
➜ Wer's schärfer mag, nimmt einfach mehr Ingwer und Pfeffer.
➜ Ach ja, ein Astra gehört auch noch aufgehebelt!

gemüsesuppe

für 4, von Joachim Hiller
BARONESS „Blue Record"

Kein funky Name, keine Schnörkel, sondern einfach nur eine ... Gemüsesuppe! Es gibt zig Rezepte, die Jahreszeit bestimmt die Zutaten, alles kann, nichts muss.

Standardzutaten:
- **500 g Kartoffeln**
- **1 Stange Lauch**
- **2 Möhren**
- **Öl oder Margarine**
- **1-1,5 l Gemüsebrühe**
- **Pfeffer, Salz**
- **Sojasauce**
- **Petersilie, Liebstöckel**

Bonusrunde:
- **1 Kohlrabi**
- **1/2 Blumenkohl**
- **1 Pastinake**
- **Sellerie (Knolle und/oder Staude)**
- **Pflanzensahne**

1. Wie so oft muss zuerst gewaschen, geschält und geschnibbelt werden. Also die Kartoffeln in Würfel schneiden (nach dem Schälen und bis zum In-den-Topf-Kippen lagert der Profi diese in einer großen Schüssel mit Wasser), die Möhren in dünne Scheiben, den Lauch ebenso.
2. Falls vorhanden und gewünscht, die Kohlrabi von ihrem zähen Äußeren befreien, dann würfeln, den Blumenkohl in kleine Röschen zerteilen, Pastinake und einen Teil der Sellerieknolle schälen und in sehr kleine Würfel zerlegen, ein, zwei Stangen Sellerie in dünne Scheiben schneiden.
3. Einen großen Topf (nimm deinen Pastatopf) auf den Herd, Öl/Margarine anwärmen und den Lauch darin andünsten. Zum Schluss die Kartoffeln dazukippen, noch etwas umrühren, dann mit 1 l Gemüsebrühe aufgießen. Das restliche Gemüse dazu und so viel Wasser/Brühe nachkippen, dass alles bedeckt ist. Deckel drauf und Vollgas geben.
4. Wenn die Suppe kocht, Temperatur reduzieren und so lange köcheln lassen, bis alles weich, aber nicht zerkocht ist. Das sollte so nach 15-20 min der Fall sein, also probieren. In der Zwischenzeit kann man die Kräuter klein hacken (falls man nicht ganz faul zu Tiefkühl-

ware greift). Zum Ende der Garzeit in den Topf damit.

5. Würzen. Salz (vorsichtig, die Gemüsebrühe ist schon recht salzig), Peffer, einen Schuss Sojasauce oder Flüssigwürze und auch etwas Pflanzensahne. Fertig.

→ Was übrig bleibt, lässt sich nach dem Abkühlen perfekt einfrieren.
→ Wer will, kann die Suppe mittels Mixstab fein pürieren.

halloween-suppe

für 4, von Uschi Herzer
MISFITS „Legacy Of Brutality"

- **700 g mehligkochende Kartoffeln**
- **500 g Hokkaidokürbis**
- **2 Zwiebeln, fein gewürfelt**
- **1 Knoblauchzehe, fein gewürfelt**
- **40 g Margarine**
- **1,5 l Gemüsebrühe**
- **1 TL Curry**
- **300 g Tomaten, überbrüht, gehäutet und gewürfelt**
- **50 g Kürbiskerne**
- **Salz, Pfeffer, Muskat, 1 Prise Zucker, Sojasauce**
- **evtl. Kürbiskernöl**

1. Zuerst die Kartoffeln schälen und würfeln, dann den Kürbis anschneiden, Kernkrempel entfernen und würfeln. Hokkaidokürbisschale ist weich und kann dranbleiben. Zwiebeln und Knoblauch ebenfalls würfeln.
2. Fett in einem größeren Topf erhitzen und darin Zwiebeln und Knoblauch leicht anbrutzeln. Nach ein paar Minuten Kürbis und Kartoffeln dazu und ein bisschen mitbraten.
3. Anschließend mit der Gemüsebrühe aufgießen und kurz aufkochen lassen. Curry dazu und zugedeckt so lange vor sich hinköcheln lassen, bis das Gemüse weich ist (ca. 15 min).
4. In der Zwischenzeit könnt ihr schon mal die Kürbiskerne anrösten. Dazu nehmt ihr einfache eine Pfanne oder einen Topf, packt die Kerne rein und röstet sie ca. 3 min leicht an (ohne Fett!). Ploppt lustig. Die Tomaten mit kochendem Wasser übergießen, die Haut abziehen und dann würfeln.
5. Sind die Kartoffel- und Kürbisstücke weich, geht ihr einmal mit dem Pürierstab durch die Suppe (Vorsicht! Nicht alles in der Küche verteilen!) und zwar so lange, bis sie eine cremige Konsistenz hat.
6. Jetzt noch kräftig würzen, die Tomaten hinein und noch mal ein paar Minuten ziehen lassen. Hat das Zeug nicht eine geile Farbe?! Ist alles nach eurem Geschmack, verteilt ihr die Suppe auf die Teller und streut zum Schluss die Kürbiskerne drüber. Wer mag, träufelt noch etwas Kürbiskernöl drüber.

→ Dazu passt Baguette oder frisches Vollkornbrot.

spicy kürbissuppe

für 4, von Uschi Herzer
RISE AGAINST „Appeal To Reason"

Diese Suppe eignet sich gut als erster Gang für ein tolles Herbstmenü. Ausgefallen, aber trotzdem nicht kompliziert und lässt sich außerdem noch gut vorbereiten.

- **1 Hokkaidokürbis**
- **1 Zwiebel**
- **3 Stängel Zitronengras**
- **1 Stück Ingwer, so groß wie dein Daumen**

- **1 Zimtstange**
- **1 l Gemüsebrühe**
- **1 Dose Kokosmilch**
- **Chilipulver**
- **Salz und Pfeffer**
- **Olivenöl**

1. Wie immer ist Vorbereitung das halbe Leben, das heißt, ihr schnibbelt jetzt erst mal die ganzen Zutaten. Also den Kürbis waschen, halbieren, vierteln und die Kerne und das Grisselzeugs rausoperieren, Schale kann aber dranbleiben. Anschließend das Kürbisfleisch mittelgroß würfeln. Zwiebel fein hacken und den Ingwer schälen und auch fein hacken oder reiben.
2. Großen Topf im Schrank suchen, Olivenöl rein und die Zwiebeln darin andünsten. Nach einer kleinen Weile Kürbis und Ingwer dazu, gut umrühren und ein paar Minuten mitbrutzeln lassen.
3. Jetzt die Gemüsebrühe drüberkippen, und zwar nur so viel, dass der Kürbis gerade so eben damit bedeckt ist. Deckel drauf.
4. Wichtig! Zitronengras nicht vergessen, denn das gibt den nötigen Kick. Einfach in 3-4 Abschnitte schneiden und diese noch der Länge nach halbieren. Wer nachher nicht einen auf Fischer machen will, gibt die Zitronengrasstücke und den Zimt in ein Teefiltersäckchen, bindet es zu und taucht es in die Suppe. Wer lieber am Kochzeitende mit Pinzette und Lupe die Stückchen in der Suppe suchen will, kann sie natürlich auch so reinschmeißen. Drinlassen geht gar nicht, denn beim Essen draufzubeißen, ist verdammt eklig ...
5. Nach ungefähr 30 min müsste der Kürbis butterweich sein und ihr könnt das Ganze pürieren. Vorher aber die Gewürze rausangeln. Kokosmilch reinkippen und dann alles mit einem Zauberstab schön glatt matschen oder wahlweise in den Mixer packen. Mit Chili, Salz und Pfeffer würzig abschmecken. Yummy!

➜ Baguette oder so was in der Art dazu und ihr habt ein sattmachendes Essen.

gazpacho

für 4, von Ingrid Bohnensack
BUENA VISTA SOCIAL CLUB „s/t"

- **1 1/2 mittelgroße Salatgurke**
- **1 1/2 rote Paprikaschoten**
- **1 1/2 grüne Paprikaschoten**
- **1 1/2 große Gemüsezwiebeln**
- **300 g Tomaten**
- **1 Knoblauchzehe**
- **2 EL Rotweinessig (oder Rotwein und Essig, oder nur Essig)**
- **2 gestr. TL Salz**
- **4 Scheiben Weißbrot**
- **1 EL Olivenöl**
- **Pfeffer oder Chili, falls gewünscht**

1. Eine Gurke, die Tomaten und die beiden Paprika (die Kerne entfernen) waschen und grob zerkleinern. Die Zwiebel und den Knoblauch schälen und ebenfalls grob zerschneiden. Halbe Gurke, Paprika und Zwiebel fein würfeln und beiseite stellen.
2. Von 2 Scheiben Weißbrot die Rinde abschneiden und das Brot in 500 ml Wasser einweichen.
3. Die Gemüsestücke mit Essig, Weißbrotwasser und Salz nach und nach im Mixer pürieren oder mit dem Pürierstab in eine sämige Masse verwandeln. Abschmecken und für ca. 2 Std. in den Kühlschrank stellen.
4. Die 2 anderen Scheiben Weißbrot in Würfel schneiden und mit Olivenöl in einer Pfanne rösten.

5. Die Suppe vor dem Servieren gut umrühren, dann in große Trinkgläser oder kleine Schüsseln füllen. Zum Essen mit den Gemüse- und Brotwürfeln bestreuen. Que aproveche!

→ Wenn es schnell gehen muss, einfach etwas weniger „Brotwasser" nehmen und stattdessen ein paar Eiswürfel in den Mixer werfen.

kandinsky-süppchen
(komposition III)

für 4, von Dani, Franzi und Ricarda
SS DECONTROL
„How much art can you take?"

Die Komposition No. III ist vegan und weil wir Gegensätze so lieben, entstand sie im Wursterland. Dort verlebten wir in kommunenartiger Wohnsituation zusammen mit weiteren Studentinnen der Kunst eine inspirierte Woche an der Nordsee. Es entstand eine ganze Menge von dem, was manche Leute Kunst nennen, nebenbei auch diese schweineleckere Suppe mit ultimativem Gestaltungspotenzial.

Für die Suppe (als Malgrund):
- **Olivenöl**
- **1 Zwiebel**
- **2 Knoblauchzehen**
- **1 daumengroßes Stück Ingwer**
- **Weißwein zum Ablöschen**
- **12 mittelgroße Kartoffeln**
- **1 l Gemüsebrühe**
- **1 Päckchen Sojasahne**
- **Pfeffer, Salz, Cayennepfeffer, Sojasauce, Sesamöl**

Für die Einlage:
- **2 dicke Möhren**
- **1 Zucchini**
- **125 g Mehl**
- **300 ml Rote-Bete-Saft**
- **1/2 Päckchen Backpulver**
- **Sojamilch**
- **1 Päckchen Sojasahne**
- **eine Handvoll Spinat (es geht auch dunkelgrüner Salat)**
- **ein EL Nussmus oder Tahin**
- **Sojasauce**
- **6 mittelgroße Kartoffeln**
- **1 Süßkartoffel**
- **1 Peperoni**
- **neutrales Pflanzenöl**
- **Kurkuma, Salz, Pfeffer**
- **zusätzlich denkbar: TK-Erbsen, Cranberries, kleine Blumenkohlröschen und alles, was sonst noch zum Farb- und Formenspiel passt!**

1. Für die Suppe Knoblauch und Zwiebeln klein würfeln und mit fein gehacktem Ingwer in Olivenöl anschwitzen. Mit Wein und einem ordentlichen Getöse ablöschen! Die Kartoffeln schälen, würfeln und dazugeben. Kurz mit anschwitzen und schließlich die Gemüsebrühe hinzugeben. Aufkochen und dann köcheln lassen, bis die Kartoffeln weich sind.
2. In der Zwischenzeit können schon einmal die Einlagen vorbereitet werden. Die Möhren mehrmals längs V-förmig einschneiden, dann in Scheiben schnippeln und sich über die schönen Blümchen freuen! Zucchini mit einem mega-fett-geilen Spiralschneider in (Kunstpause) ... Spiralen schneiden. Das Gemüse in einem Sieb über kochendem Wasser dämpfen.
3. Aus dem Mehl plus Backpulver, ca. 100 ml Rote-Bete-Saft und etwas Sojamilch einen pinken Pfannkuchenteig rühren und 2-3 Pfannkuchen in Öl ausbacken. (Die Pfannkuchen werden

beim Backen altrosa. Nicht zu lange backen, sonst verlieren sie diese wunderschöne Farbe!). Wenn sie abgekühlt sind, in „Fädle" schneiden.
4. Spinat, Nussmus und Sojasahne mit einem Stabmixer pürieren. Mit Salz, Pfeffer und Sojasauce abschmecken (eventuell etwas Zucker oder Agavendicksaft hinzugeben).
5. Die Kartoffeln in kleine Würfel schneiden. Die Hälfte in etwa 200 ml Rote-Bete-Saft, die andere Hälfte in Wasser mit ordentlich viel Kurkuma und genügend Salz bissfest kochen.
6. Die Süßkartoffel schälen, in Streifen schneiden und mit etwas Salz frittieren.
7. Die Peperoni längs aufschneiden, entkernen und dann in Ringe schneiden.
8. Nun die etwas abgekühlte Kartoffelsuppe mit dem Stabmixer pürieren und mit Sojasahne, Sojasauce und den Gewürzen abschmecken.
9. Die Teller mit der hellen Suppe füllen und servieren. Die Einlagen in kleinen Schüsselchen in die Mitte des Tischs stellen – und jetzt kann „gemalt" werden!

rote-linsen-kartoffelsuppe mit aufstrichpotenzial

für 6, von Jack, RENTOKILL
Musik: So vielfältig wie das Gericht selbst. Unbedingt ausprobieren: Nigel Kennedy „East Meets East". Für die rudimentären Tage: CLASH „London Calling". Perfekt und deswegen hier eindeutig: SNFU „Something Green And Leafy This Way Comes"

- **400 g rote Linsen**
- **400 g Kartoffeln**
- **3-4 Karotten**
- **2 durchschnittliche Zwiebeln**
- **3 Knoblauchzehen**
- **Ingwer, mittelgroße Knolle**
- **1-2 Chilischoten**
- **1 Tomate**
- **1-2 Suppenwürfel oder 1-2 EL Gemüsebrühepulver**
- **Olivenöl**
- **etwas gelbe Currypaste**
- **frisches Koriandergrün**
- **1 Limette**
- **Kreuzkümmelpulver**
- **Kukurma**

Here we go:
1. Warte noch mit der Platte, wir beginnen mit Kartoffelschälen, eine Tätigkeit so hässlich wie die Stille selbst. Deshalb kommt die Musik erst später. Wir schneiden kleine Würfel, abspülen, beiseite stellen. Wenn du das genauso wenig leiden kannst wie ich, such dir einen Wohnungskollegen oder einen verfrühten Gast. Manche Leute machen das gern, echt! Ähnliches gilt für die Karotten, Form egal.
2. Musik an. Knoblauch schälen und pressen oder hacken (hab mal wo gelesen, es wär gesünder, wenn das noch eine Zeit rastet, drum beginne ich damit). Zwiebeln klein schneiden, Ingwer schälen und noch kleiner schneiden oder raspeln. Die Chilischoten und die Tomate hacken.
3. Inzwischen sind wir bei „Joni Mitchell tapes" von SNFU angekommen, der perfekte Soundtrack, um den Herd anzuwerfen. In einem großen Topf reichlich Olivenöl erhitzen, währenddessen die Linsen in einem Sieb kalt spülen, bis das Wasser klar abläuft. Das spart zwar kein Wasser, aber den Mitmenschen die tagelangen Blähungen. Angeblich. Reichlich heißes Wasser bereitstellen.
4. In das nicht zu heiße Öl Zwiebel, Ingwer, Knoblauch, Tomate und Chili

schmeißen und mit einem halben Teelöffel Currypaste und einem guten Teelöffel Kreuzkümmelpulver für 1 Minute anbraten. Hübsch umrühren, damit sich die Paste gut verteilt und nix anbrennt. Schließlich die Linsen, die Karotten und die Kartoffeln dazu, und für ein paar Minuten alles gemeinsam weiterbraten.

5. Wenn die Linsen ganz leicht braun werden, mit einem guten Liter Wasser aufgießen – ich nehme immer heißes, dann geht's schneller. Suppenwürfel o.ä. dazugeben und einen halben Teelöffel Kukurma. Ist nicht jedermanns Sache, und bei zuviel wird's ganz schnell bitter. Ein bis zwei Teelöffel Salz wären ebenfalls nicht schlecht.
6. Wenn das Ganze aufkocht, die Flamme zurücknehmen, rühren und mit Salz und Kreuzkümmel abschmecken. Das darf ruhig etwas dauern, „Painful reminder" eignet sich da hervorragend. Dann einfach köcheln lassen, bis die Linsen quellen bzw. bis „This is a goodbye". Sollte das Ganze nun schon ziemlich dicklich sein, zweige ich mir die gewünschte Menge Aufstrich ab und stelle das für ein paar Minuten auf eine kleine Extraflamme. Der Rest wird je nach gewünschter Menge und/oder Dichte weiter mit Wasser aufgegossen, und wenn die Linsen gerade noch Biss haben, schließlich püriert – Pürierstab oder Standmixer sehr empfehlenswert. Muss aber nicht unbedingt sein, notfalls zu Beginn die Zutaten kleiner schneiden.
7. Noch ein paar Minuten weiterkochen lassen, hier unbedingt rühren, abschmecken. Koriander waschen, Limetten schneiden. Den Aufstrich von der Flamme nehmen und auskühlen lassen. Die Suppe in Schalen füllen, Koriander drauf, Limetten zum Drüberträufeln extra bereitstellen. Die zweite Seite der Platte zieht sich etwas, notfalls bis zu „Watering hole" vorspringen, und servieren. Guten Appetit!

→ Diese Suppe ist leicht in großen Mengen herstellbar und eignet sich somit auch hervorragend für Cateringzwecke (warme Suppe macht tourende Menschen glücklich!), auch die Möglichkeit, eingedickte Reste tagelang als Aufstrich zu verwenden, steigert das Potenzial.

minestrone

für 6-8, von Sarah Schmidt
Ryan Adams „Ashes And Fire"

Es gibt keine variationsreichere Gemüsesuppe als diese italienische Köstlichkeit. Die Gemüseauswahl kann ganz nach Geschmack verändert werden.

- **2 Zwiebeln**
- **3 Knoblauchzehen**
- **3 Möhren**
- **3 Stangen Staudensellerie**
- **1 große Kartoffel**
- **1 Zucchini**
- **1 Stange Lauch**
- **200 g Wirsing**
- **Olivenöl**
- **2 l Gemüsebrühe**
- **1 Dose weiße Bohnen (800 g)**
- **2 Dosen geschälte Tomaten à 400 g**
- **1-2 Tassen kompakte Nudeln, z.B. Fussili**
- **Salz und Pfeffer**
- **feinstes Olivenöl zum Beträufeln**

1. Möhren und Kartoffel schälen und würfeln, Lauch längs aufschneiden, waschen und in feine Streifen schneiden. Zucchini waschen und in

halbe Scheiben schneiden. Sellerie waschen, Fäden abziehen und in Scheiben schneiden. Wirsing in Streifen schneiden und gründlich waschen.

2. Zwiebeln und Knoblauch fein hacken, in Olivenöl andünsten, Brühe dazu und das klein geschnittene Gemüse so lange köcheln lassen, bis es weich ist.
3. Den Schleim von den Bohnen abwaschen, Tomaten aus dem Saft holen und klein schneiden. Beides mit den Nudeln in den Topf und noch mal ca. 10 min köcheln lassen, bis die Nudeln weich sind. Alles mit Salz und Pfeffer abschmecken.
4. Zum Servieren mit Olivenöl beträufeln. Schmeckt am nächsten Tag noch besser.

➜ Der KoK-Tip: Pasta separat kochen und erst kurz vor dem Essen dazugeben – verhindert das Aufquellen. Wer will, kann auch noch etwas grünes Pesto drüberkippen.

pastinaken-birnen creme-suppe

von Linda Köper
CAT POWER „Girl U Want"

- 500 g Pastinaken
- 1 Kartoffel (normal groß)
- 2 Zwiebeln
- 2 große Birnen
- 2 TL gemahlener Koriander (Gewürzpulver)
- 1 Bund frischer Koriander
- 1 l Gemüsebrühe
- 250 ml Sojamilch (ungesüßt)
- Salz, Pfeffer
- Olivenöl

1. Zwiebeln fein würfeln. Pastinaken und Kartoffel waschen, schälen und kleinschneiden. Birnen entkernen und auch kleinmachen.
2. Topf aus dem Schrank holen und darin Zwiebeln in etwas Olivenöl andünsten. Pastinaken, Kartoffel und Birnen sowie Korianderpulver dazugeben, kurz dünsten lassen.
3. Das Ganze dann mit der Gemüsebrühe auffüllen und 45 min kochen lassen. Im Anschluss mit Salz und Pfeffer abschmecken, Sojamilch dazu schütten und durchrühren. Falls nötig noch pürieren.
4. Viel frischen gehackten Koriander hinzugeben, schmecken lassen!

sellerie-apfel-suppe mit crème

für 4, von Anne Dilmann und Jürgen Schattner, Rookie Records
Zu frisch und bissig passt das PASCOW-Album „Alles muss kaputt sein" ausgesprochen gut. Wer ruhigere Töne bevorzugt, dem legen wir die Gemma Ray-EP „Runaway" ans Herz.

- 1 größere Gemüsezwiebel
- 600 g Knollensellerie
- 400 g Äpfel (Elstar oder Cox Orange)
- 1 EL Curry
- 1 Prise Zucker
- 300 ml trockener Weißwein
- 1 l Gemüsefonds, am besten selbst gekocht
- 200 ml aufschlagbare Sojasahne, wahlweise Kokosmilch
- Pfeffer
- Olivenöl

1. Während Jürgen die Zwiebel würfelt (Brillenträger heulen weniger), schält Anne den Sellerie und die Äpfel. Den Sellerie wegen längerer Garzeit kleiner würfeln, die Äpfel wiederum kann man ruhig nur vierteln oder achteln.
2. Die Zwiebel in Olivenöl leicht anbraten,

dann Sellerie, Äpfel, Zucker und Curry zugeben und zwei Minuten unter Rühren anbraten. Curry brate ich immer mit an, weil er dann etwas aromatischer wird.

3. Mit dem Weißwein ablöschen und rund 10 min köcheln lassen.
4. Den Gemüsefonds zugeben (selbstgemachter zahlt sich geschmacklich wirklich aus!) und rund weitere 20 min köcheln lassen.
5. Die Suppe pürieren und passieren. Das macht zwar Arbeit und reduziert die Menge merklich, wirkt sich aber auf die Konsistenz und den gesamten Geschmack extrem positiv aus.
6. Zuletzt die aufgeschlagene Sojasahne oder wahlweise Kokosmilch unterheben und mit gemahlenem schwarzen Pfeffer würzen.

→ Tip: Wer es hübsch mag, hebt einen Klecks geschlagener Sahne pro Portion zum Verzieren auf. Und ein paar frisch geschnittene Apfelscheite und fein gehobelte Scheibchen vom Staudensellerie geben der Vorspeise was Frisches und Bissiges.

thai-suppe

für 6-8, von Uschi Herzer
MELVINS „Houdini"

- **300 g Blumenkohl**
- **3 Möhren**
- **500 g Weißkohl**
- **1 Staudensellerie**
- **1 kleine Dose geschälte Tomaten**
- **2 rote Paprika**
- **150 g Zwiebeln**
- **150 g Lauch**
- **Olivenöl**
- **1 EL Curry**
- **1 EL gehackter Kümmel**
- **2 Knoblauchzehen**
- **200 ml passierte Tomaten**
- **1,5 l Gemüsebrühe**
- **2 Lorbeerblätter**
- **1 EL Korianderkörner**
- **2 getrocknete Chilischoten**
- **1 kleines Stück Ingwer**
- **1-2 Stangen Zitronengras**
- **Sojasauce**
- **Salz**
- **gehackte Petersilie**
- **wer mag: gehacktes Koriandergrün**

1. Wie immer ist zuerst das Gemüse dran: waschen, putzen und in mundgerechte Stücke zerlegen: Blumenkohl in Röschen, logo, Möhren in Scheiben, Kraut in etwas breitere Streifen, Paprika und Zwiebel in Würfel und Lauch und Sellerie z.B. quer in Scheiben schneiden.
2. In einem großen Topf Zwiebeln und Lauch in etwas Olivenöl andünsten, Curry, Kümmel und klein gehackten Knoblauch dazugeben und gut umrühren. Kurz brutzeln lassen.
3. In der Zwischenzeit das Zitronengras in feine Scheiben, den geschälten Ingwer in kleine Stücke und die Chilischoten irgendwie klein schneiden; den Koriandersamen in einem Mörser etwas zerstoßen. Welch ein cooler Duft!
4. Jetzt das restliche Gemüse und die pürierten Tomaten in den Topf und mit der Gemüsebrühe aufgießen. Zu guter Letzt kommen noch die eben kleingemachten Gewürze rein, alles aufkochen lassen und so lange köcheln lassen, bis das Gemüse gar ist.
5. Zum Schluss mit Sojasauce und Salz abschmecken, gehackte Kräuter drüber und essen.

→ Lässt sich gut aufwärmen und schmeckt mit jedem Mal besser.

topinambur-kürbis-süppchen

für 4 als Vorspeise, für 2 zum Sattwerden, von Uschi Herzer
ARTICLES OF FAITH „Core"

Das Mischungsverhältnis von Topinambur und Kürbis ist nach Belieben variierbar. Und: Topinamburknollen müssen verdammt gut geschrubbt werden, denn die Erde haftet ziemlich hartnäckig daran.

- **350 g Topinambur, 2 größere Knollen extra**
- **350 g Hokkaidokürbis**
- **1 Zwiebel**
- **Öl**
- **Gemüsebrühe**
- **1 Packung Soja- oder Hafersahne**
- **Salz und Pfeffer**
- **Sojasauce**
- **Chili**
- **Sojamilch**

1. Topinambur unter fließendem Wasser gut abbürsten. Kürbis entkernen und samt Schale in spielwürfelgroße Würfel schneiden. Zwiebel auch würfeln. Zum Schluss die Topinamburknollen ungeschält auf einem Gurkenhobel in Scheiben schneiden.
2. Öl in einen Topf geben und Zwiebeln darin etwas andünsten. Kürbis und mittlerweile bestimmt schon braun gewordenen Topinambur dazu, gut umrühren und ein paar Minuten mitbrutzeln lassen.
3. Mit so viel Gemüsebrühe aufgießen, dass alles gut bedeckt ist. So lange köcheln lassen, bis das Gemüse weich ist.
4. In der Zwischenzeit könnt ihr reichlich Öl (ca. 1-2 cm hoch) in einen kleinen Topf geben und erhitzen. Die beiden restlichen Topinamburknollen ebenfalls unter Wasser abbürsten und anschließend in dünne Scheiben hobeln. Wenn das Öl heiß ist, die Scheiben portionsweise reingeben und 2-3 min frittieren. Flott wieder rausnehmen, bevor sie zu braun werden. Auf einem Küchenkrepp abfetten lassen und anschließend leicht salzen.
5. Ist der Suppentopfinhalt weich, könnt ihr das Zeug mit einem Mixstab pürieren. Vorher aber noch die Soja- oder Hafersahne reinkippen; nicht mehr kochen lassen. Anschließend mit Salz, Pfeffer, Sojasauce und eventuell Chili würzen.
6. Wer es jetzt total chefmäßig mag und einen Milchaufschäumer zu Hause hat, kann kurz vor dem Servieren etwas Sojamilch aufpimpen.
7. Suppe in Schüsseln geben, Milchschaumwölkchen auf die Suppe setzen und Topinamburchips in einer extra Schale dazu reichen. Bitte nicht in die Suppe werfen, das wäre zu schade.

türkische linsensuppe

für 2, von Dr. Markus Keller, IFANE
THE BEATLES „White Album"

- **150 g rote Linsen**
- **2 EL Olivenöl**
- **1 mittelgroße Zwiebel**
- **1 Stange Sellerie**
- **1/2 Möhre**
- **1 kleine Kartoffel, mehligkochend**
- **1-2 Knoblauchzehen**
- **400 ml Wasser**
- **125 ml passierte Tomaten**
- **1 TL Paprikapulver mild**
- **1 TL Kreuzkümmel gemahlen**
- **1 TL Chilipulver**
- **1-2 TL Salz**

- Zitronensaft, frisch gepresst
- evtl. etwas Soja-Joghurt

1. Als Erstes die Linsen 15 min in Wasser einweichen, anschließend im Sieb unter fließendem Wasser abspülen.
2. In der Zwischenzeit könnt ihr schon mal das Gemüse kleinschnibbeln: Zwiebel mittelgroß würfeln, Selleriestange hacken, Möhre und Kartoffel würfeln und Knoblauch fein hacken.
3. Jetzt das Olivenöl in einem großen Topf erhitzen und Zwiebel darin andünsten und leicht braun werden lassen. Dann Sellerie dazugeben und 3 min mitdünsten. Dann noch Möhre und Kartoffel dazu, gut umrühren und kurz schmurgeln lassen.
4. Im nächsten Schritt Knoblauch, abgetropfte Linsen, Wasser, passierte Tomaten, Paprikapulver, Kreuzkümmel und Chili dazugeben und alles auf kleiner Flamme ca. 15-20 min köcheln lassen.
5. Nach ca. 10 min das Salz dazugeben und immer schön umrühren. Eventuell noch etwas Wasser nachgießen – die Konsistenz soll sämig (also nicht zu dick und nicht zu dünn) sein.
6. Wenn die Linsen weich sind, mit frisch gemahlenem Pfeffer und eventuell noch etwas Salz abschmecken. Suppe auf Tellern anrichten und nach Geschmack etwas frisch gepressten Zitronensaft und/oder einen Klecks Soja-Joghurt dazugeben.

→ Dazu reicht man/frau Vollkorntoast oder türkisches Fladenbrot.

herbstsuppe

für 2-3, von Uschi Herzer
POLAR BEAR CLUB
„Sometimes Things Just Disappear"

- 1/2 Hokkaidokürbis (400 g)
- 1/4 Knollensellerie (150 g) oder 1-2 Stangensellerie
- 1 kleiner Kohlrabi
- 1 Stange Lauch
- 1 Zwiebel
- gehackte Petersilie
- 0,75-1 l Gemüsebrühe
- Öl
- 100 g Getreideschrot
- Salz und Pfeffer

1. Bevor ihr anfangen könnt zu kochen, muss erstmal fleißig geschnibbelt werden: den Lauch putzen, waschen und in dünne Ringe schneiden. Den Sellerie schälen und in ca. 0,5-1 cm große Würfel schneiden. Genauso verfahrt ihr mit dem Kohlrabi. Den Kürbis waschen, von den Kernen und dem Gekröse befreien und samt Schale würfeln. Zu guter Letzt noch die Zwiebel fein hacken.

2. Und schon kann es losgehen: etwas Öl in einen Topf geben, erhitzen und Zwiebelwürfel und Petersilie darin andünsten. Dann das Gemüse und den Getreideschrot reinkippen, gut umrühren und ein paar Minuten mitbrutzeln lassen. Alles mit der Gemüsebrühe aufgießen. Lieber nicht gleich die ganze Menge, sonst wird das Süppchen möglicherweise zu dünn. Deckel drauf und so lange bei mittlerer Hitze köcheln lassen, bis alles weich ist. Eventuell noch mal Gemüsebrühe nachkippen.
3. Mit Salz und Pfeffer abschmecken und essen. Wer mag, kann sich einen Klecks Sojasahne oder -Joghurt auf die Suppe geben.

➜ Der Getreideschrot lässt sich auch durch Reis oder Graupen ersetzen; es geht hier lediglich darum, dass die Suppe sämig wird.
➜ Mit Chili und/oder geriebenem Ingwer bekommt das Ganze einen exotischen Touch.
➜ Brot dazu muss sein.
➜ Wer grünes Pesto im Kühlschrank hat, kann davon etwas auf die Suppe träufeln.
➜ Statt Kohlrabi passt auch gut Möhre oder Pastinake.

yummy-wirsingsuppe

für 2, von Uschi Herzer
SAMIAM „Trips"

- **200 g Wirsing**
- **1 kleine Zwiebel**
- **1 mehligkochende Kartoffel**
- **1 Knoblauchzehe**
- **350 ml Gemüsebrühe**
- **50 ml Sojasahne**
- **Salz, Pfeffer**
- **1 Prise Muskatnuss**
- **Soja-Joghurt**
- **1 EL Sonnenblumenkerne**

1. Zuerst den Wirsing halbieren und den dicken, harten Strunk rausschneiden und wegschmeißen. Dann den Rest grob würfeln.
2. Nun die Zwiebel und den Knoblauch fein würfeln. Die Kartoffel waschen, schälen und etwas gröber würfeln.
3. Pott auf die Herdplatte, Gemüsebrühe rein, volle Pulle heizen und dann das geschnibbelte Gemüse reinkippen. So lange blubbern lassen, bis alles weich ist (dauert ca. 10 min).
4. In der Zwischenzeit schmeißt ihr schon mal die Sonnenblumenkerne ohne Fett in eine Pfanne und lasst sie leicht – wenn ich leicht sage, meine ich auch leicht und nicht verkohlt – anbräunen (immer wieder rütteln).
5. Jetzt die ganze Pampe entweder mit dem Pürierstab zermatschen oder alles in den Mixer kippen und gut durchpürieren.
6. Alles zurück in den Topf, Sojasahne dazu und mit den Gewürzen abschmecken.
7. Zum Schluss die Suppe auf Teller verteilen, in jeden Teller 1 TL Joghurt klatschen und das Ganze mit den gerösteten Sonnenblumenkernen bestreuen. Aaahhhh ...

➜ Dazu schmeckt Baguette oder Fladenbrot.

Tomatensuppe
Name: Nadja Wichmann
Musik: Idle Hands
250g geschälte Tomaten
1 Zwiebel
1 Paprika
1 Mini-Gurke
1 Zucchini
Salz, Zucker
Tabasco
ROBOTER
NADiA
Zubereitung:
Tomaten mit dem Saft in einen Topf, dann erhitzen. Die restlichen Zutaten schnibbeln und dazugeben. Kochen, dann pürieren und mit Salz, Zucker und Tabasco abschmecken!

snacks

carpaccio alla verdura

von Uschi Herzer und Joachim Hiller
THE DAMNED „Love song“

Ein superleckerer Starter!

- 2 Möhren
- 1/2 Gurke oder Zucchini
- 8-10 Radieschen
- ein paar Blätter Rucola
- 1/2 Paprika
- 3-4 Tomaten
- Schnittlauch, Kresse oder andere frische Kräuter
- gutes Olivenöl
- Balsamico-Essig
- Salz und Pfeffer

1. Der Trick bei der ganzen Geschichte ist, dass die Zutaten möglichst dünn geschnitten werden, denn sonst gibt's den Kauinfarkt ... Ich ziehe zum Beispiel mit dem Sparschäler feine Karottenstreifen ab, die Gurke kann man längs oder quer ganz fein über den Gurkenhobel rutschen lassen, Radieschen auch. Den Rucola könnt ihr ganz lassen und die Tomaten in Scheiben oder kleine Schnitze schneiden. Paprika am besten in gaaanz schmale Streifen schneiden.
2. Jetzt nehmt ihr pro Person einen schönen großen Teller und dekoriert den liebevoll mit dem Gemüse. Ein bisschen Salz und Pfeffer drüber, gehackte Kräuter auch, und zum Schluss noch etwas Öl und Essig drüberträufeln. Sieht toll aus, oder?

→ Hübsch sehen auch essbare Blüten dazu aus, wie Kapuzinerkresse oder Beinwell. Gut funktionieren auch Kohlrabi, Radicchio, Sprossen usw.
→ Dazu passt hervorragend Baguette.

bruschetta

von Uschi Herzer und Joachim Hiller
Maria Callas „Norma“

- 1 Ciabatta (zur Not tut's auch ein ordinäres Baguette)
- 2 Tomaten
- 2 Frühlingszwiebeln
- 1 Knoblauchzehen
- 2 EL Olivenöl
- 1 EL Balsamico-Essig
- Salz und Pfeffer

1. Zuerst das Brot in Scheiben schneiden und bei 175 °C im Ofen knusprig werden lassen, bis der Rand bräunlich wird (oder einfach toasten).
2. In der Zwischenzeit die Tomaten klein würfeln, die Frühlingszwiebeln in feine Ringe schnibbeln, den Knoblauch zerquetschen und alles zusammen in eine Schüssel geben. Mit Essig und Öl vermischen und mit Salz und Pfeffer abschmecken.
3. Ist das Brot fertig, nehmt ihr's aus dem Ofen und packt mit einem Löffel das Gemüse mit ein bisschen Sauce auf die Scheiben. Auf einem Teller schön anrichten und sofort essen.

mediterrane muffins

von Uschi Herzer
DEFEATER „Lost Ground“

- 250 g Dinkelvollkornmehl
- 2 1/2 TL Backpulver
- 1/2 TL Natron
- 8 getrocknete, in Öl eingelegte Tomaten
- 5 Peperoni
- 1/4 Tofu Rosso (gibt's im Bio-Laden)
- 300 g Soja-Joghurt
- 80 g Olivenöl

- **2 EL vollfettes Sojamehl**
- **70 g schwarze, entsteinte Oliven**
- **1 TL italienische Kräuter, getrocknet**
- **1/2 TL Salz**
- **frisch gemahlener Pfeffer**
- **ca. 1 EL Hefeflocken**
- **12er-Muffinblech**
- **Papierförmchen**

1. Backofen auf 180 °C vorheizen.
2. Mehl, Backpulver, Natron, Salz, Pfeffer, Kräuter und Hefeflocken miteinander vermischen.
3. Oliven, Peperoni und Tomaten abtropfen lassen und in kleine (wirklich kleine, sonst fallen euch die Muffins auseinander) Stücke schneiden.Tofu Rosso relativ klein würfeln.
4. Joghurt, Olivenöl und Sojamehl sowie zwei EL Wasser gut verrühren.
5. Und jetzt kommt der große Moment: Mehlmischung mit dem flüssigem Kram mit Hilfe eines Esslöffels schnell vermischen, dann das Gemüse-Tofu-Zeug dazu und nochmal gut verrühren.
6. Jetzt den Pamp in die 12 Papierförmchen verteilen, diese in die Muffinform setzen und ab damit in den Ofen. So lange drinlassen, bis die Muffins schön gebräunt sind, das dauert je nach Ofen zwischen 25 und 35 min. Kurz in der Form auskühlen lassen, dann herausnehmen.

→ Die Papierförmchen sind wichtig, weil man die Teile so besser aus der Form kriegt. Und irgendwie smarter zu essen sind die dann auch.

→ Perfekt für Partys, Brunch oder für die Arbeit am nächsten Tag.

→ Dazu passt vorzüglich ein Joghurtdip: 250 g Soja-Joghurt, 1 EL Sojasahne, 1 EL vegane Mayo, 1 TL Olivenöl und 1 TL Zitronensaft gut miteinander verrühren und mit Salz, Pfeffer und Kräutern abschmecken. Wer mag, kann noch etwas gequetschten Knoblauch dazugeben. Die Mayo ist wichtig, da sie dem Soja-Joghurt den süßlichen Geschmack nimmt.

chicorée mit dip

von Uschi Herzer
MILEMARKER „Satanic Versus"

Unser absoluter Vorspeisen-Klassiker!

- **400 g Chicorée**
- **150 g Soja-Joghurt**
- **2-3 EL vegane Mayo**
- **4 EL Sahne**
- **3 EL Olivenöl**
- **1 EL Zitronensaft**
- **1 TL Agavendicksaft oder Ahornsirup**
- **4 Datteln**
- **1-2 Frühlingszwiebeln**
- **1 TL Curry**
- **1/4 TL Salz**
- **gemahlener Pfeffer**

1. Die Chicoréeblätter vorsichtig einzeln ablösen, waschen und gut abtropfen lassen.
2. Jetzt die Pampe zusammenrühren, und das geht so: Soja-Joghurt, Mayo, Sahne und Olivenöl mit einem Schneebesen glattrühren. Dann die Datteln schön fein würfeln, vorher den Kern entfernen.
3. Frühlingszwiebeln putzen, waschen und in feine Scheiben schneiden. Zusammen mit Zitronensaft und Agavendicksaft oder Ahornsirup in die weiße Matsche schmeißen, gut durchrühren und mit den Gewürzen abschmecken.
4. Chicoréeblätter eintunken und wegmampfen.

tomaten-kräuter-muffins

von Ines Sagurski
TOUCHÉ AMORÉ
„Parting The Sea Between Brightness And Me"

Ergibt 12 Muffins. Die schmecken hervorragend als Beilage zu Salat, Gegrilltem oder als Snack mit veganer Mayo.

Teig:
- **400 g Mehl**
- **1 Päckchen Trockenhefe**
- **ca. 200 ml lauwarmes Wasser**
- **1 Glas getrocknete Tomaten (in Öl eingelegt)**
- **1 TL Zucker**
- **1 TL Salz**
- **1 TL Gewürzmischung mit Paprika und diversen Kräutern, zum Beispiel „Grillzauber" von Vantastic**
- **ein bisschen granulierter Knoblauch**
- **nach Bedarf noch mehr Kräuter**

Marinade:
- **das Öl der eingelegten Tomaten**
- **ca. 2-3 Knoblauchzehen**
- **Gewürzmischung**
- **Kräuter (z.B. Oregano und Rosmarin)**

1. Alle trockenen Teigzutaten kommen in eine große Schüssel. Einmal durchrühren und anschließend das lauwarme Wasser dazugeben. Unbedingt darauf achten, dass es nicht zu heiß, aber auch nicht zu kalt ist, denn sonst funktioniert der Trick mit der Hefe nicht. Körpertemperatur ist passend.
2. Die Masse mit Mixer und Rührhaken in einen ansehnlichen Klumpen Teig verwandeln. Der wird zugedeckt und darf sich an einem warmen Ort für eine halbe Stunde ausruhen.
3. Die Zeit könnt ihr nutzen, um die getrockneten Tomaten in kleine Stückchen zu schneiden. Das Öl nicht wegkippen, denn das brauchen wir für die Marinade. Hierzu einfach die Knoblauchzehen in das Tomatenöl pressen, die Kräuter und Gewürze dazugeben und umrühren.
4. Inzwischen dürfte euer Teig aufgegangen sein. Zeit, den Ofen auf knapp 230 °C vorzuheizen. Ihr gebt nun die Tomatenstücke zum Teig und knetet ihn noch mal richtig durch. Durch das Öl, das noch an den Tomaten klebt, kann es klebrig werden, also gegebenenfalls noch Mehl hinzugeben.
5. Dann formt ihr 12 Kügelchen, die ihr in die Kuhlen einer normalen Muffin-Form legt. Anschließend mit einem Löffel ordentlich Marinade über den Kugeln verteilen und ab damit in den Ofen. Nach 10 Minuten könnt ihr mit dem Zahnstocher reinpieksen: Bleibt kein Teig daran kleben, sind sie fertig.
6. Vor dem Rausnehmen sollten die Muffins noch kurz ruhen, da sonst die Hälfte in der Form kleben bleibt. Sofort genießen, denn warm und knusprig schmecken sie am besten.

→ Alternativ lassen sich auch gut Oliven oder klein gehackte Zwiebeln in den Teig einarbeiten.

riesenbohnen mit tomatenpaste

von Familie Schäfer-Hiller
REM „Part Lies, Part Heart, Part Truth, Part Garbage, 1982-2011"

- **2 Dosen weiße Riesenbohnen**
- **1 Schale getrocknete, nicht eingelegte Tomaten**
- **3-5 Knoblauchzehen**
- **300 ml Olivenöl**
- **1 EL Bruschettagewürz**
- **Salz, Pfeffer**

1. Getrocknete Tomaten über Nacht in Essigwaser einweichen.
2. Bohnen abtropfen lassen und Tomaten entwässern.
3. Getrocknete Tomaten, Bruschettagewürz, Salz, Pfeffer und Knoblauch pürieren und Olivenöl dazugeben.
4. Abgetropfte Bohnen unterheben und mindestens 2-3 Tage durchziehen lassen, dann entfaltet sich das Aroma erst richtig.

→ Ist in Gläser gefüllt im Kühlschrank ewig haltbar.

töfte köfte

hat Maike von Zehras Mutter
JINGO DE LUNCH „B.Y.E."

- **1 Tasse rote Linsen**
- **2 Tassen feines Bulgur**
- **Tomatenmark, Paprikamark**
- **1 große Zwiebel**
- **3 Knoblauchzehen**
- **1 großer Bund Blattpetersilie**
- **Olivenöl**
- **1 Zitrone**
- **Salz, Pfeffer, Paprika, Kreuzkümmel, Cayennepfeffer, Pul Biber ...**
- **ordentlich Geduld beim Köfte formen und dafür sinnigerweise motivierende Musik**

1. Als Erstes eine Tasse rote Linsen in einem großen Topf in ungefähr 500 ml Wasser so lange kochen, bis die Linsen gar und das Wasser nahezu verdampft ist (je nach Leistungsvermögen eurer Kochstelle dauert das um die 15-20 min).
2. Während eure Linsen kochen, wollen eine große Zwiebel und drei Knoblauchzehen sehr sehr klein geschnitten werden. Ebenso wartet ein Strauß Blattpetersilie darauf, fein und klein gehackt zu werden.
3. Wenn die Linsen soweit sind, kippt ihr zwei Tassen Bulgur (von dem feinen, der gröbere muss gekocht werden) dazu und je nachdem noch etwas heißes Wasser, so dass das Ganze ziemlich fest ist, aber nicht staubt. Hier könnt ihr mit ein bisschen Gefühl wenig falsch machen, die Stadien zwischen staubig und matschig sind mannigfaltig. Die Mischung muss nun gut durchgerührt werden, dann zugedeckt 15 min quellen. Immer mal wieder umrühren und auf Konsistenz prüfen.
4. Nun ist Zeit, um in einer Pfanne mit viiiel Olivenöl die Zwiebeln und den Knoblauch glasig zu braten. Ist das geschehen, kommen gute 3 EL Tomatenmark und, wenn ihr habt, auch noch ordentlich Paprikamark hinzu. Jetzt die Pfanne vom Herd nehmen, damit das Tomatenmark nur anröstet, nicht verkohlt und dann wird richtig tief in die Gewürzkiste gegriffen. Salz und schwarzer Pfeffer sind Pflicht, ebenso Pul Biber oder Harissa oder Cayennepfeffer – was ihr so Scharfes da habt! Sambal Oelek geht zur Not auch, Hauptsache das Ganze wird ordentlich feurig. Paprika und Kreuzkümmel und auf jeden Fall viel Zitronensaft sollten auch noch dazu.
5. Jetzt müsst ihr nur noch den Pfanneninhalt in den Topf mit dem Bulgur-Linsen-Gemisch kippen, die Petersilie dazugeben, alles feste vermischen und dann schneller kleine längliche Buletten formen, als die gierige Meute sie euch aus den Händen zu reißen vermag. Wobei sie kühlschrankkühl und etwas durchgezogen, hübsch mit Zitronenscheibchen garniert und im Salatblatt serviert, noch viel besser schmecken.

hauptgerichte

quinoa pumpkin balls

von Sarah Kaufmann, veganguerilla.de
MISFITS „Halloween“

Eine kleine Hommage an eine großartige Band ...
Bonfires burning bright. Pumpkin faces in the night. I remember Halloween. Dead cats hanging from poles. Little dead are out in droves. I remember Halloween. Brown leafed vertigo. Where skeletal life is known. I remember Halloween. This day anything goes. Burning bodies hanging from poles. I remember Halloween. Candy apples and razor blades. Little dead are soon in graves. I remember Halloween.

- 150 g Quinoa
- 2 EL Leinsamen
- 250 g Kichererbsen (vorgekochte)
- 5-6 getrocknete Tomaten
- 2-3 Knoblauchzehen
- ca. 200 g Kürbis (z.B. Hokkaido)
- 1 rote Zwiebel
- 2 EL Olivenöl
- Majoran oder Kräuter nach Belieben
- Salz, Pfeffer

1. Quinoa mit der doppelten Menge Wasser (etwa 2 Tassen) zum Kochen bringen und dann 15 min köcheln lassen. Abgießen und in eine Schale geben.
2. Den Ofen auf 175 °C vorheizen. Den Leinsamen zerschreddern und mit 3 EL Wasser verrühren und quellen lassen. Den Knoblauch pressen, die Kichererbsen pürieren oder in einem Standmixer zermahlen. Die Zwiebel fein hacken. Das Kürbisfleisch raspeln.
3. Alle Zutaten mit zu der Quinoa geben, mit Majoran (und/oder anderen Kräutern nach Belieben) sowie Salz und Pfeffer würzen und zu einer gleichmäßigen Masse verkneten. Kugeln aus der Masse formen und diese auf ein leicht gefettetes Blech legen. Für 30-35 min in den Ofen geben. Zwischendurch ein bis zwei Mal wenden.

thai-soja-schnetz

für 2, von Christian Meiners
FIREWATER „The Golden Hour"

- 75 g Soja-Schnetzel (Fein oder grob? Reine Geschmacksache!)
- 1 Zwiebel
- 1 Knoblauchzehe
- 1/2 EL Ingwerpulver
- 1/2 EL Korianderpulver
- 1/2 TL Zimt
- 1/2 TL Kümmel
- 7 EL Kokosmilch
- 200 ml vegane Sahne (dient dazu, den Kokosgeschmack etwas abzumildern – wer drauf steht, kann die Sahne natürlich auch weglassen und stattdessen eine ganze Dose Kokosmilch verwenden)
- 2 TL Instantgemüsebrühe
- 1-2 EL Tomatenmark
- Salz, Pfeffer, Zucker
- Zitronensaft
- Chiliflocken

1. Soja-Schnetzel nach Packungsanweisung zubereiten und anschließend in einer Pfanne, in der schon das erhitzte Olivenöl der Dinge harrt, scharf anbraten.
2. Zwiebeln würfeln, Knoblauch hacken und beides hinzu. Kurz warten, bis die Zwiebeln glasig sind, und dann ein wenig Platz auf dem Pfannenboden schaffen.
3. Jetzt muss es schnell gehen: Ingwer, Zimt, Koriander und Kümmel in Häufchen auf die freie Fläche streuen und kurz anbraten – aber nicht zu lange, sonst werden sie bitter! Dann die Pfanne schwenken und Gewürze gut verteilen.
4. Anschließend Kokosmilch und Sahne reinschütten, Brühe unterrühren.
5. Tomatenmark rein und verrühren, bis die Sauce eine ansprechende orange-braune Farbe hat.
6. Mit Salz, Pfeffer, Zucker, Zitronensaft und Chiliflocken abschmecken. Fertig.

→ Dazu passt am besten Basmatireis.

Spätzle ohne Eier sind als Trockenware nicht immer eine Offenbarung, also ist Selbermachen angesagt. Allerdings war das Ergebnis verschiedener Rezepte ohne Eier für uns immer enttäuschend, doch Nadjas Rezept hat uns überzeugt. Grundsätzlich sind Spätzle-Rezepte (es gibt da zig Variationsmöglichkeiten bei den Zutaten, unter anderem mit Dinkelmehl) eine Sache von Ausprobieren und Erfahrung – und immer viel Arbeit und anstrengend. Bis man bei diesem Rezept das Essen auf dem Tisch stehen hat, vergeht locker eine Stunde, aber es lohnt sich. (Joachim Hiller)

spätzle

für 2, von Nadja Riedel
FAITH NO MORE „Angel Dust"

- **300 g Weizenmehl Type 405 (wichtig wegen des Kleberanteils)**
- **100 g Hartweizengrieß (gibt mehr Biss)**
- **4 EL Sojamehl**
- **1/2 TL Salz**
- **1 ordentliche Prise Kurkuma (ist wichtig für die Farbe, sonst werden die Spätzle so grau)**
- **ca. 300 ml Wasser**

1. Zuerst alle trockenen Zutaten gut vermischen, dann das Wasser mit einem Kochlöffel gleichmäßig einrühren. Den Teig kräftig schlagen, bis sich Blasen bilden – faule Köche dürfen ein Rührgerät mit Knethaken verwenden. Der Teig muss relativ weich sein und zäh vom Kochlöffel laufen, wenn man ihn aus der Schüssel herauszuheben versucht, also gegebenenfalls etwas Wasser nachgießen. Ist der Teig zu fest, bekommt man ihn nicht durch Spätzlebrett oder -hobel gedrückt.
2. Den Teig erst einmal mindestens (!) eine halbe Stunde stehen lassen. Die Zeit kann man prima nutzen, um beispielsweise einen Salat vorzubereiten oder Röstzwiebeln zu brutzeln, die so lecker zu veganen Kässpätzle schmecken. Nicht vergessen einen großen Topf mit Wasser aufzusetzen, das kochen sollte, wenn die Wartezeit abgelaufen ist.
3. Nun gilt es den Teig in das gut gesalzene Wasser zu schaben. Wer hat, kann einen Spätzlehobel oder ein Spätzlebrett (ein rundes Kunststoffbrett mit vielen Löchern darin, durch die man den Teig mit einem Teigschaber streicht) verwenden, wer nicht, muss den Teig von einem Schneidebrett in winzigen Würstchen in das sprudelnd kochende Wasser schaben. Durch eine Spätzlepresse gedrückt ist das Ergebnis nicht so der Hit, weil die Spätzle kaum aufgehen und nur minimal dicker als Spaghetti werden.
4. Hitze reduzieren, das Wasser sollte nun nur noch leicht brodeln. Wenn die Spätzle fertig sind, steigen sie von alleine an die Oberfläche. Mit einem Schaumlöffel die fertigen Spätzle nach und nach aus dem Kochwasser heben und in einer Schüssel mit warmem Wasser warten lassen, bis alle Spätzle fertig sind. Dann in ein Nudelsieb kippen und sehr gut abtropfen lassen.

→ Mit veganem Käse in der Pfanne angebraten und obendrüber Röstzwiebeln (fertige, oder selbst glasig bis braun braten) werden Kässpätzle daraus. Alternativ kann man dafür die Spätzle auch in eine Auflaufform packen und im Backofen mit Hefeschmelz überbacken.

afterburner wraps

für 3, von Pee und Selkie
EARTH CRISIS „Last Of The Sane"

- 500 g Tofu
- 1 EL Kreuzkümmel (ganz)
- Olivenöl
- Salz
- 1 große Zwiebel
- 2 Knoblauchzehen
- 2 TL Chili
- 4 Selleriestangen
- 1 Paprika mit freier Farbwahl
- 2 Möhren
- 2 EL gehackte Petersilie
- 1 EL Oregano
- 1 Avocado
- 2 Packungen Wraps aus dem Bio-Laden (ca. 12 Stück)
- Chilisauce aus dem Bio-Laden (z.B. „Höllenfeuer")

1. Den Kreuzkümmel in einer trockenen Pfanne anrösten. Wenn er duftet, mit einer Prise Salz in einen Mörser geben und mahlen, bis alles eine eher staubige Konsistenz hat.
2. Öl in die heiße Pfanne geben, bis der Boden bedeckt ist, und dann die gehackte Zwiebel darin glasig dünsten.
3. Dann den ebenfalls gehackten oder in feine Scheiben geschnittenen Knoblauch, das Chilipulver und die Kreuzkümmel-Salz-Mischung hinzugeben und ca. 1 min weiterschmoren lassen, dabei durch gelegentliches Rühren schön vermengen.
4. Sellerie, Paprika und Möhre in ebenfalls gewürfeltem Zustand (im Zweifelsfall lieber kleiner würfeln, das macht das Rollen später leichter) untermischen und den Deckel auflegen (wenn kein Deckel vorhanden ist, tut es auch ein großer Teller) und das Ganze gar dünsten. Wenn ihr bisher den Herd auf vollen Touren habt laufen lassen, so ist dies der Zeitpunkt, zu dem ihr die Hitze deutlich verringern solltet, so dass das Essen nur so leicht vor sich hin blubbert. Sollte es zu trocken wirken, ruhig einen Schuss Wasser hinzugeben.
5. Ihr habt jetzt etwas Zeit, um den Tofu auszupacken und abtropfen zu lassen, dann bitte mit brutaler Fingergewalt zerbröseln und mit den Kräutern vermengen. Dann noch die Avocado schälen, den Kern entfernen und das Fruchtfleisch in längliche Stücke schneiden, für jeden Wrap eines.
6. Und weiter: Jetzt ist das Gemüse gar, deshalb das Tofu-Kräuter-Gemisch gut unterrühren, wieder den Deckel auflegen und zusammen 5 min erhitzen.
7. Nun die Wraps einzeln kurz auf einer Herdplatte oder in einer Pfanne erhitzen, auf eine Arbeitsplatte legen, in der Mitte etwas Füllung verteilen, Avocadostück dazu, etwas Chilisauce drauf und eine Wraprolle machen. Fertig.

→ Sollte noch etwas Füllung übrigbleiben, kann man das am nächsten Tag prima mit der Chilisauce zusammen essen, auch kalt.

tofuberger klopse

für 4, von Jenni Faber, 50 Food Combo
CONVERGE „Petitioning The Empty Sky"

Für die Klopse:
- 500 g weicher Tofu
- Schalen-Abrieb von 1/4 Bio-Zitrone
- 40 g gemahlene Mandeln
- 40 g Mehl
- 40 g Paniermehl
- 20 g Speisestärke
- 20 ml Senf
- 1 EL Gemüsebrühe

- 1/2 Bund Petersilie, fein gehackt
- 1 Knoblauchzehen, gepresst
- 2 EL Hefeflocken (optional)
- Pfeffer, Salz, Zucker

Für die Sauce:
- 20 g vegane Margarine
- 40 g Mehl
- 200 ml Gemüsebrühe
- 200 ml Sojamilch
- 100 ml Sojasahne
- 20 ml Weißwein
- 30 g Kapern
- Salz, Pfeffer, Muskat

1. Für die Klopse zuerst einen großen Topf mit Salzwasser aufsetzen. Danach die Petersilie fein hacken und die Hälfte davon mit allen restlichen Klops-Zutaten gut verkneten. Die Masse sollte relativ fest werden, je nach Beschaffenheit des Tofu muss deshalb mal mehr, mal weniger Mehl und Paniermehl untergemengt werden.
2. Wenn das Wasser kocht, die Hitze regulieren, ein Probeklöpschen formen und 15 min gar ziehen lassen. Ist die Konsistenz eher wabbelig, mehr Mehl unterkneten. Dann die restliche Masse zu Klopsen formen und diese 20-25 min gar ziehen lassen – nicht kochen, ganz wichtig!
3. Für die Sauce die Margarine in einem großen Topf schmelzen, das Mehl mit einem Schneebesen unter ständigem Rühren zugeben und ein wenig bräunen lassen.
4. Bei mittlerer Hitze mit Sojamilch, Brühe und Weißwein ablöschen und rühren, rühren, rühren. Aufkochen lassen, die Kapern zugeben und mit Salz, Pfeffer, Muskatnuss sowie der restlichen Petersilie abschmecken.
5. Zum Schluss die Klopse in die Sauce geben.

Dazu passt am besten Kartoffelpüree:
- 1 kg mehlig kochende Kartoffeln
- 150 ml Sojamilch
- 20 g vegane Margarine
- Salz, Muskatnuss

Kartoffeln schälen, gar kochen und abgießen. Margarine, erwärmte Sojamilch, Salz und Muskat zugeben und mit einem Stampfer zu Püree verarbeiten. Wer es eher cremig mag, sollte das Püree mit dem Handmixer zubereiten.

backofenkartoffeln

für 2, von Uschi Herzer
NEW ORDER „Movement"

Kein Bock auf „Potato Wedges" aus dem Supermarkt? Selber machen! Und zwar so:

- 500 g Kartoffeln, vorwiegend festkochend
- Olivenöl, Salz, Pfeffer, Paprikapulver edelsüß

1. Die Kartoffeln waschen, schälen, mit Küchenpapier trockentupfen und dann vierteln.
2. In eine Schüssel mit Olivenöl damit, umrühren und die Gewürze drüber.
3. Ofen auf 200-225 °C hochballern, auf das Gitterrost Backpapier legen und die Kartoffeln darauf verteilen.
4. Ab in die Mitte des Ofens damit und nach 20-25 min sollten sie fertig sein.

chili ohne carne

für 4, von Thomas Kerpen
SUPERSUCKERS
„The Evil Powers Of Rock'n'Roll"

- **2 große Zwiebeln**
- **2 Paprika (rot und/oder grün)**
- **Knoblauch**
- **Chilipulver**
- **Thymian**
- **1 Lorbeerblatt**
- **1 l Gemüsebrühe**
- **Salz und Pfeffer**
- **Tabasco**
- **Paprika edelsüß**
- **1 große Dose geschälte Tomaten**
- **1 große Dose Kidneybohnen**
- **1 Dose Mais (optional)**
- **Grünkernschrot**
- **Öl**

1. Erst mal ist Schnippelei angesagt, nämlich das in Scheiben schneiden von Paprika und Zwiebeln. Die Paprika- und Zwiebelscheiben sollten möglichst dünn ausfallen, da sie dadurch besser verkochen und man hinterher nicht so unappetitlich dicke Brocken im Essen hat.
2. Die Zwiebeln und die Paprika schmeißt man in den Topf mit vorher erhitztem Öl und lässt beides vor sich hingaren. Zwischendurch das Umrühren nicht vergessen. Währenddessen kann man schon mal die Gemüsebrühe vorbereiten, die Dosen öffnen und die Bohnen sorgfältig in einem Sieb abspülen, da denen ein ziemlich ekelhafter Siff anhaftet.
3. Nachdem Paprika und Zwiebeln die hitzebedingten Erschlaffungserscheinungen aufweisen, kann man Bohnen und geschälte Tomaten (mit Flüssigkeit) dazugeben, zusammen mit Knoblauch (gepresst) und Lorbeerblatt (nicht zwingend notwendig).
4. Weiterhin gut umrühren und kurz darauf Grünkernschrot oder andere nichtfleischliche Ersatzstoffe (z.B. funktioniert's auch mit Bulgur) hinzugeben. Wobei der Grünkernschrot mit Vorsicht zu genießen ist, da er ganz fürchterlich die Flüssigkeit aufsaugt und außerdem schnell das Chili geschmacklich in Grünkerneintopf verwandeln kann.
5. Danach kann man meistens ganz gut einschätzen, wieviel Gemüsebrühe nun noch notwendig ist, damit zum Schluss kein Brei herauskommt. Die Hinzugabe der Gewürze erfolgt je nach Geschmack und wie es einem gerade in den Fingern juckt.
6. Fertig ist das Ganze, wenn die Bohnen auf der Zunge zergehen, also nach ungefähr 30 min Garzeit, aber das sollte eigentlich jeder individuell entscheiden, genauso wie den Einsatz von Chilipulver und Tabasco. Zuviel davon kann einen nämlich schlagartig verdammt nüchtern machen, selbst wenn man schon einige Biere intus hat, und am nächsten Tag erheblich die Verdauung belasten. Wobei ich noch hinzufügen muss, dass Chili erfahrungsgemäß nicht die befürchteten massiven Winde auslöst, was angesichts einer großen Dose Bohnen eigentlich kaum zu glauben ist. In der Regel kann man das Gericht also gefahrlos in geselliger Runde zu sich nehmen ...

→ Dazu reicht man am besten Fladenbrot oder Ähnliches. Grundsätzlich darf es mengenmäßig durchaus etwas mehr Chili als vorgesehen sein, da das Zeug am nächsten Tag meist noch viel besser schmeckt.

DUNKLE-TAGE-MENÜ

für 4-6, von Sönke Bustich

Ein Menü für die etwas kälteren, dunklen Tage. Etwas Zeitaufwand und mehrere alte Platten aus der Sammlung sind erforderlich. Die Zutaten sind nicht wirklich teuer, die Rezepte lassen sich also auch auf eine größere Gruppe hungriger Menschen ausdehnen.

möhren-linsen-orangen-suppe

THE CLASH „Rock the Casbah"

- 250 g rote Linsen (Trockenware)
- 5 Möhren
- 1 kleine Zwiebel
- 1-2 Knoblauchzehen
- 250 ml Orangensaft
- 750 ml Gemüsebrühe
- Salz, Pfeffer, Cumin, Chili, Zimt, Zucker
- 1 Orange
- Olivenöl

- 1 Tempeh-Stück (Asialaden)
- Sonnenblumenöl
- Sojasauce
- Sesamöl
- Öl

Korianderpesto (optional):
- 1 Bund Koriander
- 100 ml Öl
- 1 kleine Handvoll geschälte Mandeln
- 1 Spritzer Limette

1. Zuerst Zwiebel, Knoblauch und Karotten würfeln, dann Zwiebeln und Knoblauchzehen in Olivenöl anschwitzen, kurze Zeit später auch die Möhren dazu. Die Gewürze können auch schon rein, dann riecht das ganze Zuhause schön!
2. Nun mit Gemüsebrühe ablöschen und ca. 20 min köcheln lassen. In der Zwischenzeit die Orange filetieren, also Schnitze ohne Haut herausschneiden.
3. Tempeh in kleine Würfel schneiden, in einer beschichteten Pfanne mit ganz wenig Öl braun rösten; erst ganz zum Schluss (nach ca. 8 min) Sesamöl noch kurz miterhitzen und mit Sojasauce ablöschen! In einer normalen Pfanne brennt es leider zu schnell an bzw. der Tempeh saugt viel zu viel Öl auf.
4. On top kommt ein Korianderpesto, das ist aber nicht zwingend. Dazu alle Pesto-Zutaten mit dem Pürierstab vermixen, eventuell einen Schluck Wasser dazu, falls es zu dick ist.
5. Nun sollte die Suppe fertig sein. Also einen Pürierstab bereithalten und das weiche Gemüse schön babybreiig schreddern. Orangensaft dazu, Gesamtschöpfung noch mal abschmecken.
6. Anrichten: Suppe auf Teller verteilen, Orangenfilets reinlegen, Tempehwürfel obendrauf und eventuell noch das Korianderpesto.

kräuter-polenta-torte

OIRO „Wir fahren mit dem Moped nach Italien!"

- 300 g Polenta
- 1,2 l Gemüsebrühe oder Wasser mit Salz (wer Brühegeschmack nicht mag)
- Rosmarin, Thymian, Salz, Pfeffer
- 1 Handvoll Cherrytomaten

für die Bechamelsauce:
- 1 Handvoll Mehl
- 2 EL Margarine
- 250 ml Gemüsebrühe oder Sojamilch

- **Salz, Pfeffer**
- **Senf**
- **Hefeflocken**
- **Muskat**

- **Gemüse der Saison, z.B. Zucchini, Aubergine, Pilze, grüner Spargel, Möhren etc.**
- **frische Kräuter nach Belieben**
- **1 Schale (ca. 250 g) Feldsalat**
- **1 rote Zwiebel**
- **2-3 frische Feigen**
- **weißer Balsamico-Essig**
- **Salz und Pfeffer**
- **grobkörniger Senf**
- **1 Prise Zucker**
- **etwas gehackte Petersilie**

1. Wasser bzw. Brühe im Topf aufkochen lassen, schön sprudelnd, und dann mit dem Schneebesen langsam den Polentagries einrieseln lassen. Jetzt Flamme aus, der Brei ploppt gerne aus dem Topf und ist dann derbe heiß. Ordentlich Gewürze und Kräuter dazu, bis das lecker ist.
2. Kuchenbackform einfetten oder mit Backpapier auslegen. Die Polentamasse hineingeben, glattstreichen und halbe Cherrytomaten darauf verteilen.
3. Margarine in einem kleinen Topf zum Schmelzen bringen. Mehl drüberstäuben und mit einem Schneebesen gut rühren, damit sich keine Klümpchen bilden. Dann mit Brühe oder Sojamilch aufgießen und rühren wie bescheuert, wir wollen keine Klumpen in der Sauce haben. Etwas köcheln lassen und mit Salz, Pfeffer, Senf, Hefeflocken und etwas Muskat abschmecken.
4. Wenn lecker und sämig, rauf auf die Polenta, ab in den Ofen und bei 180-200 °C ca. 30 Minuten bräunen.
5. In der Zwischenzeit das Gemüse (Zucchini, Aubergine, Pilze, grüner Spargel, Möhren etc.) waschen, putzen und in mundgerechte Stücke schneiden. Olivenöl in einer großen Pfanne erhitzen und das Gemüse darin anbraten. Ein Deckel für die Pfanne wäre bestimmt nicht verkehrt. Zum Schluss mit Salz und Pfeffer sowie gehackten Kräutern würzen.
6. Parallel den Feldsalat gründlich waschen und putzen, trockenschleudern. Rote Zwiebel in feine Streifen schneiden und in etwas Olivenöl andünsten. Die Feigen achteln, zu den Zwiebeln geben und kurz mitbrutzeln lassen. Mit Balsamico und einem Schluck Wasser ablöschen und mit Salz, Pfeffer, Senf, Zucker und Petersilie würzen.
7. Jetzt müsste auch so langsam die Polenta fertig sein. Herausnehmen und in Tortenstücke schneiden. Dann je ein Stück auf einen Teller legen, etwas Gemüse dazu und den Feldsalat mit dem Feigendressing nicht vergessen.

yogi-kokos-milchreis

Miles Bonny „Lumberjack Soul"

- **300 g Milchreis**
- **300 g Kokosmilch**
- **knapp 1 Liter Sojamilch**
- **Zucker oder Agavensirup (nach Geschmack und erst kurz vor Schluss!)**
- **1-2 Teebeutel Yogi-Tee (oder Zimt, Nelke, etwas Chili, Ingwer ... im Tee-Ei)**
- **1 Handvoll Trockenfrüchte nach Gusto**
- **1 Handvoll Mandelblätter**

1. Den Yogi-Tee mit 200 ml heißem Wasser übergießen und mindestens 10 Minuten abgedeckt ziehen lassen.
2. Kokosmilch und 500 ml Sojamilch und eine Prise Salz in einem Topf langsam

aufkochen. Den Yogi-Tee dazugeben, den Milchreis einrühren und auf kleiner Flamme quellen lassen; natürlich mit wachsamen Auge!
3. In der Zwischenzeit die Trockenfrüchte klein schneiden. Nach 15 Minuten zum Reis geben, damit die auch noch etwas quellen können. Wenn es im Topf nicht pampig genug ist, noch Flüssigkeit zugeben. Manche mögen körnigen Reis, manche lieber matschi-patschi – selber entscheiden, wenn's fertig ist!
4. Die Mandeln in einer beschichteten Pfanne ohne Fett etwas anrösten und in einem Schälchen zum Reis servieren.

geschnetzeltes nach gyros-art

von Joachim Hiller
RAW POWER „Screams From The Gutter"

Ein Standardgericht und so simpel, dass es eigentlich kein Rezept braucht, doch da viele Menschen texturiertes Soja angesichts seines pappkartonartigen Aussehens mit großem Misstrauen betrachten und es bei falscher Zubereitung schnell den Leckerheitsgrad von Schuhsohlen erreicht, hier eben doch ein Rezept, das zu allerlei Gemüse oder auch Kartoffelsalat passt. Die Mengen sind je nach Hunger/Menschenmenge variabel, deshalb keine Angaben dazu. Und wer Sojaschnetzel nicht mag, nimmt Seitan.

- **Bio-Sojaschnetzel – keine Würfel, sondern die flachen, die ungefähr so groß sind wie Euromünzen**
  oder
- **Seitan – da ist dann nichts einzuweichen, man muss nur den Seitan in entsprechend dünne Streifen schneiden und bei 4. zu den Zwiebeln geben**
- **Zwiebeln**
- **Gemüsebrühpulver, Öl, Sojasauce**
- **Salz, Pfeffer, Gyrosgewürz**
- **evtl. Sojasahne**
- **evtl. Zwiebelschmalz**

1. Die gewünschte Menge Sojaschnetzel (Faustregel: eine Handvoll pro Person) in eine Schüssel geben und je nach Menge 0,5-1 l Wasser zum Kochen bringen. Über die Schnetzel kippen, so dass die gut bedeckt sind. 1-2 EL Gemüsebrühpulver dazu und einen ordentlichen Schuss Sojasauce.
2. Das Sojazeug ziehen lassen, immer wieder umrühren/wenden. Länger ist besser, denn die Packungsangaben sind meist zu knapp. 40 min oder eine Stunde schadet nicht.
3. In der Zwischenzeit die Zwiebel(n) in Ringe schneiden und in einer beschichteten Pfanne schön glasig dünsten/braten – in Öl oder auch Zwiebelschmalz. Die sollten fast fertig sein, wenn das Sojazeug ausreichend gebadet hat.
4. Die größeren der Sojadinger eventuell mit dem Messer halbieren. Dann das Geschnetzel in die Zwiebelpfanne kippen – ohne die Sauce (diese nicht wegkippen!), aber bitte nicht ausdrücken. Bei recht hoher Temperatur und ohne Deckel die Flüssigkeit verkochen lassen, und siehe da, die Sojaschnetzel bräunen allmählich an.
5. Wenn sie lecker braun sind (obacht, das darf nicht knusperig werden – zur Not was vom „Sojabad" dazukippen ...), noch eben mit Salz und Pfeffer sowie, falls gewünscht, mit Gyrosgewürz abschmecken. Und wer will, kann auch noch etwas Pflanzensahne in die Pfanne rühren, aber bitte nicht mehr aufkochen.

couscous mit paprika

für 2, von Uschi Herzer
SAMIAM „Clumsy"

Eines unserer All-time-Favourites-Rezepte ... Wir lieben es!

- 20 g Rosinen
- 150 g Couscous
- 1 rote und 1 gelbe Paprika
- 1 große Zwiebel
- 100 g Kichererbsen aus Dose oder Glas
- 1/4 l Gemüsebrühe
- 1/4 TL Harissa-Würzpaste
- 20 g Pinienkerne
- Olivenöl
- gemahlener Kreuzkümmel
- Salz, Pfeffer

1. Rosinen in heißem Wasser einweichen und ca. 20 min quellen lassen. Kichererbsen abgießen und im Sieb abspülen.
2. Als Nächstes die Paprika vom Stielansatz befreien, waschen und der Länge nach achteln. Zwiebel schälen und ebenfalls achteln.
3. Jetzt nehmt ihr eine große Pfanne und röstet darin die Pinienkerne ohne Fett etwas an. Sind sie leicht gebräunt, nehmt ihr sie raus und stellt sie zur Seite.
4. Die gleiche Pfanne nehmt ihr jetzt für die Gemüsesauce. Etwas Olivenöl reinkippen und darin Zwiebeln und Paprika andünsten. Nach ein paar Minuten Kichererbsen, Rosinen und Gemüsebrühe zugeben und mit Harissa, Kreuzkümmel, Salz und Pfeffer würzen. Zugedeckt bei kleiner Hitze 10 min blubbern lassen.
5. In der Zwischenzeit nicht faul rumhängen, sondern schon mal den Couscous nach Packungsanweisung zubereiten. Am besten zudecken, damit er nicht so auskühlt.
6. Eigentlich sollten Gemüse und Couscous gleichzeitig fertig werden. Wenn nicht, ist's auch nicht so schlimm ... Couscous ringförmig auf zwei großen flachen Tellern anrichten und das Gemüse in die Mitte plumpsen lassen; die Sauce über den Couscous gießen, damit es nicht zu trocken ist. Jetzt noch mit den Pinienkernen bestreuen und mampfen. Lecker, oder?

→ Dazu passt vorzüglich eine Joghurtsauce (Joghurt, etwas Zitronensaft, etwas Minze, Salz, Pfeffer) zum Schärfe löschen.

curry-geschnetzel mit knirpskartöffelkes

für 2, von Maks RilRecowski
NONSTOP STEREO „Wenn du loslässt, erledigt die Schwerkraft den Rest"

Für die Knirpse:
- 1 kg ganz kleine Kartoffeln (Drillinge)
- 3-4 EL Gyros-Gewürzmischung
- 1/2 EL Kreuzkümmel
- 1/2 EL Curry
- 2 EL Olivenöl
- Backpapier

Fürs Gemetzel:
- 200 g Sojaschnetzel
- 75 g Gyros-Gewürzmischung
- 1 EL Olivenöl

Für die Sauce:
- 1 EL Olivenöl
- 125 g Tomatenmark
- 2 EL Currypulver
- 1/2 TL Cayennepfeffer
- 250 ml Orangensaft
- Salz, Pfeffer, Zucker
- 125 ml Gemüsebrühe
- 1-2 Anissterne

1. Im Supermarkt die Kiste mit den Drillingen (kleine Kartoffeln) durchwühlen und nur die kleinsten auswählen. Witzigerweise waren es bei mir exakt 77 Stück, die ziemlich genau 1 kg ausmachten. Wenn das bei euch ähnlich ist, habt ihr bis hierhin schonmal alles richtig gemacht. Auch wenn die Supermarktfachverkäuferin nach einer Viertelstunde etwas skeptisch gucken sollte ...
2. Ab nach Hause, CD einlegen, Play drücken, Backrost aus dem Backofen holen und selbigen vorheizen (200 °C, Umluft 175 °C).
3. Die gewaschenen, ungeschälten und ganzen Drillinge in eine Schüssel geben, 2 EL Öl dazu, richtig gründlich mit 'nem Löffel umrühren. Dann die Gewürzmischung, den Kümmel und das Curry über die Kartoffeln streuen und noch mal wie Hulle umrühren. Auch wenn ich bis heute nicht weiß, wer oder was Hulle ist.
4. Backrost mit Backpapier belegen, Kartoffeln drauf verteilen. Außerhalb des Backofens, weil es da nicht so heiß ist.
5. Das Geschnetzelgemetzel in einen Topf kochendes Wasser geben. Wasser sollte ungefähr doppelt so hoch sein wie das Geschnetzel. Dazu die Gewürzmischung geben und den Kram 15 min köcheln lassen.
6. Das Geschnetz in ein Nudelsieb kippen und mit irgendwas aufs Geschnetzel drücken, damit das Wasser ein bisschen rausgepresst wird.
7. Drillingsgelöte in den vorgeheizten Backofen geben. Uhr auf eine halbe Stunde stellen.
8. 1 EL Öl in der Pfanne erhitzen und das Geschnetzelte reinkippen. Immer wieder mal wenden, während wir uns multitaskingfähig parallel um die Sauce kümmern.
9. 1 EL Öl in den Pott, heiß werden lassen und Tomatenmark kurz anschwitzen. Currypulver und Cayennepfeffer dazugeben.
10. Noch mehr Multitasking: Die Gemüsebrühe vorbereiten, sprich: in ein Gefäß 125 ml kochendes Wasser schütten und die entsprechende Menge des Gemüsebrühepulvers dazu.
11. Mit dem Orangensaft das Zeux im Pott ablöschen, umrühren, die Brühe drauf und köcheln lassen. Anissterne dazugeben, weiter köcheln, mit Pfeffer, Salz und Zucker abschmecken.
12. Wenn das Geschnetzel ein bisschen knusprig geworden ist und die halbe Stunde Backofen um ist, mal 'n

Kartöffelken probieren und für „is gut" befinden.

13. Alles zusammen vor die Wand klatschen ... haha ... okay ... oder wahlweise die Kartöffelchen schön auf dem Teller anrichten, dazu das Geschnetzel und ... Tatsache: Die Sauce. Feddich is die Laube.

→ Dazu ist ein Pinkus Spezial zu empfehlen. Oder ein antialkoholisches Gössel oder so ähnlich.

falafel nach ö-reich-art

von Martin Werner
BAD GENES „Falafel in Kreuzberg"

- **200 g getrocknete Kichererbsen**
- **1 TL Zitronensaft**
- **2 TL gehackter Knoblauch**
- **2 EL gehackte Petersilie**
- **Pfeffer und Salz**
- **Öl zum Braten**

1. Kichererbsen mindestens 24 Stunden vor der Zubereitung in Wasser einweichen.
2. Am nächsten Tag in Wasser so lange kochen, bis sie weich sind. Anschließend abgießen und pürieren.
3. Zitronensaft, Knoblauch, Petersilie dazu und nach Belieben mit Salz und Pfeffer abschmecken.
4. Aus diesem Teig in der Handfläche jeweils kleine Kugeln formen und diese zu kleinen Fladen von ca. 1 cm Dicke zusammendrücken und in reichlich heißem Öl bei mittlerer Hitze von beiden Seiten braun backen.

→ Lässt sich mit gemahlenem Kreuzkümmel noch etwas aufpimpen.
→ Dazu passt z.B. Zaziki.

coco loco chicorée

für 2, von Frank Castro aka Papst Pest, DJ und Stunt-Performer, Teneriffa/Aachen (u.a. für Vampisoul und Munster Records Madrid) Dazu rocken LOS YETIS mit „Nadaismo A Go-Go!" meine Küche!

Dieses Rezept kombiniert nördlichen Winter mit karibischem Sommer. Eine leckere wie einfache Fusion!

- **500 g Chicorée**
- **1 mittelgroße Zwiebel**
- **2 Knoblauchzehen**
- **1 EL Rosinen**
- **1 Dose (400 ml) Kokosmilch**
- **1 TL Currypulver**
- **1 TL Zimtpulver**
- **1 TL Kreuzkümmel**
- **Salz und Chili nach Belieben**
- **1 EL Sesam- oder Sonnenblumenöl**

Dazu als Beilage:
- **250 g Basmatireis oder 4 große, gekochte Salzkartoffeln.**

1. Den Chicorée waschen, die Enden ca. 1 cm dick abschneiden und entfernen. Dann jeweils der Länge nach vierteln. Die Zwiebel und die Knoblauchzehen klein hacken. Falls Kartoffeln als Beilage: waschen, schälen.
2. 1 l Wasser mit einer Prise Salz zum Kochen bringen, dann 250 g Basmatireis 10 min oder die geschälten Kartoffeln (ca. 20 min) im Wasser gar kochen.
3. Während der Reis oder die Kartoffeln kochen, eine große Pfanne nehmen, 1 EL Sesam- oder Sonnenblumenöl erhitzen, die gehackten Zwiebeln und den Knobi dazugeben, anbraten lassen, bis alles goldbraun ist. Die Kokosmilch hinzugeben, die Hitze auf mittlere Stufe reduzieren. Currypulver, gemahlenen Zimt, Rosinen, Salz und Chili zufügen. Gut umrühren, bis sich eine Sauce bildet; darf nicht zu dick sein

und auch nicht aufkochen! Eventuell mit einem EL Wasser verdünnen, falls die Sauce für euren Geschmack zu dick sein sollte.

4. Den Chicorée jetzt dazugeben, gut verteilen, nur ca. 2 bis maximal 5 min auf kleiner Stufe köcheln, der Chicorée sollte noch Biss haben!
5. Den Reis oder die Kartoffeln abschütten.
6. Den Chicorée mit der Sauce auf Tellern anrichten, dazu den Reis oder die Kartoffeln geben! Coco Loco!

gefüllte chayote

für 2, von Frank Castro aka Papst Pest, DJ und Stunt-Performer, Teneriffa/Aachen (u.a. für Vampisoul und Munster Records Madrid)
Joe Bataan „King Of Latin Soul"

Die Chayote ist ein tropisches Gemüse, das an Lianen wächst und auch als Chou Chou bekannt ist. Gibt's in Afro/Latino- und Asia-Läden. Die Chayote ist hell bis dunkelgrün und sieht aus wie ein verschrumpeltes Herz – ist aber sehr gesund und im indischen Ozean nennt man Chou Chou auch schon mal seine/n Geliebte/n! Der Geschmack liegt irgendwo zwischen Kohlrabi und Zucchini.

- 2 nicht zu kleine Chayoten (Chou Chou)
- 2 Knoblauchzehen
- 1 Zwiebel
- 1 TL Olivenöl
- 200 g Couscous (mittelgrob)
- 1 TL Kräuter der Provence
- 2 TL gekörnte Gemüsebrühe
- Salz, Chilipulver, Kreuzkümmelpulver
- 1 kleine Dose Kokosmilch (als Variante)
- 1 kleiner Bund frischer Koriander
- 250 g Basmatireis

1. Auf geht's, vamos Amigos! Ofen auf 150 °C vorheizen. 1 l Wasser mit einer Prise Salz in einem mittelgroßen Topf zum Kochen bringen.
2. In der Zwischenzeit die Chayoten vorsichtig mit einem Kartoffelmesser oder Sparschäler schälen. Längs in der Mitte halbieren. Den hellen Kern in der Mitte entfernen, an der selben Stelle leicht aushöhlen. Wenn das Wasser kocht, die Chayoten in den Topf geben und 10-15 min weichkochen.
3. In der Zwischenzeit Zwiebel und Knoblauch klein hacken.
4. Couscous in eine Schüssel geben und mit 100 ml Wasser oder mit 100 ml Kokosmilch, zu einer Masse verrühren.
5. Die fertig gekochten Chayoten abschütten und bereitstellen.
6. Im selben Topf nochmals 1 l Wasser mit einer Prise Salz zum Kochen bringen und den Basmatireis darin in 10 min gar kochen.
7. In der Zwischenzeit in einer kleinen Pfanne die Zwiebeln und die gehackten Knoblauchzehen in dem Olivenöl goldbraun anbraten. Danach zu dem Couscous in die Schüssel geben, zusammen mit sämtlichen Gewürzen (Kräuter der Provence, Chilipulver, Salz, Pfeffer, Kreuzkümmel, gekörnte Brühe) gut vermengen. Die Masse sollte nicht zu trocken und fest sein, lieber noch etwas Wasser dazugeben!
8. Die halbierten Chayoten mit der Masse füllen. Eine Auflaufform nehmen, mit ein wenig Wasser (ca. 1 cm hoch) den Boden bedecken, die Chayoten dort hineinlegen und im vorgeheizten Ofen bei 180 °C 15-20 min garen lassen. Den Reis in der Zwischenzeit abschütten und warm stellen.
9. Die Chayotenhälften auf einem Teller anrichten, dazu den Reis portionieren. Die Chayoten noch mit frischen Korianderblättern dekorieren. Bueno! Es listo!

spargel-bohnen-gemüse mit backofenkartoffeln

für 2, von Uschi Herzer und Joachim Hiller
FUCKED UP „David Comes To Life"

- 500 g Kartoffeln
- 200 g grüne Bohnen
- 300 g weißer Spargel
- 2 mittelgroße Tomaten
- 1 Schalotte oder kleine Zwiebel
- italienische Kräutermischung
- Salz und Pfeffer
- Olivenöl
- optional Grillgewürz

1. Die Kartoffeln brauchen am längsten, also sind sie als Erstes dran. Ofen auf 200 °C vorheizen. Kartoffeln waschen, schälen und in gleich große Schnitze (Viertel) schneiden. In eine Schüssel geben, Olivenöl dazu, mit Salz und Lieblingsgewürzen vermischen – ein Salatbesteck hilft dabei. Backpapier auf den Backrost legen, die Kartoffeln ordentlich darauf verteilen und ab damit in den Backofen. Es dauert ca. 20-30 min, bis die Dinger fertig sind.
2. Als Nächstes setzt ihr Gemüsekochwasser auf. Spargel schälen, die harten Enden absäbeln (nicht die Köpfe ...) und den Rest in ca. 5 cm lange Stücke schneiden. Bohnen waschen, Enden abknipsen und auch in ca. 5 cm lange Stücke schneiden. Schalotte oder Zwiebel fein würfeln,Tomaten waschen und würfeln.
3. Etwas Salz ins kochende Wasser geben und erst die Spargelstücke und im zweiten Gang dann die Bohnen bissfest kochen. Rausnehmen und abtropfen lassen.
4. Parallel in einer Pfanne etwas Olivenöl erhitzen und die Schalotten- oder Zwiebelwürfel darin glasig dünsten. Dann die Tomatenwürfel reinschmeißen und ein paar Minuten mitbrutzeln lassen.
5. Bohnen und Spargel dazukippen, ein paar Minuten darin schmurgeln lassen und zum Schluss mit Salz, Pfeffer, einer Prise Zucker und italienischen Kräutern abschmecken.
6. Habt ihr gut geplant, sind beide Sachen mehr oder weniger gleichzeitig fertig. Auf zwei Tellern schön anrichten und schmecken lassen.

→ Baguette schmeckt dazu hervorragend, ebenso ein gemischter Salat.

ITAL-GEMÜSEEINTOPF MIT MAISKLÖSSCHEN UND RASTA-SALAT

für 8-10, von Thomas Hellmich

„Ital" hat nichts mit Italien zu tun, sondern mit Jamaika und der Rastafari-Kultur. Die Ital-Küche (ital kommt von von vital) ist weitgehend vegetarisch: Fleisch, Eier, Kuhmilch, Alkohol, Salz, weißes Mehl, Kaffee und Softdrinks sind nicht „ital". Es werden möglichst unbehandelte Nahrungsmittel verwendet.

ital-gemüseeintopf

THE SKATALITES „Freedom Sounds"

Für den Eintopf:

- 500 ml Gemüsebrühe
- 250 ml Kokosmilch
- 500 g Hokkaido-Kürbis, geschält, entkernt und in Stücke geschnitten
- je 500 g Yams und Bataten, geschält und in Stücke geschnitten
- je 250 g Brotfrucht und Maniok, geschält, das Mittelstück entfernt, in Stücke geschnitten
- Saft von 1 Limette
- 1/2 Chilischote, entkernt, feingehackt
- 2 Knoblauchzehen, fein gehackt
- 1 Zwiebel, fein gehackt
- 1/2 Bund Schnittlauch, fein gehackt
- einige Zweige Thymian, fein gehackt
- 3 Pimentkörner, ganz
- 2 Kochbananen, geschält und in Stücke geschnitten
- 3 grüne Bananen, geschält und in Stücke geschnitten

Für die Klößchen:

- 6 EL Maismehl
- 6 EL Vollkornmehl
- 1 TL Pflanzenmargarine
- kaltes Wasser
- 1/2 TL Limettensaft
- 1/2 TL Thymian, frisch, zerpflückt

1. Gemüsebrühe und Kokosmilch in einem großen Topf zum Kochen bringen. Alle Eintopfzutaten – außer Kochbananen und Bananen – zufügen, erneut zum Kochen bringen und dann 20 min köcheln lassen.
2. Für die Klößchen Mais- und Vollkornmehl sieben. Margarine unterkneten. Etwas kaltes Wasser und den Limettensaft zufügen und gut verkneten. Thymian zufügen und weiter kaltes Wasser unterarbeiten, bis ein weicher Teig entsteht. Auf einer

bemehlten Arbeitsfläche durchkneten. Aus dem Teig wirklich kleine Klößchen oder Röllchen formen.

3. Nach den 20 min Kochzeit die Bananen, die Kochbananen und die Klößchen zum Eintopf geben. So lange kochen, bis das gesamte Gemüse gar ist.

rasta-salat

THE ABYSSINIANS „Abendigo"

- 1 Knoblauchzehe
- 100 g rote Kidneybohnen, gekocht
- 100 g Augenbohnen, gekocht
- je 1 rote, grüne und gelbe Paprikaschote, entkernt und in Streifen geschnitten
- 40 g frisches Kokosfleisch, geraspelt
- 1 EL Rosinen
- 1 EL Nüsse, nach Wahl, gehackt
- 4 EL Sesam- oder Erdnussöl
- Saft von 1 Limette
- 1 TL Malzessig
- 1 TL brauner Rohrzucker
- frisch gemahlener schwarzer Pfeffer

1. Knoblauchzehe halbieren und Salatschüssel kräftig damit ausreiben.
2. Bohnen, Paprika, Rosinen und Nüsse in die Schüssel geben.
3. In einer zweiten Schüssel das Öl mit Limettensaft, Malzessig, Zucker und schwarzem Pfeffer verrühren. Über den Salat gießen und unterheben. Kokosraspeln über den Salat streuen.

zion juice

YELLOW UMBRELLA „Wanderin' On"

Als Getränk passt vorzüglich Zion Juice:

- 500 g Möhren, gewaschen und geschabt
- 500 ml Wasser, abgekocht
- 250 ml Sojamilch
- 3 EL Kokoscreme
- 1/2 TL frisch geriebene Muskatnuss
- brauner Rohrzucker nach Geschmack

Alle Zutaten in einen Mixer geben und bei hoher Stufe glatt pürieren. Mit Eis in hohen Gläsern servieren.

die VEBU-lasagne

von Sebastian Zösch
AEROSMITH „Get A Grip"

Sebastian Zösch ist Geschäftsführer des VEBU – Vegetarierbund Deutschland e.V. Unter vebu.de finden sich unzählige nützliche Infos für Vegetarier und Veganer.

- **12 Lasagneblätter**
- **250 ml Sojadrink Natur**
- **2 EL Margarine**
- **Mehl**
- **2 Auberginen**
- **Olivenöl**
- **400 ml passierte Tomaten**
- **italienische Gewürzmischung**
- **Salz, Pfeffer**
- **Pinienkerne**
- **zerbröseltes Brot oder Polenta (Maisgrieß)**

1. Die Lasagneblätter nach Packungsangabe bissfest kochen, sofern sie nicht vorgegart sind. Für die Béchamelsauce in einem kleinen Topf bei niedriger Temperatur die Margarine schmelzen, dann etwas Mehl unter ständigem Rühren (Schneebesen!) einstreuen, bis die Masse leicht klumpig wird. Nun unter Rühren den Sojadrink zugeben, bis die Sauce eine dickflüssige Konsistenz annimmt und klumpenfrei ist. Den Backofen auf 200 °C vorheizen.
2. Die Auberginen schälen, in dünne Scheiben schneiden und in Olivenöl in einer Pfanne anbraten, dann salzen und pfeffern.
3. Die passierten Tomaten mit italienischer Gewürzmischung, Salz und Pfeffer kräftig würzen. Nun eine Schicht Tomatensauce in eine Auflaufform geben. Darauf eine Schicht Lasagneblätter, Béchamelsauce und anschließend Auberginenscheiben verteilen. Wieder Tomatensauce und Nudeln darüber schichten, bis die Saucen aufgebraucht sind. Mit Béchamelsauce abschließen.
4. Pinienkerne mit Brotbröseln bzw. Polenta vermischen und oben auf die Lasagne streuen. Auf der mittleren Schiene des Ofens 30 min backen. Wenn fertig mit weiteren Pinienkernen garnieren und zum Beispiel mit einem frischen Salat servieren.

➜ Mit kurz angedünstetem Blattspinat lässt sich das Rezept lecker erweitern. Einfach mit den Auberginen zwischen die Lasagneblätter schichten.

fränkisches nazi goreng

für 4, von Dennis Frey
Sheb Wooley „Purple people eater"

- **2 große Zwiebeln**
- **1 Packung Tofuwürste (die kurzen)**
- **1 Kohlrabi**
- **3 Karotten**
- **1 mittlere Zucchini**
- **1 Lauch**
- **Rapsöl zum Braten**
- **Salz, Pfeffer, Petersilie, Schnittlauch**
- **250 g Sojacreme (dann rutscht es besser)**
- **0,25–0,5 l Gemüsebrühe**
- **4 EL frischer Meerrettich, fein gerieben (der aus dem Glas geht auch)**

1. Zwiebeln schälen, in Scheiben schneiden und mit dem Rapsöl in einer großen Pfanne anbraten.
2. Die Würstchen halbieren oder ganz lassen und zu den Zwiebeln in die Pfanne geben. Während die Zwiebel-

Wurst-Mischung vor sich hin brät, den Rest des Gemüses schälen und zerkleinern. Am besten alles in Würfel, so ca. 3 x 3 cm (Lineal also nicht vergessen; wer lieber Scheiben mag, braucht einen Zirkel).
3. Die angebratene Zwiebel-Wurst-Mischung aus der Pfanne auf einen Teller geben und weit weg stellen – sonst ist später nichts mehr davon über.
4. Wieder etwas Rapsöl in die Pfanne und den Rest des Gemüses kurz anbraten, mit 1 EL Meerrettich und der Gemüsebrühe aufgießen und so lang köcheln lassen, bis das Gemüse bissfest oder die Flüssigkeit verdampft ist.
5. Die Zwiebel-Wurst-Mischung wieder zum Gemüse schütten, nochmals kurz erhitzen, mit Salz, Pfeffer, Petersilie und Schnittlauch abschmecken.
6. Sojacreme mit dem Rest des Meerrettichs mischen und als Dip dazu reichen.

frühlingszwiebelpfanne

für 2, von Joachim Hiller
THE LILLINGTONS „Backchannel Broadcast“

- 1 Bund Frühlingszwiebeln
- 2 Paprika (Farbe egal)
- 15 Cocktailtomaten
- Knoblauch
- 100 ml Gemüsebrühe
- Tomatenmark
- Salz, Pfeffer, Paprikapulver (süß)
- Olivenöl

1. Zuerst die Paprika zerteilen, achteln, Stücke von ca. 1 x 1 cm schneiden. In einer großen Pfanne in Olivenöl anbraten.
2. Währenddessen die Frühlingszwiebeln putzen: Barthaare ab, die welken grünen Blätter abschneiden, waschen. Dann den weißen Teil abschneiden und der Länge nach halbieren. Das knackige Grünzeug in ca. 4 cm lange Stücke schneiden. Wenn die Paprikastücke schon erste Erweichungserscheinungen erkennen lassen, die Zwiebeln in die Pfanne, etwas mitbraten. Knoblauch würfeln, dazukippen.
3. Jetzt die Cocktailtomaten halbieren und beiseite stellen. Denn zuerst kommt die Gemüsebrühe in die Pfanne, Temperatur reduzieren, leicht köcheln lassen. Ca. 1 EL Tomatenmark in die Pfanne drücken, die Tomatenhälften hinterher, mit Salz, Pfeffer, Paprikapulver (und was immer sonst noch passend erscheint) abwürzen und bevor die Tomaten totaler Matsch sind, ab auf die Teller damit.

➔ Bratlinge oder gebratener Tofu passen dazu bestens.

sauerkrautauflauf mit kartoffelpüree

für 3, von Ines Sagurski
POLAR BEAR CLUB „Chasing Hamburg“

- 500 g Kartoffeln
- 150 g Sojahack
- 500 g Sauerkraut
- 1 Tube Tomatenmark
- 2 Zwiebeln
- 1 Packung Hafer- oder Dinkelsahne (je nach Geschmack)
- Salz, Pfeffer, Oregano
- Wer mag: veganer Käse oder Hefeschmelz
- Sojamilch

1. Erstmal bereitet ihr am besten das Sojahack je nach Packungsanweisung zu, da es meistens noch einige Minuten

ziehen muss. In der Zeit können dann die Zwiebeln in Würfelchen geschnitten und die Kartoffeln für das Püree geschält, grob gewürfelt und in einen Kochtopf mit kochendem, gesalzenem Wasser geworfen werden.

2. Wenn das Gehackte durchgezogen ist, muss das restliche Wasser abgegossen und das Sojahack sehr gut ausgedrückt werden. Den Ofen könnt ihr auch schon mal anmachen, damit er auf 200 °C aufheizt. Dann bratet ihr Sojahack und Zwiebeln in einer Pfanne ein paar Minuten an. Wenn die Zwiebeln leicht glasig werden, kann das ganze Tomatenmark auch mit in die Pfanne. Alles schön vermischen, bis das Tomatenmark gut verteilt ist und mit ein paar Kräutern (z.B. Oregano), Salz und Pfeffer würzen.
3. Jetzt verteilt ihr die Hälfte der Hack-Zwiebel-Tomatenmark-Pampe in der Auflaufform. Darauf kommt das ganze Sauerkraut und anschließend der Rest des Hack-Gemischs. Wer mag, kann jetzt natürlich noch eine Schicht Pseudo-Käse oder Hefeschmelz ergänzen, es schmeckt aber auch ohne sehr gut. Ganz zum Schluss kippt ihr die Sahne darüber, damit sie auch schön durch alle Schichten zieht.
4. Jetzt kommt der Auflauf für ca. 20-25 min. in den Ofen. Diese Zeit lässt sich hervorragend zum Stampfen der mittlerweile weichgekochten Kartoffeln nutzen: In eine Schüssel geben, zerstampfen, etwas warme Sojamilch unterrühren, mit Salz und Pfeffer würzen.
5. Auflauf aus dem Ofen holen und zusammen mit dem Kartoffelpüree servieren. Guten Appetit.

grünes d.i.y-pesto

für 2, von Joachim Hiller
ANTI-PASTI „The Last Call"

Warum bei Pesto im Supermarkt auf das Kleingedruckte starren und frustriert sein angesichts der Zutatenliste mit Käse, warum großes Geld für kleine Gläschen ausgeben? Ein Standmixer ist alles, was man braucht für D.I.Y-Pesto.

- **1 Päckchen TK-Basilikum – oder einen Topf frisches**
- **50-100 ml Olivenöl**
- **30 g Pinien- oder Cashewkerne**
- **2 Knoblauchzehen**
- **Salz, Pfeffer**

1. Wer bequem ist, kauft sich Tiefkühl-Basilikum, und wer es ganz frisch mag, nimmt einen Topf und zupft die frischen Blättchen alle ab. In den Mixer damit.
2. Knoblauch schälen. Wer es derb mag und lieber alleine schläft, nimmt die eine oder andere Zehe mehr. In den Mixer.
3. Pinienkerne (oder Cashewkerne, falls Monatsende), eine Prise Salz, etwas Pfeffer und einen ordentlichen Schuss Olivenöl – in den Mixer.
4. Mixer starten, alles feinschreddern, und gegebenfalls bis zur gewünschten cremigen Konsistenz noch etwas Öl nachgießen.

→ Lecker zu Pasta, auf Weißbrot, oder zum Verfeinern von Minestrone.
→ Falls gerade Bärlauch-Saison ist, einfach den nehmen statt Basilikum und Knoblauch.
→ In einem Schraubglas hält sich das Pesto im Kühlschrank auch ein paar Tage, idealerweise mit einer Ölschicht obendrauf.

herbstkraut

von Daniela Mohr, herbivoria.de
PLACEBO „Meds"

Passt zu Nudeln, Reis, Gnocchi, Kartoffelpüree und Backkartoffeln, enthält Vitamin C, lässt sich mehrfach aufwärmen und auch (vor dem mehrfachen Aufwärmen, natürlich) prima einfrieren und – macht warm im Bauch.

- **1 große rote Zwiebel**
- **Olivenöl**
- **1 EL Tomatenmark**
- **500 g Sauerkraut**
- **1 rote Paprika**
- **1 gelbe Paprika**
- **1 Zucchini**
- **1/2 TL Salz**
- **1 TL Curry**
- **1/2 TL Asafoetida**
- **1 TL Pul Biber (wer's nicht so scharf mag, nimmt 'nen halben)**
- **3/4 TL Kümmel**
- **2 EL Hafersahne**

1. Die Zwiebel würfeln und in Olivenöl andünsten. Wenn der Blick der Zwiebeln glasig wird, kommt 1 EL Tomatenmark dazu und wird fröhlich untergerührt. Das Sauerkraut dazugeben und kurz brutzeln, die Gewürze zugeben und ca. 10 min dünsten/ köcheln lassen.
2. Paprika und Zucchini würfeln und zu dem Kraut geben, noch ca. 10-15 min brutzeln, dann die Hafersahne unterrühren und servieren.

→ Dazu passt warmer Ingwertee.

johannisbeer-gulasch

für 4, von Corina Möller, alles-vegetarisch.de
SEX PISTOLS „Never Mind The Bollocks"

- **1 Block Naturtofu**
- **1 Block Räuchertofu**
- **2 Zwiebeln**
- **Olivenöl**
- **3 EL Tomatenmark**
- **3 EL Mehl**
- **400 ml Rotwein**
- **3-4 TL Gemüsebrühepulver**
- **2 Lorbeerblätter**
- **500 g Karotten**
- **2 Stangen Lauch**
- **Salz, Pfeffer**
- **Johannisbeergelee**

1. Den Block Naturtofu in große, den Räuchertofu in kleine Würfel schneiden und zusammen mit den kleingeschnittenen Zwiebeln in Olivenöl scharf anbraten. Nehmt dazu einen großen Topf, der Backofen-geeignet ist.
2. Dann das Tomatenmark einrühren und anschwitzen, das Mehl darüber stäuben und gut umrühren. Mit dem Rotwein ablöschen. Mit einem guten Liter Wasser aufgießen, Gemüsebrühenpulver und Lorbeerblätter rein und alles erst mal aufkochen lassen.
3. Dann das Ganze im Topf (wer keinen hat, der für den Backofen geeignet ist, nimmt eine Auflaufform) ab in den auf 200 °C (Umluft) vorgeheizten Backofen.
4. Nun die Karotten waschen, schälen und in etwas dickere Scheiben schneiden. Lauch waschen, putzen, in etwas dickere Ringe schneiden. Nach 45 min Garzeit zu den anderen Sachen geben und nochmal 45 min schmoren lassen.
5. Topf aus dem Ofen holen und das Gulasch mit Salz, Pfeffer und dem Johannisbeergelee (mindestens 1 EL) abschmecken.

KARTOFFELKLÖSSE MIT LINSENBOLO

oma hertas kartoffelklöße

für 2 Erwachsene, 2 Kinder,
von Familie Scheuer
S.O.D. „Speak English Or Die"

Während die Marlis Klöße „halb und halb" (also polnisch) oder noch schlimmer roh (Thüringer Art) zubereitete und Marlis' Sohn (dem jetzigen Papa) diese auf Grund der Konsistenz nicht schmecken, waren Oma Hertas Klöße so schön schnitt- und bissfest, ganz leicht süßlich im Geschmack, aber dennoch herzhaft. Und sie schmeckten frisch genauso gut, wie (gerne auch mehrfach) eingefroren und wieder aufgetaut und warm gemacht. Leider war Oma Herta in der Weitergabe ihrer Rezepte eher vage („Ein Tippla hiervon und davon und ein Ei dazu ..."), so dass dieses Rezept nach dem Verfahren der „Kulinarischen Approximation" entstanden ist. Täuschen sich Papas Geschmacksnerven nicht, dann ist dieses Rezept ganz, ganz nah am legendären Original.
Papa schält also die Kartoffeln, während Mama und die Mädels die Musik aussuchen. Wir einigen uns auf Musik aus dem SWR1-Radio – ein geeigneter Kompromiss. Papa wechselt später unbemerkt auf den mp3-Player und gibt u.a. „Speak English Or Die" von STORMTROOPERS OF DEATH oder „Ja ja ja" von TRIO zum Besten. Ist ja auch irgendwie so eine Art Oldie-Radio und somit SWR1-kompatibel. Aber das nur nebenbei, die Klöße gelingen auf jeden Fall unabhängig von der jeweiligen Beschallung.

- 1 kg mehlig kochende Kartoffeln
- 180 g Mehl
- 220 g Gries
- 2 EL Sojamehl mit 4 EL Wasser verrührt
- 4 EL Speisestärke
- Salz
- Muskat

1. Die Kartoffeln schälen und halbieren bzw. alle Kartoffeln in etwa gleich große Stücke schneiden. Mit kaltem Wasser abspülen und mit genauso kaltem, aber gesalzenem Wasser auf die Herdplatte und ... Vollgas. Die Kartoffeln gar kochen (Messerprobe!) und abdampfen bzw. abkühlen lassen. Ideal sind mehlig kochende Kartoffeln, alle anderen gehen aber auch. Wichtig ist nur, die Kartoffeln komplett auf Zimmertemperatur abkühlen zu lassen. Macht man dies nicht, dann werden die Klöße gerne mal glibschig und das wiederum mögen wir eher ungern.
2. Sind die Kartoffeln kühl, nimmt man eine Kartoffelpresse und drückt die Kartoffeln möglichst fein und je nach verfügbarer Zeit auch mehrfach durch (alternativ tut's auch eine Reibe). Jetzt kommen alle anderen Zutaten, also das Mehl, der Gries, das zuvor mit Wasser angerührte Sojamehl, die Speisestärke, eine Prise Salz und Muskat gerieben in der Menge nach Geschmack dazu. Oma Herta hat dann alles mit der Hand zu einem glatten Teig verknetet. Wir nehmen Löffel und den Handmixer mit Knethaken, das Ergebnis ist vergleichbar gut. Sollte der Teig noch arg kleben, dann hilft noch etwas Speisestärke. Den Teig dann 1-2 Std. ruhen lassen. Es geht auch ohne Ruhezeit, aber mit Geduld werden die Klöße irgendwie besser, lockerer, leckerer.
3. Dann geht's ans Kugeln. Papa rollt den Teig in mehrere Würste mit ca. 4 cm Durchmesser und schneidet dann mit dem Messer ca. 2,5 cm breite Stücke ab. Daraus werden dann mit schnellen kleinen Händen ebenso kleine Kloßteigkugeln geformt. Wie gut, dass Kinder im Haus sind. Während die Mädchen also Kugeln drehen, trinken Mama und Papa einen Tee. Nebenbei steht ein großer Topf auf dem Herd, mit gesalzenem Wasser und viel Hitze von unten, um das selbige alsbald in Wallungen zu versetzen.
4. Kocht das Wasser, die Temperatur leicht runterregeln und so viele Klöße hinein geben, dass der Boden bedeckt ist. Vorsichtig umrühren, dass nichts anklebt, und warten, bis die Klöße aufsteigen. Das dauert ein paar Minuten. Sind die Klöße dann an der Oberfläche angekommen, müssen sie circa 10 min ziehen. Danach aus dem Wasser fischen, abtropfen lassen und sofort servieren – am liebsten mit Tofu-Linsen-Bolo. Ein Festessen!

➜ Man kann den Teig auch für andere sehr leckere Dinge verwenden. Wir haben aus einem Stück Restteig irgendwas zwischen Pfannkuchen und Kartoffelpuffer geformt und in Öl kross ausgebacken. Aprikosenmarmelade oder Apfelmus dazu und genießen.

➜ Möglich ist auch eine Pizzavariante mit Grillgemüse oder den Kloßteig ähnlich wie Falafel frittieren und im Fladenbrot mit Hummus und Salat einrollen. Man sieht, die Oma Herta hatte was drauf und wir was Leckeres im Magen. Danke, Oma!

tofu-linsen-bolognese

für 2 Erwachsene, 2 Kinder,
von Familie Scheuer
MAGELLAN „Late for church"

- **200 g Räuchertofu**
- **2 Zwiebeln**
- **1 Handvoll Grünkernschrot**
- **Olivenöl**
- **1 große Dose geschälte Tomaten**
- **Kräuter der Provence**
- **Gemüsebrühe**

- 1 Handvoll kleine braune Linsen
- 1 kleine Dose Kidneybohnen
- Knoblauch
- Kreuzkümmel, Koriander, Zimt
- Salz, Pfeffer
- ggf. Habanero-Chilischoten

1. Die Zwiebeln kleinschnibbeln, Olivenöl im Topf erhitzen und die Zwiebeln im Öl anbraten, dann den Grünkernschrot dazu und weiterbraten. Den Tofu dazugeben, alles noch ein bisschen (nach Gefühl und Wellenschlag, nur nicht verbrennen lassen) braten.
2. Dann die Tomaten dazu, die Kräuter und die Gewürze. Beim Zimt aufpassen, nur eine Prise. Dann ein Schwung Linsen dazu. Wir nehmen eher wenig Linsen, das Ergebnis soll kein Matsch werden, sondern mehr oder weniger elegant in der Anmutung. 30-60 min kochen lassen, eben bis die Linsen weich sind.
3. Mit Salz, Pfeffer und Gemüsebrühe abschmecken und ganz zum Schluss kurz vor dem Servieren eine Knoblauchzehe hineinpressen und umrühren. Das Aroma vom Knoblauch verteilt sich so viel besser und ist deutlich schmeckbarer und schmackhafter im Essen. Wenn schon „Am-Tag-danach-Knobi-Stink", dann soll es sich doch geschmacklich auch gelohnt haben.

→ Passt bestens zu Oma Hertas Kartoffelklößen, schmeckt aber auch pur als Eintopf oder zu Brot, Nudeln oder Kartoffeln. Und Papa mag es besonders, vor dem Servieren noch eine oder zwei Habaneros hineinzuschneiden, was den Damen des Hauses nicht ganz so passt.

knuspi-buspi-reis mit seitan à la 1001 nacht

für 4 oder mehr, von Lilli aka Miss Terious, Graveyard Queens Cologne
IGNITE „By My Side"

Für den Reis:
- 300 g Basmatireis
- 1 TL Salz
- 1 EL vegane Margarine
- 250 ml Wasser
- Olivenöl
- sauberes Geschirrtuch

Für das Seitan-Gemüse:
- 250 g Seitan (entweder selbstgemacht oder gekauft)
- 1 kg Tomaten
- 2 kleine Zucchini
- 200 g Champignons
- 3 Knoblauchzehen, gerne auch mehr
- 1 kleine Zwiebel
- 1 gelbe Paprika
- 1 Handvoll Buschbohnen (wenn frisch, dann 10 min vorkochen)
- Salz und Pfeffer
- 1-2 TL Kreuzkümmel
- 2 TL Currypulver
- 1/2 TL scharfes Chilipulver
- 1/2 TL Zimt

Und so geht's:
1. Als Erstes Hände waschen und natürlich das Gemüse. Zwiebel fein würfeln und den Knoblauch quetschen. Dann können das restliche Gemüse und der Seitan in mundgerechte Stücke geschnitten werden.
2. Den Seitan in etwas Olivenöl anbraten, bis er schön knusprig ist. Wenn er fertig ist, erstmal zur Seite stellen.
3. Jetzt den Reis in einem breiten Kochtopf (am besten beschichtet) mit der doppelten Menge Wasser ca. 5 min

kochen. Der Reis darf nicht durch sein, sondern muss noch Biss haben. Dann den Reis abgießen.

4. 250 ml heißes Wasser mit der Margarine mischen und zur Seite stellen. Jetzt füllt ihr in den leeren Topf so viel Olivenöl und Wasser hinein, bis der Boden bedeckt ist, und gebt den Reis wieder dazu. Den Reis gleichmäßig verteilen und auf höchster Stufe ca. 2 min anbraten.
5. Jetzt die Herdplatte auf schwache bis mittlere Stufe stellen und die Hälfte der Margarine-Wasser Mischung dazugeben. Ein paar Löcher in den Reis drücken, damit sich die Mischung besser verteilt. Das Geschirrtuch über den Topf legen, den Deckel drauf und warten, bis sich der Reis mit der Margarine-Wasser-Mischung vollgesogen hat. Das dauert so 10 min.
6. Wenn die 10 min um sind, könnt ihr die restliche Margarine-Wasser-Mischung dazugeben und das Ganze weitere 15 min mit geschlossenem Deckel und Geschirrtuch ziehen lassen.
7. In einer Pfanne die Zwiebeln mit den Gewürzen in etwas Öl anbraten, dann kurz den Knoblauch dazugeben, nicht zu lang, sonst wird er bitter. Die Tomaten dazu und das Ganze schön heiß werden lassen. Wenn die Tomaten etwas matschiger werden, kann das Gemüse und der Seitan untergehoben werden. Lasst alles bei mittlerer Stufe 10 min köcheln und schmeckt am Schluss mit Salz und Pfeffer ab.
8. Jetzt sollte der Reis unten am Boden goldgelb und schön knusprig sein, soll heißen: das große Fressen kann beginnen. Lasst es euch schmecken!

kartoffel con kürbis

für 3, von Kai Langelotz
INTERNAL AUTONOMY „Inquiry"

- **Olivenöl**
- **Salz und Pfeffer**
- **500 g Kartoffeln, festkochend, da sonst Konsistenzverlust droht**
- **3 Zwiebeln**
- **600 g Hokkaidokürbis (anderer geht aber auch)**
- **4 reife Tomaten**

1. Als Erstes heizt ihr den Backofen auf 180 °C vor und fettet eine der Zutatenmenge angemessene Auflaufform mit etwas Olivenöl ein.
2. Dann wascht ihr die Kartoffeln und den Kürbis gründlich, das spart das Schälen, reduziert den Abfall und erhält die Nährstoffe. Die Kerne müsst ihr natürlich entfernen. Den Kürbis in ca. 1 cm dicke Scheiben schneiden, die Kartoffeln etwas dünner, Zwiebeln schälen und ebenfalls in Ringe schneiden sowie die Tomaten zu kleinen Würfeln umgestalten (Kantenlänge max. 1 cm).
3. Nun die Zutaten lagenweise in die Auflaufform schichten, beginnend mit Kartoffeln, gefolgt von Zwiebeln und abgeschlossen mit Kürbisscheiben. Nach jeder Kürbisschicht etwas mit Pfeffer und Salz würzen und dann weiter ... Habt ihr dann die oberste Kürbisschicht gelegt, so verteilt ihr auf dieser die Tomatenwürfel, würzt noch mal kräftig mit Pfeffer und Salz und beträufelt das Ganze mit einem guten Schuss Olivenöl.
4. Nun rein in den Ofen, mittlerer Rost hat sich bewährt, und 1 Std. seinem Schicksal überlassen. Dann sollte das Ganze fertig sein, eventuell noch etwas abkühlen lassen und dann vertilgen.

körnerzeugs mit paprikagemüse

für 2, von Uschi Herzer
BAD RELIGION „No Control"

Fürs Getreidekochen gibt's zwei Möglichkeiten: die erste ist der Dampfschnellkochtopf, die zweite einweichen und kochen. Im Schnellkochtopf dauert Dinkel gerade mal 20 min, beim konventionellen Kochen ungefähr doppelt so lange. Ich beschreibe die normale Variante, die nichts für spontane Menschen ist.

- **300 g Dinkelkörner**
- **0,5 l Wasser**
- **2 große rote oder gelbe Paprika**
- **3 Knoblauchzehen**
- **Olivenöl**
- **Salz, Pfeffer**
- **Gemüsebrühe (Pulver)**

1. Getreide am Abend vorher in Wasser einweichen.
2. Am nächsten Tag etwas Gemüsebrühpulver dazugeben, eventuell noch etwas Wasser und einfach so lange kochen, bis das Getreide weich genug ist, also gelegentlich probieren. Es dauert ca. 30-45 min (immer mal wieder nachsehen, ob das Wasser schon alle ist, sonst nochmal etwas nachgießen). Ihr könnt das Einweichen auch weglassen, dann verdoppelt sich allerdings die Kochzeit.
3. Während das Getreide köchelt, sind die Paprika dran. Diese waschen, vom Kerngehäuse befreien und in größere Stücke schneiden.
4. Dann den in dünne Scheiben geschnittenen Knoblauch kurz in Olivenöl anbraten und Paprika dazugeben. Auf relativ hoher Flamme ca. 5 min braten (die Paprikastücke sollten beim Servieren noch leicht knackig sein). Mit Salz und Pfeffer würzen.
5. Ist das Getreide weich, schüttet ihr das eventuell noch verbliebene Wasser weg und rundet das Gericht mit etwas Kräutersalz und einem Schuss Olivenöl ab. Getreide und Paprikagemüse nun nebeneinander auf dem Teller anrichten.

➜ Bei uns gibt es immer selbstgemachte Aioli dazu. Einfach vegane Mayo (Rezept in diesem Buch) mit etwas gequetschtem Knoblauch vermischen, fertig.

➜ Wer klug ist, kocht gleich mehr Getreide und zaubert daraus einen köstlichen Getreidesalat („Wo ist der nächste Zahnarzt?-Salat" in diesem Buch).

giggle-pot

für 4, von Uschi Herzer
CEREBROS EXPRIMIDOS „Demencia"

Kichererbsen gibt's auch auf Mallorca (da kamen CEREBROS EXPRIMIDOS her) und so kommt ihr in den Genuss eines unserer Urlaubsgerichte. Here we go:

- **200 g Kartoffeln**
- **2 Bund Frühlingszwiebeln**
- **3 Knoblauchzehen**
- **3 EL Olivenöl**
- **500 ml Gemüsebrühe**
- **1 kleine Dose Kichererbsen (Abtropfgewicht 250 g) oder ihr kocht getrocknete Kichererbsen selbst, dauert aber ziemlich lange**
- **1 rote Paprika**
- **2 kleine Zucchini**
- **1 große Dose geschälte Tomaten**
- **Salz und Pfeffer**
- **1/2 TL gemahlener Kreuzkümmel (Cumin)**

1. Kartoffeln schälen und grob würfeln. Dann die Frühlingszwiebeln vom welken Zeug befreien, waschen und in Ringe schneiden. Knoblauch in feine Scheiben schneiden. Danach noch die Paprika in etwas größere Stücke schneiden und die gewaschene Zucchini in dünne Scheiben schneiden.
2. In einem größeren Topf die Zwiebeln und Knoblauchscheiben in Olivenöl andünsten. Danach die Gemüsebrühe, die abgetropften Kichererbsen, Paprika, Gewürze, grob zerkleinerte Tomaten samt Flüssigkeit und Kartoffeln dazupacken, umrühren, Deckel drauf und ca. 20 min leicht blubbern lassen.
3. Nun die Zucchinischeiben dazu und so lange kochen lassen, bis alles Gemüse den richtigen Biss hat (dauert weitere 10-15 min). Mit Salz und Pfeffer würzen und essen.

→ Fladenbrot oder Baguette passt gut dazu. Und natürlich spanischer Wein.

vegan strength-pizza

für 2, von Florian Boge, Vegan Strength Team
DANZIG „Danzig II – Lucifuge"

Für den Teig braucht ihr:
- 1,5 Tassen Weizenmehl
- 1/2 Tasse Wasser
- 1 TL Salz (nicht gehäuft)
- 1 TL Backhefe

Für den Hefeschmelz:
- 5 EL Öl (am besten Sonnenblumenöl)
- 1,5 EL Mehl
- 3-4 EL Hefeflocken
- 1 Tasse Wasser
- 1-2 TL Salz

Für den Belag:
- passierte Tomaten
- Tomatenmark
- Pilze, Spinat, Räuchertofu, Fake-Fleisch ...

Und für die Knoblauchsauce:
- 1 Knoblauchzehe
- 2-3 EL Olivenöl
- 1-2 EL italienische Kräuter

1. Zuerst die Teigzutaten verrühren und den Teig zugedeckt an einem warmen Ort gehen lassen, während ihr euch der Käsealternative Hefeschmelz zuwendet.
2. Dazu das Öl in einer Pfanne erwärmen (nicht zu heiß!), Mehl einrühren, bis es eine weiße, flüssige Substanz ergibt.
3. Mit dem Wasser und den Hefeflocken vermengen, dann das Salz hinzugeben, bis es relativ intensiv schmeckt. Kurz aufkochen lassen, fertig.
4. Den Ofen auf 225 °C vorheizen. Den Teig auf Backblechgröße ausrollen und passierte Tomaten darauf verteilen – falls zu dünnflüssig, etwas Tomatenmark hinzufügen.
5. Dann Belag nach Wahl drauf und den Hefeschmelz, der nun dickflüssig, aber nicht fest sein sollte, darüber verteilen.
6. Die Pizza in den vorgeheizten Ofen schieben und derweil die Knoblauchsauce vorbereiten. Dazu die Knoblauchzehe in Olivenöl zerreiben, die italienischen Kräuter hinzugeben und das Ganze dann gründlich auf der leicht angebackenen Pizza verteilen, wenn der Hefeschmelz schon leicht fest, aber noch nicht braun ist.

→ Die Pizza schmeckt auch Nicht-Sportlern hervorragend; man sollte sie allerdings gerade als Bodybuilder nicht zu oft genießen, da man sonst eher Bauch-Building betreibt, hehe.
→ Viele Rezepte, die gezielt für den Muskelaufbau geeignet sind, findet ihr auf www.veganstrength.de

veganes labskaus

für 4, von Mole, NO LIFE LOST

Eigentlich ist Labskaus ein Reste-Essen, das früher auf See, wenn alle frischen Vorräte aufgebraucht waren, aus lange haltbaren Lebensmitteln zusammengestoppelt wurde, also etwa aus Kartoffeln, Pökel- oder Dörrfleisch und Zwiebeln. Zum modernen Labskaus gehören noch je nach Geschmack Salz- oder Gewürzgurken und Rote Bete und obendrauf ein Spiegelei und ein Rollmops. Dass Labskaus Fisch enthält, ist ein Gerücht, das sich hartnäckig unter Nicht-Fischköppen hält.
Das Schöne am Labskaus ist, dass es „rinn wie rutt" aussieht, d.h. wenn man einer alkoholbedingten Unpässlichkeit erliegt, verändert sich nichts großartig. Praktisch ist auch, dass man sich das Kauen sparen kann.
In Anbetracht der immer größer werdender Anzahl bewusster Esser, die sich entschieden haben, kein Fleisch mehr zu essen, habe ich im Rahmen der Record-Release-Party meiner Band NO LIFE LOST mit Noisy Cooking (noisycooking.de) eine vegane Variante entwickelt und mit Erfolg getestet.

- 1 Gemüsezwiebel
- 400 g Räuchertofu
- 1 kg überwiegend festkochende Kartoffeln
- 3 EL Rapsöl zum Braten
- 250 ml Wasser
- Salz
- 1 TL Gemüsebrühe
- 1 Lorbeerblatt
- 2 Gewürzgurken
- 1/2 Glas Rote Bete
- Zucker
- Kräuteressig
- mittelscharfer Senf
- Pfeffer

1. Zwiebel schälen und in feine Würfel, Tofu in große Würfel schneiden, vorher aber acht dünne Streifen abschneiden und später separat anbraten. Kartoffeln schälen, waschen und in mittlere Würfel schneiden.
2. Öl erhitzen, Zwiebeln und Tofu darin anbraten. Wasser, Kartoffeln, Salz, Gemüsebrühe und Lorbeerblatt zugeben, aufkochen, 15 min bei mittlerer Hitze weiterkochen und 5-10 min in der Nachwärme ziehen lassen.
3. Alles grob zerstampfen. Gurke und Rote Bete hacken und unterheben. Mit ca. 1 TL Zucker, 1-2 EL Essig, 1-2 EL Senf und Pfeffer abschmecken.
4. Bergartig portionsweise anrichten und mit 2 Streifen angebratenem Räuchertofu sowie Essiggurkenstreifen garnieren.

skordalia

von Amber, Wreck-Age Records

ESQUIVEL

- 2-3 große Kartoffeln, weichgekocht
- 2-3 Knoblauchzehen, fein gehackt
- Saft von 2 Zitronen
- 1/8 l oder mehr gutes Olivenöl

Die Kartoffeln zerstampfen und mit Salz, Knoblauch und etwas Zitronensaft würzen. Ein bisschen Olivenöl hinzufügen. Alles mit einem Handrührgerät gut vermischen und so lange rühren, bis die Masse dick und geschmeidig ist. So viel Öl hinzufügen, bis alles leicht glänzend und „elastisch" ist – es sollte nicht wie Kartoffelpüree sein. Es ist wichtig, mit Salz, Zitronensaft, Knoblauch und Olivenöl nicht so zögerlich zu sein. Einfach so viel verwenden, bis es nach eurem Geschmack ist.

oven roasted mango tofu over purple rice

für 2, von Kurt Ballou, CONVERGE
It's a good idea to listen to a mix tape made of songs from MEATLOAF, BREAD, LARD, CAPTAIN BEEFHEART, HUMBLE PIE, THE RED HOT CHILI PEPPERS and VEGAN REICH.

CONVERGE sind einfach einzigartig, machen gute Musik und können auch noch super kochen! Kurt, ihr Gitarrist, gab uns dieses Rezept.

- **125 g Reis deiner Wahl (ich habe hier schwarzen Reis genommen, weil der so schön lila wird und farblich super passt)**
- **1 Block Tofu**
- **1 Mango**
- **1 Paprika**
- **1 Handvoll grüne Bohnen**
- **1/2 Möhre**
- **2 Knoblauchzehen, fein gehackt**
- **2 Thai-Chili, entkernt und gehackt**
- **1 Stück Ingwer, geschält und fein gehackt**
- **2 EL fein gehackter Knoblauch, ersatzweise Knoblauchpulver**
- **2 EL Erdnussöl**
- **1 EL Reisessig oder anderen Essig, außer Balsamico**
- **2 EL Ahornsirup (oder Honig, falls du Bienenkotze bevorzugst)**
- **100 ml Gemüsebrühe**
- **100 ml Orangensaft**
- **Limettensaft**
- **Piment, gemahlen**
- **Salz und Pfeffer**
- **ein paar Halme Schnittlauch**
- **getrockenete Chili, zerstoßen**

1. Als erstes stellt ihr die Marinade für den Tofu her. Am besten legt ihr den über Nacht ein, damit er die Aromen gut aufnehmen kann. Schnappt euch eine kleine Pfanne, gebt etwas Öl rein und dünstet dann Knoblauch, Ingwer und Chili darin ein paar Minuten an. Vorsicht, dass der Knoblauch nicht anbrennt.
2. In der Zwischenzeit schält ihr die Mango, schneidet die Hälfte des Fruchtfleisches vom Kern und würfelt es. Zusammen mit der Gemüsebrühe und dem Ahornsirup in die Pfanne geben, umrühren und 20 min leicht köcheln lassen.
3. Während die Marinade vor sich hin simmert, ist der Tofu dran. Schnappt euch etwas Küchenpapier und wickelt den Tofu damit ein. Dann vorsichtig mit der Hand oder einem Schneidebrett pressen, damit möglichst viel Wasser austritt. Anschließend wieder auswickeln und nach euren Vorlieben in Scheiben schneiden.
4. Öl in einer Pfanne erhitzen und den Tofu darin anbraten und leicht bräunen. Damit der Tofu Biss bekommt und etwas austrocknet, solltet ihr das auf relativ kleiner Flamme machen und dementsprechend etwas Zeit zum Bräunen lassen.
5. Hat die Marinade lange genug geköchelt, packt ihr das Ganze in einen Mixer oder werft den Pürierstab an. Orangensaft, Essig, ein Paar Spritzer Limettensaft, etwas Salz, Pfeffer und Piment dazugeben und mixen, bis ihr eine sämige und glatte Kosistenz habt.
6. Als nächstes sucht ihr euch eine passende Auflaufform, legt den Tofu ordentlich rein und gebt die Hälfte der Marinade oben drauf. Etwas glattstreichen, die Form mit Frischhaltefolie abdecken und in den Kühlschrank stellen. Und jetzt ab ins Bett und von leckerem Mango-Tofu träumen.
7. Neuer Tag, neues Tofu-Glück. Erster Schritt: Ofen auf 200 °C anwerfen. Gleich anschließend den Reis nach Packungsanweisung kochen.
8. Auflaufform aus dem Kühlschrank

nehmen, Abdeckung entfernen und ab damit in den Ofen, wenn er mit Vorheizen fertig ist. Tofu 25 min backen lassen.

9. Wahrenddessen kümmert ihr euch um das Gemüse: Enden von den Bohnen abschneiden und in mundgerechte Stücke schneiden. Den Rest der Mango, die Möhren und Paprika in sehr dünne Streifen schneiden. Schnittlauch in Röllchen schneiden.
10. Nach den 25 min alles schön über dem Tofu verteilen und den Rest der Marinade drüberkippen. Etwas zerstoßene Chili drüberstreuen und nochmal für 10 Minuten in den heißen Ofen geben bzw. so lange drin lassen, bis das Gemüse bissfest ist.
11. Das Ganze aus dem Ofen nehmen, ein paar Minuten abkühlen lassen und dann zusammen mit dem Reis anrichten und servieren.

turbopfanne mit mangold

für 2, von Uschi Herzer
NEGAZIONE „Tutti Pazzi“

Emmer ist eine der ältesten kultivierten Getreidearten und enthält viel Eiweiß und Mineralstoffe. Er schmeckt angenehm nussig und eignet sich hervorragend für Gerichte wie dieses. Wer schlau ist, kocht gleich etwas mehr davon und macht daraus einen leckeren Getreidesalat.

- **1 Kaffeebecher Emmer (oder anderes Getreide, z.B. Dinkel)**
- **500 g Mangold**
- **1 Zwiebel**
- **1 Knoblauchzehe**
- **2 Tomaten**
- **Gemüsebrühepulver**
- **1-2 TL Tomatenmark**
- **1/2 Packung Sojasahne**
- **Ras el-Hanout-Gewürzmischung (falls zur Hand)**
- **Olivenöl**
- **Salz, Pfeffer**

1. Wer einen Dampfkochtopf hat, kann sich glücklich schätzen, denn dann dauert das Getreidekochen gerade mal 15 min. Wer kein solches Wunderwerk der Technik im Küchenschrank hat, braucht etwas mehr Zeit und Planung. Am besten den Emmer über Nacht einweichen und dann bissfest kochen; das dürfte 20-30 min dauern.
2. Das Gemüse ist relativ schnell zubereitet: Zwiebel und Knoblauch fein würfeln, Tomate auch. Den Mangold waschen, die dicken Stiele und Rippen abschneiden und das Grün in ca. 2 cm breite Streifen schneiden. Wer mag, kann auch die weißen Teile verwenden, aber dann bitte ganz dünn schneiden oder eine Suppe daraus kochen.
3. Große Pfanne aus dem Schrank holen, Olivenöl rein und Zwiebel und Knoblauch leicht anschwitzen. Mangold und Tomaten dazugeben, gut vermischen und Deckel drauf.
4. Zwischendurch immer mal umrühren, mit Tomatenmark und etwas Gemüsebrühepulver würzen. Wenn der Mangold fast weich ist, etwas Sojasahne dazugeben, mit Salz und Pfeffer abschmecken und 2 Messerspitzen Ras el-Hanout drüberstäuben. Das gibt einen wunderbar orientalischen Touch.
5. Den gekochten Emmer dazukippen, ordentlich vermischen, eventuell noch etwas Sojasahne nachkippen und nachwürzen, falls nötig. Lecker!

PASTA

... ist für uns eines der Hauptnahrungsmittel, deshalb gibt's in diesem Buch auch so viele Nudelrezepte. Pasta geht schnell, schmeckt immer, wird nie langweilig. Und Pasta ist eigentlich immer vegan, zumindest wenn es sich nicht um frische Pasta aus dem Kühlregal handelt oder selbstgemachte im Restaurant, denn da ist meist Ei drin. Italienische Pasta als „Trockenware" besteht in der Regel nur aus Hartweizengries (trotzdem beim Kauf auf das Kleingedruckte schauen), dennoch wird von besorgten Nicht-Veganern oft gefragt, ob man denn Pasta essen könne. Kann man, sofern es sich nicht um deutsche „Qualitätsnudeln" mit ekliger Flüssigei-Pampe aus Massentierhaltung handelt.

pommes-bohnen-penne

für 2, von Uschi Herzer
SOUTHPORT „Armchair Supporter"

Dieses leckere Essen widmen wir Thomas vom Fuze Magazine, der Pasta verschmäht und Kartoffeln liebt.

- **250 g Penne**
- **3 mittelgroße gekochte Kartoffeln**
- **1 Knoblauchzehe**
- **ein paar getrocknete Tomaten (am besten nicht in Öl eingelegte, die gehen zur Not aber auch), kurz in heißem Wasser eingeweicht**
- **200 g dünne grüne Bohnen**
- **Gemüsebrühe**
- **Olivenöl**
- **frische, gehackte Kräuter nach Wahl**
- **Salz und Pfeffer**

1. Als Erstes das Nudelwasser aufsetzen.
2. Dann die Bohnen putzen, halbieren, und wenn das Wasser kocht, in den Nudeltopf. Wenn fertig, rausfischen und die Pasta rein. Unterdessen die gekochten Kartoffeln schälen und in ca. 1 cm große Würfel schneiden. Getrocknete Tomaten in Streifen schneiden, Knoblauch würfeln.
3. Etwas Olivenöl in einer Pfanne erhitzen und die Kartoffelstücke samt Knoblauch ein paar Minuten anbraten. Dann so viel Gemüsebrühe zugießen, bis der Boden der Pfanne leicht bedeckt ist.
4. Auf nicht zu großer Flamme brutzeln lassen und nach ein paar Minuten die Tomatenstücke und die Bohnen dazuschmeißen. Zum Schluss die Kräuter reinkippen und mit Salz und Pfeffer abschmecken.
5. Penne abgießen und in die Pfanne bugsieren. Alles gut vermischen und nach Bedarf nachwürzen. Ein Schuss vom guten Olivenöl als Finish schadet nicht, damit die Angelegenheit nicht zu trocken wird.

→ Dazu passt ein Salat.

spaghetti alla verdura

für 4, von Uschi Herzer und Joachim Hiller
COLDPLAY „Parachute"

- **500 g Spaghetti**
- **1 rote,1 gelbe Paprika**
- **1 mittlere Zucchini**
- **1 Fenchelknolle**
- **300 g Cocktailtomaten**
- **1 große Zwiebel**
- **2 Knoblauchzehen**
- **2 EL Tomatenmark**

- 200 ml Gemüsebrühe
- 1 EL schwarze Oliven ohne Steine
- Olivenöl
- Salz, Pfeffer
- Oregano

1. Wie immer zuerst das Nudelwasser auf den Herd, dann kann's mit Kochen bzw. Schnibbeln weitergehen. Fenchel halbieren, Strunk rausschneiden und die Hälften in schön dünne Streifen schneiden. Die Paprika ebenfalls der Länge nach in dünne Streifen schneiden. Die Zucchini zuerst in ca. 6 cm lange Stücke, dann längs in 3 mm dicke Scheiben schneiden und diese wiederum in streichholzartige Stifte schneiden. Zwiebel fein würfeln und Tomaten halbieren.
2. Öl in eine große Pfanne, Zwiebel, Fenchel und Paprika mit gequetschten Knoblauchzehen ein paar Minuten anbrutzeln.
3. Dann das Tomatenmark reindrücken, Gemüsebrühe dazu, gut verrühren und mit Salz, Pfeffer und Oregano würzen. Zucchini, Tomaten und klein geschnibbelte Oliven druntermischen und so lange dünsten lassen, bis das Gemüse einigermaßen weich ist.
4. Spaghetti abgießen, zum Gemüse geben und gut vermischen. Auf große Teller verteilen und servieren.

penne mit rotem pesto

für 4, von Davide Zolli, MOJOMATICS
THE KINKS „Arthur"

- 500 g Penne oder Pennette
- 200 g getrocknete Tomaten in Öl
- 2 Knoblauchzehen
- 40 g Mandeln
- ein paar Blätter Basilikum
- ein paar schwarze Oliven
- 4 TL gutes Olivenöl
- 25 g Cashewkerne
- Mixer

1. Als Erstes setzt ihr das Pastawasser auf und kocht die Penne al dente. Gerne dürfen 2 EL Salz ins Wasser.
2. Die Mandeln müssen unbedingt ihre Hüllen fallen lassen, deshalb kurz mit heißem Wasser übergießen, mit kaltem Wasser abgießen und die braune Haut abpulen. Das geht erstaunlich gut auf diese Weise.
3. Gebt jetzt Mandeln, Cashewkerne, getrocknete Tomaten, Knoblauch, Basilikum, entkernte Oliven und das Olivenöl in einen Mixer. Geht auf volle Pulle und häkselt das Ganze in ca. 30 sek zu Brei. Pestosauce in eine ausreichend große Schüssel geben und mit ein paar Löffeln vom Nudelwasser vermischen.
4. Pasta abgießen, zum Pesto geben, gut vermischen, servieren.

spitzkohl-pasta

für 2, von Uschi Herzer
KRAUT „An Adjustment To Society"

- 250 g Penne
- 1 kleiner Spitzkohl (normaler Weißkohl ist ungeeignet)
- 2 Tomaten
- 1/2 Bund Schnittlauch
- 2 EL Sojasahne
- 70 ml trockener Weißwein
- Thymian
- 4 Zehen Knoblauch
- Olivenöl
- Salz, Pfeffer, Muskat

1. Als Erstes wird das Nudelwasser aufgesetzt, dann befreit ihr den Spitz-

kohl von den welken Blättern, schaut nach, ob sich keine Raupe zwischen den Blattlagen versteckt hat, und halbiert den Kohl der Länge nach. Strunk keilförmig rausschneiden, wegschmeißen und den Rest quer in schmale Streifen schneiden. Waschen, abtropfen lassen, schleudern und zur Seite stellen.

2. Den Knoblauch schälen und in einer Pfanne in Olivenöl leicht anbräunen. Rausnehmen.
3. Jetzt den mit viel Liebe geschnibbelten Kohl in die eben benutzte Pfanne schmeißen (hätte ich euch vielleicht vorher sagen sollen, dass es sinnvoll ist, eine Pfanne mit hohem Rand zu verwenden?), eventuell noch etwas Öl nachkippen. Deckel drauf, unter gelegentlichem Rühren ein paar Minuten dünsten. Die Kohlstreifen fallen glücklicherweise recht schnell zusammen.
4. In der Zwischenzeit die Tomaten häuten und würfeln. In die Pfanne schmeißen, durchrühren und mit dem Wein ablöschen. Den Knoblauch wieder dazu und mit Salz, Pfeffer und Muskat abschmecken.
5. Zum Schluss kommt jetzt noch die Sahne ins Spiel. Gut mit dem Kraut vermischen und dann noch Schnittlauchröllchen sowie etwas Thymian unterrühren.
6. Mittlerweile müssten die Nudeln fertig sein. Abgießen, abtropfen lassen und zu der Sauce geben. Gut vermischen, bis alles schön verteilt ist und ab damit auf 2 Teller. Als Finish kann mensch dann noch eine Balsamico-Olivenöl-Pfeffer-Mischung drüberträufeln; es schmeckt aber auch ohne sehr lecker.

→ Der Knoblauch kann mitgegessen werden und schmeckt auch sehr gut, aber ihr stinkt nachher sieben Meilen gegen den Wind, das nur als Warnung.

fenchelpasta

für 2, von Uschi Herzer
AMUSEMENT PARKS ON FIRE
„Out Of The Angeles"

- **250 g Penne**
- **1 mittelgroße Fenchelknolle**
- **1 kleine Zwiebel**
- **1 Knoblauchzehe**
- **Olivenöl**
- **2-3 EL pflanzliche Sahne**
- **abgeriebene Schale von 1/2 Bio-Zitrone**
- **2 EL gehackte Walnüsse**
- **1 Handvoll Rucola**
- **Salz und Pfeffer**

1. Wie immer ist als Erstes Schnibbeln angesagt: Zwiebel, Knoblauch und den Fenchel (ohne das Grünzeugs und den harten Bürzel unten) fein würfeln. Rucola putzen, waschen und trocken legen. Bevor ihr jetzt so richtig mit Kochen loslegt, setzt ihr aber noch schnell das Pastawasser auf. Darin die Penne al dente kochen, am Ende dem Kochwasser eine Tasse abknöpfen und die Nudeln abgießen.
2. Etwas Olivenöl in einer Pfanne erhitzen und darin Zwiebel und Knoblauch andünsten. Danach die Fenchelwürfel dazugeben, umrühren, Deckel drauf und Fenchel weich werden lassen. Optimal ist es, wenn Pasta und Gemüse gemeinsam fertig werden.
3. Nun das Gemüse, die Pasta und ein bisschen Pastawasser entweder im Topf oder in der Pfanne vermischen, Sahne, Zitronenschale, Walnüsse und Rucola dazu und alles gut vermischen. Jetzt noch mit Salz und Pfeffer würzen, fertig!

→ Wer gerne noch etwas mehr Säure hätte, kann am Schluss ein paar Zitronenspritzer dazugeben.

kürbis-pasta

für 2, von Uschi Herzer

THE SOUNDTRACK OF OUR LIVES „Welcome To The Infant Freebase"

- 250 g Linguine oder Bandnudeln
- 1/4 Hokkaidokürbis (ca. 250 g)
- 1/2 rote Paprika
- 1/2 Bund Petersilie
- 1 EL Sesam
- Öl
- 1 EL Currypulver
- 1-2 Schlucke Gemüsebrühe
- 1/2 Packung Sojasahne
- Zitronen- oder Limettensaft
- Salz, Pfeffer

1. Vorbereitung ist auch bei diesem Rezept die halbe Miete, also los geht's mit Schnibbeln: Kürbis waschen, entkernen und grob reiben. Die Paprika ebenfalls waschen, entkernen und relativ klein würfeln (1 cm). Petersilie waschen und fein hacken.
2. Jetzt den Topf mit dem Nudelwasser aufsetzen und in der Zwischenzeit eine (beschichtete) Pfanne suchen und darin den Sesam ohne Fett hellbraun anrösten. Zurück in eine kleine Schüssel kippen und stattdessen etwas Öl in die Pfanne geben. Darin 1 EL Curry und die Paprikawürfel ein paar Minuten andünsten; gerne mit Deckel auf der Pfanne.
3. Dann etwas Gemüsebrühe dazukippen (der Boden sollte gerade eben bedeckt sein) und umrühren. Jetzt den geraspelten Kürbis dazu, gut vermischen und die Sahne draufkippen. Nochmal alles gut umrühren und eventuell noch etwas Gemüsebrühe dazugeben, falls euch das alles zu dick und trocken ist. Deckel drauf und noch ein paar Minuten köcheln lassen.
4. Nudeln schon im Wasser? Prima.
5. Wenn Kürbis und Paprika fast weich sind, könnt ihr mit Zitronen- bzw. Limettensaft, Salz und Pfeffer abschmecken. Einen Teil der gehackten Petersilie unter die Gemüsesauce heben. Noch besteht die Möglichkeit, etwas Gemüsebrühe oder Sojasahne zum Verdünnen unterzumischen.
6. Wenn die Pasta fertig ist, gießt ihr sie ab, schüttelt sie nicht ganz so doll trocken und kippt sie in die Pfanne. Schön durchmischen und eventuell noch nachwürzen. Auf zwei Teller verteilen, Sesam und restliche Petersilie drüberstreuen ... und dann Komplimente kassieren.

sommerpasta

für 2, von Joachim Hiller
THE MOJOMATICS
„Don't Pretend That You Know Me"

- 250 Spaghetti
- 1 Schale Cocktailtomaten
- gutes Olivenöl
- 1 Schalotte
- Salz, Pfeffer
- 1 kleine Handvoll frisches Basilikum
- weißer Balsamico-Essig
- Zucker

1. Wie immer setzt ihr zuerst das Pastawasser auf.
2. Wenn es kocht, Spaghetti rein und mit der Sauce anfangen: Schalotte (bitte nicht durch Zwiebel ersetzen; dann lieber weglassen) klein würfeln. Cocktailtomaten halbieren.
3. Die Schalottenwürfel in etwas Olivenöl andünsten und dann die Tomaten dazugeben. Wichtig: Bitte mit der Schnittseite nach unten in die Pfanne legen.
4. Zwischendurch immer mal rütteln und gegen Ende einen Schuss Balsamico und ein bisschen Zucker dazugeben. Mit Salz und Pfeffer würzen. Das Basilikum möchte jetzt auch gerne mit einer Schere in Streifen geschnitten, aber noch separat in eine Schüssel gepackt werden.
5. Nudeln abgießen, auf zwei tiefe Teller verteilen, Tomaten obendrauf und mit ganz viel Basilikum bestreuen. Köstlich!

→ Dazu passt hervorragend Ciabatta und ein Glas sehr gut gekühlter spanischer Weißwein.

mein gott, es schmeckt wie käsesauce!

für 2, von Tina Menzel, koernerfressershop.de
THE GUN CLUB „Miami"

- 250 g Nudeln
- 1 Knoblauchzehe
- 125 ml Sojasahne
- veganer Käse (No-Muh eignet sich hervorragend)
- Salz, Pfeffer
- (TK-)Petersilie
- veganer Parmesan (z.B. Florentino Parmazano)

1. Zunächst Knoblauchzehe in Scheiben schneiden, von dem veganen Käseblock etwa 1 cm abreiben.
2. Nudeln aufsetzen und in der Zwischenzeit Olivenöl in einem kleinen Topf erhitzen. Knoblauchscheiben in dem Olivenöl andünsten und dann (dafür den Topf leicht kippen) frittieren, bis sie sich bräunlich verfärben. Wenn sie zu dunkel werden, kann man sie später noch aus der Sauce fischen.
3. Sojasahne zugeben und kurz aufkochen. (Vorsicht: spritzt vielleicht). Veganen Käse zugeben und unter Rühren etwa 2 min kochen, bis der Käse leicht schmilzt. Sauce mit einer winzigen Prise Salz, Pfeffer und wenig gehackter Petersilie würzen und vom Herd nehmen.
4. Nudeln abgießen und sofort mit der Sauce verrühren. Mit Parmesan bestreuen und genießen.

→ Lecker ist auch die Zucchini-Variante: Einfach eine halbe Zucchini reiben und nachdem der Käse leicht geschmolzen ist, noch etwa 2-3 min in der Sauce mitköcheln lassen.

mangold-penne

für 2, von Uschi Herzer
Lou Barlow „Goodnight Unknown"

- **250 g Penne**
- **1 mittelgroßer Mangold**
- **1 kleine Zwiebel**
- **2 Knoblauchzehen**
- **1 Schnapsglas Pastis**
- **1 kleine Dose Tomaten**
- **150 ml Gemüsebrühe**
- **Olivenöl**
- **5 Salbeiblätter, falls verfügbar**
- **Salz, Pfeffer**

Dieses Rezept ist ein wahres Allroundtalent: je nach Verhältnis der Zutaten Mangold und Tomaten habt ihr entweder Gemüse mit Pasta oder eine Pastasauce! Unsere Mengenangaben sind eine Mischung aus beidem.

1. Beim Mangold trennt ihr zuerst den Stiel vom Blatt. Beides gründlich waschen, da meist noch Erde dranhängt. Gut abtropfen lassen. Jetzt das weiße Stielzeugs quer in dünne Streifen schneiden, danach die Blätter in ca. 1-2 cm breite Streifen schneiden.
2. Zwiebel und Knoblauch fein würfeln und die Salbeiblätter (falls vorhanden) in schmale Streifen schneiden. Jetzt das Pastawasser aufsetzen, sonst stimmt das Timing nicht.
3. Große Pfanne aus dem Schrank holen, etwas Olivenöl rein und Zwiebel und Knoblauch darin anschwitzen. Dann die Salbeiblätter dazu und kurz mitbrutzeln. Jetzt die Mangoldstiele rein, gut umrühren und ein paar Minuten braten, ohne dass die Teile braun werden.
4. Spätestens jetzt sollten die Penne ins kochende Salzwasser.
5. Als Nächstes kommen die Mangoldblätter mit in die Pfanne. Rührt schön durch und lasst alles wieder ein paar Minuten braten. Wenn die Blätter zusammengefallen sind, kippt ihr den Pastis ins Gemüse. Kurz warten, etwas verdampfen lassen und dann die Gemüsebrühe und den Inhalt der Tomatendose reinkippen, gerne die Tomaten mit dem Kochlöffel ein bisschen zerdrücken. Jetzt das Ganze etwas einkochen lassen und zum Schluss mit Salz und Pfeffer würzen.
6. Fertig ist das Gemüse, wenn es euch weich genug ist (auf die Mangoldstiele achten). Dann einfach mit den abgegossenen Penne vermischen und essen.

miraculöse tomatensauce

für 2, von Uschi Herzer und Joachim Hiller
FUGAZI „13 Songs"

Es gibt Menschen, die kaufen Dinge, die muss man gar nicht kaufen. Leitungswasser in Pfandflaschen zum Beispiel. Oder Nudel-Tomatensauce-Sets. Denn diese Pastasauce ist fast genauso schnell selbst gekocht wie Fertigzeugs aufgewärmt. Auf die Plätze, fertig, los!

- **250 g Pasta (Spaghetti)**
- **1 EL Olivenöl**
- **1 Zwiebel**
- **1 Knoblauchzehe**
- **1 kleine Dose Pizza-Tomaten**
- **1 EL Tomatenmark**
- **Salz, Pfeffer**
- **1 Prise Zucker**
- **ein paar frische Basilikumblätter (oder gefrorenes Basilikum)**

1. Wasser aufsetzen, wenn es kocht Salz rein, Pasta hinterher.
2. Nun die Zwiebel klein würfeln, ebenso den Knoblauch (kann man auch pressen). Dann das Öl in Topf oder

Pfanne erhitzen und Zwiebeln samt Knoblauch darin andünsten, aber nicht braun werden lassen.
3. Sind die Zwiebeln weich, kippt ihr einfach die Tomaten und eventuell etwas Tomatensaft dazu. Tomatenmark hinterher, gut umrühren und ohne Deckel (Wichtig! Auch wenn der Herd danach eingesaut ist ...) vor sich hinblubbern lassen, bis die Nudeln fertig sind. Gelegentlich umrühren, mit Salz, Pfeffer und einer Prise Zucker abschmecken.
4. Pasta abgießen und ganz zum Schluss das Basilikum mit einer Schere in den Topf schnibbeln, einmal umrühren und auf die Nudeln damit. Zur Deko noch ein paar Blättchen Basilikum oben drauf, fertig!

→ Statt Basilikum oder ergänzend dazu kann man auch Kräuter wie Oregano, Majoran, etc. nehmen, oder gleich eine italienische Kräutermischung.

pastasotto

für 2, von Uschi Herzer
THE CURE „Faith“

Pastasotto ist wie Risotto, aber ohne Reis. Ja, das geht – und zwar mit diesen kleinen Nudeln, die wie Reis aussehen. Das Ergebnis ist verblüffend, die Zubereitung viel unkomplizierter als bei Risotto. Dank an Volker für die Inspiration.

- **200 g Kritharaki (gibt's beim Griechen, Türken und im gut sortierten Supermarkt)**
- **500 g grüne Bohnen**
- **2 Frühlingszwiebeln**
- **1 Handvoll Cherrytomaten**
- **800 ml Gemüsebrühe**
- **2 EL Margarine**
- **Olivenöl**
- **2 EL Hefeflocken**
- **Salz, Pfeffer**
- **2 EL Balsamico-Essig**

1. Ich bin eine Liebhaberin der guten Vorbereitung, also geht es mit Schnibbeln los: Bohnen waschen, Enden abknipsen und in 5 cm lange Stücke schneiden. Tomaten waschen und halbieren. Frühlingszwiebeln waschen, Bart und welkes Grün ab und dann in 1 cm breite Stücke schneiden.
2. Jetzt geht's ans Kochen: Pfanne auf die Herdplatte und bei mittlerer Hitze darin die Margarine schmelzen. Einen großen Schluck Olivenöl dazugeben, verrühren und die Frühlingszwiebeln darin etwas anbraten.
3. Kritharaki dazu, kurz anbrutzeln und anschließend mit der Hälfte der Gemüsebrühe ablöschen. Deckel drauf, Hitze runterdrehen, damit nichts anbrennt. Wenn die Brühe fast aufgesogen ist, immer wieder gut nachgießen. Ihr braucht dabei aber nicht so zimperlich wie bei einem Risotto zu sein, denn die Pasta verträgt ordentlich Gemüsebrühe. Zwischendurch immer mal umrühren und die Lage checken. Das Pastasotto ist nach ca. 15 min fertig und sollte schön cremig in der Konsistenz sein. Mit Hefeflocken, Salz und Pfeffer würzen.
4. In der Zwischenzeit die Bohnen in Salzwasser bissfest kochen und abgießen.
5. Kurz bevor das Pastasotto fertig ist, kommt eine weitere Pfanne auf den Herd. Olivenöl rein, darin Bohnen und Tomaten etwas anbrutzeln. Zucker drüberstreuen und karamellisieren lassen. Zum Schluss einen Schuss Balsamico-Essig drüber, gut vermischen und kurz ziehen lassen. Mit Salz und Pfeffer abschmecken.

6. Die Pasta auf zwei Tellern anrichten und das Gemüse darum herum drapieren. Leckerst!

→ Im Winter köstlich mit Rosenkohl und Maronen! Zur Orientierung dient Pasta mit Kastanien und Rosenkohl in diesem Buch.

hara-kiri-spaghetti

für 2, von Uschi Herzer
BOXHAMSTERS „Thesaurus Rex"

- **250 g Spaghetti**
- **1 rote Zwiebel**
- **1 Knoblauchzehe**
- **1 daumengroßes Stück Ingwer**
- **Chili, gemahlen oder frisch**
- **6 Kaffir-Limettenblätter**
- **2 kleine Dosen ganze Tomaten**
- **Salz, Pfeffer, Zucker**
- **2 EL Pinienkerne**
- **1/2-1 reife Avocado**
- **frischer Koriander**
- **Olivenöl**

1. Zuerst Zwiebel und Knoblauchzehe in dünne Scheiben schneiden. Ingwer schälen und fein reiben oder fein würfeln. Tomaten aus der Dose fischen und in Stücke schneiden, dabei Bürzel und Hautreste entfernen; die Tomatensauce bitte noch nicht wegkippen, die brauchen wir vielleicht noch.
2. Bevor die Sauce dran ist und da ihr natürlich ökonomisch arbeiten wollt, sind als Erstes die Pinienkerne dran, auch wenn ihr sie als Letztes braucht. Also: am besten eine beschichtete Pfanne nehmen und die Pinienkerne ohne Öl darin leicht anbräunen. Leicht heißt leicht und nicht verkohlt ... Kerne raus, zur Seite stellen, und dafür etwas Öl in die Pfanne.
3. Zwiebeln, Knoblauch und Ingwer leicht anbrutzeln, dann die Tomaten (ohne Sauce) dazukippen, Limettenblätter dazu und alles dezent blubbern lassen. Mit Chili, Pfeffer, Salz und einer Prise Zucker abschmecken. Nach ungefähr 10 min könnt ihr den Herd ausschalten, Deckel auf die Pfanne und mindestens eine halbe Stunde ziehen lassen. Wem die Sauce zu stark eingekocht ist, der kann noch etwas Tomatensauce aus der Dose reinkippen.
4. Nun gilt es das Nudelwasser aufzusetzen. Salz rein, wenn es kocht, und Spaghetti al dente kochen.
5. In der Zwischenzeit macht ihr euch an die Avocado. Halbieren, Kern rausoperieren, schälen und das Fruchtfleisch würfeln. Bitte das erst kurz vor dem Essen machen, sonst wird aus dem schönen Maigrün ein hässliches Schmuddelbraun. Dann noch kurz etwas Koriandergrün hacken oder zur Tiefkühltruhe gehen und schauen, ob noch was vom letzten Mal übrig ist.
6. Pastasauce nochmal erwärmen, Spaghetti abgießen, Limettenblätter aus der Sauce fischen und die Pasta mit der Sauce vermischen. Auf zwei Teller verteilen, Avocadowürfel darübergeben und mit Koriandergrün bestreuen. Yummy!

→ Wer eine größere Avocado erwischt hat, kann diese gut in den Salat packen, der zu dieser Pasta gereicht wird, oder einen leckeren Brotaufstrich daraus machen (siehe Rezept „Avocado-Creme" in diesem Buch).

→ Kaffir-Limettenblätter gibt es als TK-Ware im Asiashop und sind bei diesem Rezept unabdingbar.

pasta mit kastanien und rosenkohl

für 2, von Uschi Herzer und Joachim Hiller
V.A. „Shanti Project Collection 3"

Wer holt die Kastanien aus dem Feuer?
Wir! Und zwar für dieses ausgefallene Pastarezept.

- 250 g Pasta (Spaghetti oder extrabreite Bandnudeln)
- 1 Beutel vakuumverpackte Maronen (ca. 200 g)
- 200 g Rosenkohl (evtl. gefroren)
- 1 Packung Hafersahne
- 1 kleine Zwiebel
- 1 Knoblauchzehe
- Margarine
- Salz und Pfeffer
- frisch geriebene Muskatnuss
- frischer oder getrockneter Thymian
- 1 EL Zucker
- Hefeflocken
- 1/2 TL Speisestärke

1. Zuallererst ist Rosenkohlputzen dran. Wer schlau war, hat beim Einkaufen auf schöne Ware geachtet und jetzt weniger Arbeit. Kohl am Bürzel kreuzweise einritzen. Etwas Wasser in einem kleinen Topf zum Kochen bringen, Salz dazu und den Rosenkohl darin ca. 5-8 min bissfest kochen. Einfach zwischendurch probieren. Außerhalb der Saison tut's auch tiefgefrorener Rosenkohl.

2. Kastanien aus der Verpackung befreien, sich über die Ähnlichkeit mit schrumpeligen Minigehirnen wundern. Die Minihirne kaltblütig in gröbere Stücke hacken bzw. schneiden. Rosenkohl abgießen, kalt abduschen, abtropfen lassen und dann vom Bürzel her halbieren.
3. Gute Vorbereitung ist das halbe Leben, deswegen schnibbeln wir auch gleich Zwiebeln und Knoblauch und zwar beides in kleine Würfel. Wer schon richtig gut im Kochen ist, wirft jetzt drei Herdplatten auf einmal an. Die erste ist für das Pastawasser, die zweite für die Sauce, die dritte für das Gemüse. Die anderen machen es eben nacheinander. Los geht's!
4. Pastawasser ist klar, dann geht es jetzt an die Sauce. In einem kleinen Topf die Margarine schmelzen und darin Zwiebeln und Knoblauch andünsten. Sahne rein und etwas einkochen lassen. Nach Gusto Hefeflocken dazu und mit Salz, Pfeffer, etwas Thymian und Muskat würzen. Wenn die Sauce noch zu flüssig ist, muss etwas Saucenbinder her. Dazu zwei EL Flüssigkeit in ein kleines Schüsselchen, 1/2 TL Speisestärke einrühren, dann zurück in den Topf.
5. In einer Pfanne macht ihr jetzt das Grobe. Dafür etwas Margarine schmelzen, Rosenkohl und Kastanien rein und leicht anbraten. Dann 1 EL Zucker drüber streuen und karamellisieren lassen, was man daran erkennt, dass sich ein leicht bräunlicher Überzug bildet. Mit Salz und Pfeffer würzen.
6. Zum großen Finale die Nudeln abgießen, abtropfen lassen und mit der Sahnesauce vermischen. Auf zwei Teller verteilen und die Rosenkohlkastanien darauf verteilen. Yummy!

avocado-spaghetti

für 4, von Britt Donath
UNDERTONES „Hypnotised"

- **500 g Spaghetti**
- **1 große Avocado (am leckersten ist die Sorte mit dem schönen Namen „Hass", die man an der schrumpeligen Schale erkennt)**
- **Zitronensaft**
- **Olivenöl (eher dezent)**
- **Salz, Pfeffer**

1. Nudeln ohne Narkose in einen großen Topf mit kochendem Wasser (gesalzen) werfen und bis zur beliebigen Bissstärke darin betäuben.
2. Währenddessen Avocado sezieren, Kern operativ entfernen und Fruchtfleisch mit einem Löffel rausschälen. In eine große Schüssel damit, einen Schuss Olivenöl dazu und mit einer Gabel zu einer gleichmäßigen Creme anrühren. Nach Belieben salzen und pfeffern und noch mal mit der Gabel durch. Wer es noch etwas sommerlicher mag, spritzt eine kleine Dosis frisch gepressten Zitronensaft unter die Avocado.
3. Inzwischen sind die Nudeln fertig. Wasser abgießen, Spaghetti aber bloß nicht abschrecken, sondern sofort in die Schüssel mit der Avocado. Umrühren, bis sich alles gleichmäßig auf der Pasta verteilt hat. Operation fertig. Lecker!

spargel-sahne-pasta

für 2, von Uschi Herzer und Joachim Hiller
PETROGRAD „Isabelle"

Spargel zu verarbeiten ist ja immer so 'ne Sache. Grüner Spargel ist etwas einfacher in der Handhabung. Meist genügt es, ihn nur zu waschen und die holzigen Enden abzuschneiden (die Stange ist so lange holzig, wie ihr harten Widerstand beim Schneiden spürt, so als Anhaltspunkt). Ist er arg unansehnlich, könnt ihr ihn notfalls auch schälen.

- **250 g Pasta, z.B. Rigatoni**
- **250 g grüner Spargel**
- **Olivenöl**
- **1 Packung pflanzliche Sahne**
- **Salz, Pfeffer**
- **ein paar Blättchen Basilikum**

1. Zuerst einen kleinen Topf mit Wasser zum Kochen bringen. Parallel dazu das Nudelwasser klarmachen.
2. In der Zwischenzeit den Spargel waschen, holzige Enden abschneiden und die Stängel schräg in ca. 3 cm große Stücke schneiden. Trennt bitte die Spargelköpfe vom Rest, denn die brauchen beim Blanchieren nicht so lange. Wenn das Wasser blubbert, werden zuerst die Spargelstücke ohne Köpfe darin 4 min blanchiert. Dann die Köpfe dazu und noch 1 min weiterblubbern lassen. Abgießen.
3. Langsam sollte ihr mal die Nudeln ins entsprechende Wasser schmeißen ...
4. Das Olivenöl in einer Pfanne erhitzen und den Spargel darin ein paar Minuten anbraten, bis der Spargel bissfest ist. Zum Schluss Sahne dazu, nicht mehr aufkochen, mit gehacktem Basilikum, Salz und Pfeffer abschmecken.
5. Pasta mit der Spargelsauce vermischen und essen. Jamjam!

grünkern-bolo

für 4, von Uschi Herzer
RAZZIA „Ausflug mit Franziska"

- **500 g Spaghetti**
- **150 g Grünkernschrot**
- **300 ml Gemüsebrühe**
- **1 große Zwiebel**
- **2 Knoblauchzehen**
- **2 EL Sonnenblumenkerne**
- **2 kleine Dosen Pizza-Tomaten**
- **Tomatenmark**
- **Olivenöl**
- **Salz, Pfeffer, italienische Kräuter**

1. Grünkern in einen kleinen Topf geben und mit Gemüsebrühe aufgießen. Aufkochen und etwa 10 min ausquellen lassen (Herd ausschalten). Vorsicht: brennt leicht an!
2. Unterdessen das Nudelwasser aufsetzen, die Spaghetti bissfest kochen.
3. Parallel dazu die Sonnenblumenkerne ohne Fett in einer Pfanne rösten, dann reichlich Olivenöl zugeben und die klein geschnittenen Zwiebeln sowie den gepressten Knoblauch glasig dünsten.
4. Tomaten samt Flüssigkeit zugeben. Dann den Grünkern zufügen, mit den Gewürzen und Tomatenmark abschmecken, noch etwas köcheln lassen.
5. Spaghetti abgießen, auf Tellern servieren, Sauce drüber, fertig.

→ Die übrig gebliebene Sauce schmeckt total gut als Brotaufstrich.

scharfe linguine in zitrone mit gegrillten auberginen und petersilie

für 4, von Anne Dillmann und Jürgen Schattner, Rookie Records LOVE A „Eigentlich"

Das Gericht ist einfach, braucht aber etwas mehr Zeit wegen der Auberginen. Mir gelingen Auberginen immer am besten, wenn ich sie in fingerdicke Scheiben schneide, gut salze und dann zwischen zwei Bretter klemme, die ich zusätzlich beschwere. Dort lasse ich sie mindestens eine halbe Stunde schwitzen. Das Gute: man kann sie auch zwei oder drei Stunden liegen lassen, das schadet ihnen nicht.

- **500 g Linguine-Pasta**
- **2 Piri-Piri-Schoten (ich nehme immer die in Salzlake vom Thai, frische Chili gehen natürlich auch)**
- **4–5 Zehen Knoblauch**
- **Olivenöl**
- **2 Zitronen**
- **2 kleine Auberginen**
- **1 Bund glatte Petersilie**
- **Salz, Pfeffer**
- **grobes Meersalz**

1. Zuerst die Auberginen gut ausdrücken und trocken tupfen. Danach auf beiden Seiten dünn mit Olivenöl einpinseln, auf ein Blech mit Backpapier legen, mit schwarzem gemahlenem Pfeffer würzen und mit etwas grobem Meersalz salzen (nicht zu arg salzen, da immer auch Salz vom Entwässern haften bleibt). Bei 180 °C Umluft (200 °C Ober/Unterhitze) für ca. 20 min in den vorgeheizten Backofen.
2. Olivenöl in einer Pfanne bei kleiner Hitze erwärmen, parallel das Wasser für die Pasta in einem großen Topf aufsetzen. Die Piri-Piri und den in dünne Scheiben geschnittenen Knoblauch im gewärmten Öl langsam auslassen. Lass das Öl nicht zu heiß werden, denn sonst bekommt der Knoblauch einen bitteren Geschmack und die Piri-Piri brennen an.
3. Wenn das Wasser kocht, salzen und die Linguine hineingeben. Immer leicht kochen lassen und gelegentlich rühren.
4. Die Zitronen auspressen, Saft beiseite stellen und die glatte Petersilie fein hacken.
5. Kurz bevor die Pasta al dente ist, den Knoblauch und die scharfen Schoten aus dem Öl nehmen.
6. Die Pasta al dente abgießen, kurz abtropfen lassen und in dem scharfen Knoblauchöl unterheben.
7. Den Zitronensaft und die Petersilie einrühren. Gegebenenfalls noch etwas salzen.
8. Pasta auf dem Teller anrichten.
9. Die Auberginen aus dem Ofen nehmen und mehrere Scheiben auf jede Portion geben. Wer es gerne mundgerecht mag, kann die Auberginenscheiben auch vierteln, bevor sie in den Ofen kommen. Roh lassen sie sich leichter schneiden als heiß gebacken. Fertig!

→ Tipp: Wer gerne was Knackiges auf Auberginen und Pasta isst, kann in einer zweiten Pfanne Sonnenblumenkerne ohne Öl rösten und abschließend mit Sojasauce löschen.

spaghetti mit bohnen und tomaten

für 4, von Uschi Herzer und Joachim Hiller
SEBADOH „Bakesale"

- 500 g Spaghetti
- 300 g grüne Bohnen, frisch oder gefroren
- 2 Zwiebeln
- Knoblauch
- 8 getrocknete Tomaten (in Öl)
- 1 große Dose Tomaten
- Olivenöl
- italienische Kräuter, getrocknet
- Salz, Pfeffer

1. Zuerst widmen wir uns den Bohnen. Entweder taut ihr die auf, wie auf der Packung beschrieben, oder ihr habt frische gekauft und habt jetzt die Arbeit damit. Frische kommen aber auf jeden Fall besser, und dann heißt es jetzt: waschen, Enden abschneiden und halbieren, so dass ihr ca. 5 cm lange Stücke habt. Einen Nudeltopf mit entsprechend viel Wasser aufsetzen, zum Kochen bringen, Salz rein und Bohnen darin gar kochen. Das dauert ca. 15 min, aber lieber zwischendurch mal probieren, sie sollen ja noch Biss haben.
2. In der Zwischenzeit schneidet ihr die Zwiebeln in längliche Stücke, d.h. ihr achtelt, zehntelt oder zwölftelt die. Dann Knoblauch (die Mengenverantwortung liegt bei euch, aber zwei Zehen sollten es schon sein) in dünne Scheiben schneiden. Noch kurz

die getrockneten Tomaten kleinschneiden und die Dosentomaten würfeln. Der Profi drückt die vorher ein bisschen aus, damit die nicht mehr so wässrig sind, und schneidet die Bürzel ab. Bitte das Wasser auffangen, das brauchen wir gleich noch!
3. Jetzt flott Olivenöl in die Pfanne gekippt, Flamme auf Vollgas und Zwiebeln und Knoblauch darin andünstet. Ein bisschen was von dem Tomatenwasser reinkippen und die getrockneten Tomaten dazu. Umrühren und 5 min auf kleiner Flamme köcheln lassen.
4. Jetzt ist es an der Zeit, die gewürfelten Tomaten dazuzukippen. Noch ein paar italienische Kräuter dazu (1 TL darf es mindestens sein) und mit Deckel weiter vor sich hinköcheln lassen. Mit Salz und Pfeffer abschmecken.
5. Eigentlich müssten die Bohnen langsam fertig sein. Wenn ja, das Wasser nicht einfach abgießen, sondern die Bohnen mit einem Schaumlöffel rausfischen und total energiesparend das Wasser zum Nudelkochen weiterverwenden. Die Bohnen kommen nun zusammen mit einem Stück Margarine zurück eine Schüssel, oben drauf ein Deckel, damit sie warm bleiben.
6. Wenn die Spaghetti fertig sind, gießt ihr sie ab und formt auf flachen Tellern aus den Nudeln ein kleines Nest, lasst etwas von der Tomatensauce reinplumpsen und drapiert außenrum die Bohnen. Lasst es euch schmecken!

krautnudeln

für 2, von Uschi Herzer und Joachim Hiller
HÜSKER DÜ „New Day Rising"

- **250 g (Spiral-)Nudeln**
- **1 kleine Dose Sauerkraut**
- **1 Zwiebel, fein gewürfelt oder in Ringe geschnitten**
- **Margarine oder Zwiebelschmalz**
- **Salz, Pfeffer**
- **Hefeflocken**

1. Wasser aufsetzen, wenn's kocht salzen, Nudeln rein.
2. Margarine oder Zwiebelschmalz in einer großen Pfanne schmelzen, Zwiebeln darin goldbraun anrösten. Unterdessen das Sauerkraut etwas ausdrücken und grob auseinanderzupfen.
3. Die Nudeln abgießen, in die Pfanne kippen, das auseinandergezupfte Sauerkraut untermischen, alles gut vermischen und noch etwas brutzeln lassen. Mit Salz und Pfeffer sowie Hefeflocken würzen und schon könnt ihr fürstlich speisen.

→ Kann auch gut mit gekochtem Sauerkraut gemacht werden, falls man Reste hat. Oder man nimmt eine große Dose und macht aus dem Rest Sauerkrautsalat, siehe Rezept hier im Buch.

spaghetti à la teheran

für 2, von Uschi Herzer
ALKALINE TRIO „Goddamnit"

Da war ich also nun den dritten Tag in Gießen, ein bisschen erledigt von meinem neuen Job, der mich an diesen Ort – zugegebenermaßen nicht die Stadt meiner Träume – geführt hat und hatte Sehnsucht nach meinen heißgeliebten Spaghetti. Zufälligerweise kam ich mit dem Besitzer des iranischen Ladens um die Ecke ins Gespräch, und er verriet mir sein Lieblingsspaghettirezept. Frische Tomaten sind hier meiner Meinung nach essentiell, da sie die Sauce dezent fruchtig schmecken lassen und gut mit dem Zimt harmonieren.

- **250 g Spaghetti**
- **8 Tomaten**
- **1 Zwiebel**
- **8 getrocknete schwarze, in Öl eingelegte Oliven**
- **1 Knoblauchzehe**
- **2 Prisen Zimt**
- **Kurkuma**
- **Salz, Pfeffer**
- **Öl**

1. Als Erstes die Tomaten am Bürzel kreuzweise einritzen, in eine Schüssel legen und mit kochendem Wasser übergießen. Warten, bis die Haut aufplatzt, rausnehmen und schälen. In kleine Würfel schneiden und zur Seite stellen.
2. Das Nudelwasser zum Kochen bringen, unterdessen Zwiebel und Knoblauch schälen und fein würfeln.
3. Als Nächtes nehmt ihr einen kleinen Topf, erhitzt darin das Öl und bratet Knoblauch und Zwiebel golden an. Rausnehmen.
4. Jetzt kippt ihr die Tomaten in den Topf und lasst die so lange darin blubbern, bis sie weich sind und zu zerfallen beginnen. Das dauert so 10-15 min. Wichtig ist, dass immer ein Hauch von Wasser im Topf ist, denn sonst brennt die Pampe an. Mittlerweile sollten die Spaghetti im Nudeltopf gelandet sein.
6. Wenn die Tomaten zerfallen sind, kippt ihr Knoblauch und Zwiebeln dazu, einen Schuss Öl, die klein geschnittenen Oliven und würzt mit Salz, Pfeffer, Zimt und Kurkuma (1/4-1/2 TL). Gut durchrühren und nochmal testen, ob es lecker schmeckt.
7. Die Spaghetti auf die Teller verteilen, Sauce drüber, vermischen, schlemmen.

pasta mit rosenkohl und walnusspesto

für 2, von Uschi Herzer
HÜSKER DÜ „Flip Your Wig"

- **250 g Bandnudeln**
- **10-12 Rosenkohlknöllchen**
- **1/2 TL getrockneter Thymian**
- **1 kleine Zwiebel**
- **Salz und Pfeffer**
- **80 g Walnüsse, von der Schale befreit**
- **gutes Olivenöl**

1. Rosenkohl putzen und den Bürzel kreuzweise einritzen. Die Zwiebel fein würfeln. Nüsse knacken. Die Walnüsse schmecken bei diesem Rezept frisch geknackt am Besten; zur Not gehen aber auch abgepackte Kerne.
2. Als Nächstes ist das Pesto dran. Dafür zuerst die Walnüsse in einer beschichteten Pfanne ohne Fett etwas anrösten. Glücklich ist, wer einen fetten Mörser zu Hause hat, denn damit werden die Walnüsse jetzt fein zerquetscht. Mmmh, wie das duftet! Sind die Nüsse fein genug zermahlen, kommen noch

Salz, Pfeffer und 3-4 EL Olivenöl rein. Schön sämig rühren, fertig.

3. Jetzt ist es aber höchste Zeit für das Pastawasser. Zum Kochen bringen und Pasta darin bissfest kochen.
4. In der Zwischenzeit ist der Rosenkohl dran: in etwas heißes Salzwasser geben und darin bissfest kochen. Herausnehmen und unter kaltem Wasser abschrecken. Abtropfen lassen und anschließend wie eine Orange in Achtel schneiden.
5. Jetzt die gehackte Zwiebel in einer Pfanne in etwas Öl andünsten. Den Rosenkohl dazugeben und etwas anbraten; eventuell noch etwas Öl nachkippen. Mit Thymian bestreuen und mit Salz und Pfeffer würzen.
6. Pasta abgießen, abtropfen lassen und zum Rosenkohl geben. Vorsichtig vermischen.
7. Auf zwei Tellern anrichten und das Walnusspesto darauf verteilen. Boah, ist das lecker!

→ Wer mag, kann noch etwas feines Olivenöl als Finish darüber geben.

sizilianische broccoli-penne

für 2, von Uschi Herzer
DEFEATER „Empty Days And Sleepless Nights"

- 250 g Penne
- 500 g Broccoli
- 1 Zwiebel
- 2 EL Rosinen
- 2 EL Pinienkerne
- 1 TL Tomatenmark
- Olivenöl
- Salz und Pfeffer

1. Als Erstes den Pott mit Wasser aufsetzen, denn das Grünzeug ist zuerst dran. Den Broccoli teilt ihr flott in gleich große und am liebsten auch noch mundgerechte Röschen. Waschen. Kocht das Wasser, gebt ihr etwas Salz und den Broccoli dazu. In ein paar Minuten bissfest (nicht weich!) kochen und mit einer Schöpfkelle aus dem Wasser fischen. Wasser nochmal auf volle Pulle und die Penne darin al dente kochen.
2. Dazwischen geht es mit Brutzeln weiter: Zuerst die Zwiebel fein hacken, dann Olivenöl in eine große Pfanne geben, erhitzen und die Zwiebeln darin leicht braun werden lassen. Das Tomatenmark reindrücken und einen guten Schuss vom Broccoli-Pasta-Wasser dazukippen (mit einer Tasse verbrüht man sich die Finger nicht ...). Gut verrühren und zum Kochen bringen.
3. Rosinen und Pinienkerne reinplumpsen lassen, schön verrühren und ein paar Minuten leicht köcheln lassen. Wird das zu fest oder ist dem Eintrocknen nahe, kippt ihr nochmal etwas Broccoliwasser nach.
4. Kurz bevor die Pasta fertig ist, gießt ihr sie ab und gebt sie zusammen mit dem Broccoli in die Pfanne, rührt vorsichtig durch und erwärmt alles nachdem ihr gesalzen und gepfeffert habt. Deckel drauf.
5. Das Ganze sollte jetzt nochmal 5-10 min in der Pfanne mit Deckel durchziehen. Eventuell nachwürzen, dann kann man es sich schmecken lassen.

rote penne

für 2, von Uschi Herzer
VERSE „Bitter Clarity, Uncommon Grace"

Dieses Rezept ist einfach nur genial, wenn du Hunger hast und es mal wieder schnell gehen muss! Gibt es bei uns bestimmt einmal die Woche.

- **250 g Penne**
- **1 kleines Glas rotes Pesto (rosso oder arrabiata, wenn du es etwas schärfer magst – Obacht, nicht alle sind vegan!)**
- **2 EL Pinienkerne**
- **1 Sträußchen Rucola**
- **8-10 Cocktailtomaten**
- **gutes Olivenöl**
- **Salz, Pfeffer, nach Geschmack italienische Kräuter/Gewürzmischung**

1. Wasser für die Pasta aufsetzen.
2. Wenn die Nudeln im Wasser sind, röstest du erst die Pinienkerne in einer Pfanne ohne Fett an. Dann halbierst du die Cocktailtomaten, wäschst den Rucola und zupfst ihn ein bisschen klein.
3. Sind die Pinienkerne soweit, kommt das Glas Pesto in die Pfanne. Die Cocktailtomaten mit der Schnittfläche nach unten auf das Pesto setzen und ab und an etwas rütteln, Temperatur eher niedrig halten. Abschmecken nach Bedarf, aber Vorsicht, das Pesto ist bereits gewürzt.
4. Sind die Penne fertig, gießt du sie ab und kippst sie in die Pfanne mit dem Tomatengedöns. Kleingemachten Rucola drauf und alles schön vermischen.
5. Auf zwei Teller verteilen, Pinienkerne darüberstreuen und schmecken lassen. Yummy!

→ Baguette oder Ciabatta kommt gut dazu.
→ Statt fertiges Pesto zu nehmen, kann man natürlich auch getrocknete Tomaten mit etwas Olivenöl pürieren.

spaghetti carbonara

von Grisu, teenage-riot.com
RENTOKILL „Antichorus“

- 500 g Spaghetti
- 250 ml vegane Sahne
- 250 g Räuchertofu
- frische Petersilie
- Knoblauch
- 1 große Zwiebel
- Pfeffer, Salz
- Olivenöl
- Majoran und Oregano

Für Variante 2:
- TK-Erbsen
- gehackte Nüsse nach Wahl

1. Einen großen Topf für die Pasta rauskramen und mit Wasser füllen. Auf den Ofen und zum Kochen bringen.
2. Das dauert natürlich und diese Zeit nutzen wir zum Zwiebelschälen (Taucherbrille zur Hand, falls die Augen tränen) und hacken diese anschließend in kleine Würfel. Den Räuchertofu seiner Plastikhülle berauben und ebenfalls würfeln.
3. Petersilienblätter (ich hoffe, ihr habt frische Bio-Petersilie gekauft) vom Stiel entfernen, waschen und gleichfalls hacken (oder Zeit sparen und gefrorene kaufen).
5. Etwas Olivenöl in eine Pfanne und erhitzen. Erst den Tofu reinwerfen, kurz anbraten und die gemetzelte Zwiebel hinterher. (Wer es lieber etwas süßer mag, lässt die Zwiebel und den Knoblauch weg.) Blick zum Pastatopf: Sprudelt das Wasser?! Noch nicht? Gut, dann weiter im Text.
6. Nach ca. 2 min wird das Ganze mit Sojasahne gelöscht. 1-2 Knoblauchzehen reindrücken und Temperatur zurückdrehen.
7. 1 TL Salz in den Pastatopf, sobald das Wasser kocht. Sollte es danach nicht mehr kochen, bitte warten, bis es wieder sprudelt, dann erst die Spaghetti rein und gleich mal umrühren. Die Kochzeit der Pasta bitte auf der Verpackung ablesen.
8. In der Zwischenzeit kommen noch die Gewürze und Kräuter in die Sauce (nicht übertreiben mit Majoran und Oregano, aber gaanz viel Petersilie!), umrühren und die Sauce auf kleinster Flamme warmhalten. Mit Salz und (frisch gemahlenem) Pfeffer abschmecken.
9. Pasta abgießen und nicht abschrecken, sondern etwas abtropfen lassen, um sie danach gleich mit der Sauce gut zu vermischen. Eventuell nochmals mit Pfeffer würzen.

→ Wer mag, kann auch Tiefkühlerbsen in die heiße Carbonara-Sauce kippen und zum Schluss mit gehackten Nüssen dekorieren.

rote-bete-spaghetti

für 2-3, von Uschi Herzer
THE TRANS MEGETTI
„Fading Left To Completely On"

- 250 g Vollkornspaghetti
- 400 g Rote Bete
- 1 Packung vegane Sahne
- 1 Knoblauchzehe
- Meerrettich, frisch gerieben oder aus dem Glas
- 1 Frühlingszwiebel
- 1/8 l Gemüsebrühe
- Olivenöl
- Salz, Pfeffer
- Zitronensaft

1. Zuerst die Rote Bete waschen und schälen. Anschließend grob raspeln. Zu diesem Arbeitsgang passt hervorragend die „Lindenstraße"-Folge, in der Olaf Kling eine geklaute Geldkassette öffnen will und dabei sich und seine Mutter Else mit der roten Farbe, die sich in der Geldkassette befindet, besudelt. Die Farbe geht natürlich nicht mehr ab, damit die Diebe gleich erkennbar sind. Ungefähr wie die beiden seht ihr auch aus, wenn ihr die Rote Bete verarbeitet habt und die Farbe ist ähnlich hartnäckig ...
2. Jetzt setzt ihr am besten schon mal das Nudelwasser auf, sonst klappt das mit dem Zeitplan nicht so ganz.
3. Knoblauch schälen und fein hacken. Olivenöl in einer großen Pfanne erhitzen und Rote Bete samt Knoblauch darin etwas andünsten. Mit der Gemüsebrühe aufgießen und bei schwacher Hitze ca. 10 min köcheln lassen.
4. Sind die Spaghetti schon im Wasser? Gut so. Jetzt noch die Frühlingszwiebel putzen und in feine Ringe schneiden. Gibt's Salat zur Pasta? Dann ist jetzt der richtige Moment, mit der Zubereitung anzufangen.
5. Nach den 10 min Blubberzeit die Sahne und Meerettich nach Belieben (ca. 2 TL) zu der roten Pampe geben, gut verrühren und würzen. Der eine oder andere Spritzer Zitronensaft gibt die nötige Säure. Jetzt noch die abgetropften Spaghetti unterheben, auf zwei Tellern schön anrichten und Frühlingszwiebeln obendrüber streuen. Sieht cool aus, oder?

➜ Dazu passt hervorragend ein grasgrüner Feldsalat mit angebratenen Räuchertofuwürfeln und angerösteten Sonnenblumenkernen.

pasta alla norma

für 2, von Katrin und Ralf Tönnissen
BAND Of HORSES „Cease To Begin"

- 250 g Penne oder Rigatoni
- 1 Aubergine
- 2-4 Zehen Knoblauch
- 1 Zwiebel
- 4-5 reife Tomaten
- 10 große Blätter Basilikum
- Olivenöl
- Salz, Pfeffer
- Cayennepfeffer

1. Die Aubergine in kleine Würfel scheiden (ca. 1 cm), in eine Schüssel geben, salzen und 5-10 min ruhen lassen. Inzwischen die Knoblauchzehen in dünne Scheiben und die Zwiebel und die Tomaten in Würfel schneiden.
2. Danach die Auberginenwürfel mit einem Küchentuch abtupfen (das Salz entzieht der Aubergine die Feuchtigkeit, dadurch wird sie schmackhafter). Die Auberginenwürfel in 2 EL Olivenöl ca. 10 min anbraten.

3. Währenddessen Wasser aufsetzen, salzen und wenn es kocht, die Penne naturalmente „al dente" zubereiten.
4. Sobald die Auberginenwürfel goldbraun und weich sind und das Öl eingezogen ist, die Zwiebelwürfel und die Knoblauchscheiben hinzugeben und mitbraten, bis sie glasig sind. Danach mit den Tomaten ablöschen, etwas Wasser (ca. 1/2 Tasse) zugeben und ca. 5 min auf kleiner Flamme mit geschlossenem Deckel köcheln lassen.
5. Frische Basilikumblätter klein schneiden und unter das Gemüse geben. Sauce zum Schluss mit schwarzem Pfeffer, einer Prise Cayennepfeffer und Salz würzen. Und dann diesen kleinen Ausflug nach „Bella Italia" genießen. Buon appetito e mille grazie, Signor Bellini!

→ Tipp vom Ox-Kochstudio: Hervorragend schmeckt es auch, wenn man noch ein paar Kapern unterhebt. Und ist gerade keine Tomatenzeit, kann man auch die aus der Dose nehmen.

ziti

für 2-3, von Uschi Herzer
Bob Mould „Silver Age"

- 250 g Maccheroni oder Rigatoni
- 1 Dose Pizzatomaten
- 1 Zwiebel, fein gewürfelt
- 1 Knoblauchzehe, fein gewürfelt
- Olivenöl
- 1 EL Tomatenmark
- 1 TL Zucker
- italienische Kräutermischung
- Salz und Pfeffer
- 250 g Seidentofu
- 2 EL Sojamehl
- 2 EL Hefeflocken

Für den Hefeschmelz:
- 2 EL Margarine
- 1 TL Senf
- Salz
- 4 TL Mehl
- 150 ml Wasser
- 4 EL Hefeflocken

1. Als Erstes werden die Nudeln bissfest gekocht – nicht verkochen lassen, denn sie werden nachher noch überbacken.
2. In der Zwischenzeit ist die Pastasauce dran. Dazu Zwiebeln und Knoblauch in etwas Olivenöl anbraten. Eine Dose Tomaten dazu, Tomatenmark und Zucker rein, gut verrühren und weiterschmurgeln lassen. Mit Salz, Pfeffer und italienischen Kräutern würzen.
3. Sojamehl mit 4 EL Wasser verrühren (Ei-Ersatz!), dann mit Seidentofu, ordentlich Salz und Hefeflocken vermischen und nochmal abschmecken.
4. Eine Auflaufform einfetten, dann habt ihr zwei Möglichkeiten: Entweder vermischt ihr alle Zutaten (bis auf den Hefeschmelz) miteinander und schmeißt alles in die Auflaufform, oder ihr schichtet Nudeln, Tomatensauce und Tofumischung abwechselnd übereinander. Die letzte Schicht sollte in beiden Fällen Tomatensauce sein.
5. Ganz zum Schluss kommt obendrauf der Hefeschmelz. Dazu die Margarine in einem Topf schmelzen, dann Senf, etwas Salz und Mehl mit dem Schneebesen unterrühren und mit dem Wasser ablöschen. Klümpchenfrei rühren und zum Schluss die Hefeflocken dazugeben.
6. Ab damit in den Ofen und bei ca. 180-200 °C so lange drinlassen, bis der Hefeschmelz leicht gebräunt ist (dauert ca. 25-30 min).

mac & cheeze

für 4, von Yvonne Ducksworth
JINGO DE LUNCH „Perpetuum Mobile"

Kochen:
- 500 g Penne oder Maccheroni
- 1 Knoblauchzehe

In der Pfanne braten:
- 2 EL Olivenöl
- 1 mittlere Zwiebel, gehackt
- 1 rote Paprika, in lange, dünne Streifen geschnitten
- 200 g kleine Broccoliröschen

Mixen:
- 130 g Cashewnüsse (ungesalzen)
- 350 ml Wasser
- 230 ml Sojamilch
- 50 ml Zitronensaft
- 60 g Vollkornmehl
- 60 g Hefeflocken
- 1 EL Senf
- 1/4 TL Cayennepfeffer
- 1/4 TL Kurkuma
- 1 Prise Muskatnuss (gemahlen)
- Salz und Pfeffer oder Miso

Deko:
- Tomatenachtel
- Petersilie

1. Als Erstes den Backofen auf 175 °C vorheizen.
2. Die Pasta zusammen mit der zerstückelten Knoblauchzehe in Salzwasser kochen, bis sie al dente ist. Abgießen und in eine gefettete Auflaufform kippen.
3. In der Zwischenzeit schon mal den Broccoli in etwas Salzwasser bissfest kochen.
4. Parallel etwas Olivenöl in einer Pfanne erhitzen und Zwiebel und Paprika andünsten, bis sie weich sind. Das dauert ca. 5 min.
5. Jetzt noch die Cashewnüsse und die anderen Zutaten mit einem Mixer oder Pürierstab zu einer homogenen Masse verarbeiten, die dann eure „Käsesauce" ist.
6. Zum Schluss gebt ihr die „Käsemischung" und das gedünstete Gemüse über die Pasta und vermischt alles gut miteinander.
7. Ab damit in den heißen Ofen und 20-30 min backen. Mac & Cheeze ist fertig, wenn es eine Konsistenz zwischen cremig und dezent fest hat. Es sollte auf alle Fälle in Portionen zu schneiden sein, wenn ihr es herausnehmt.
8. Auf vier Teller verteilen und mit gehackter Petersilie und Tomatenachteln dekorieren.

spargelpasta à la ox

für 2, von Uschi Herzer
ALKALINE TRIO „This Addiction"

- **250 g Penne oder Spiralnuden**
- **500 g grüner Spargel**
- **6-8 in Öl eingelegte, getrocknete Tomaten**
- **2-3 EL Pinienkerne**
- **gutes Olivenöl**
- **Salz und Pfeffer**

1. Wasser für die Pasta aufsetzen.
2. Jetzt weitermachen mit dem Spargel: waschen, holzige Enden abschneiden und den Rest schräg in ca. 4-5 cm große Stücke schneiden. Köpfe in eine Extraschüssel geben. Tomaten etwas abtropfen und in Streifen schneiden.
3. Pfanne aus dem Schrank holen und zuerst die Pinienkerne ohne Fett darin anbräunen, aber nicht verkokeln lassen. Herausnehmen.
4. In dieselbe Pfanne kippt ihr Olivenöl und brutzelt die Spargelstücke ohne die Köpfe darin an. Parallel sollten jetzt auch die Nudeln ins gesalzene Wasser.
5. Nach ca. 4 min gebt ihr die Spargelköpfe in die Pfanne dazu und brutzelt alles so lange, bis der Spargel fast weich ist. Das dauert ca. 10 min.
6. In der Zwischenzeit die eingelegten Tomaten in schmale Streifen schneiden und gegen Ende der Garzeit zu den Spargelstücken geben. Alles mit Salz und Pfeffer abschmecken.
7. Nudeln abgießen und zum fertigen Spargel geben. Durchrühren und auf zwei Teller verteilen. Pinienkerne drübergeben und schmecken lassen. Eventuell etwas Olivenöl nachgießen.

➜ Ungesundes Weißbrot und ein gemischter Salat dazu kommen gut.
➜ Lässt sich mit mehr Pasta für drei Personen „strecken".

resteauflauf à la benecke

von Mark Benecke
PULP „Different Class", „This Is Hardcore"

Kriminalbiologie heißt in erster Linie: Reste ansehen. Das können Haare, Blut oder Sperma sein, aber auch Gullys und Mülltonnen sind mir stets willkommene Spuren-Lieferanten. Auch beim Essen habe ich die feste Einstellung, nix wegzuschmeißen. Als ich das erste Mal in New York war, habe ich mich beispielsweise problemlos von den Essensresten auf den Fluren schicker Hotels ernährt. Hier ein Rezept, das immer klappt und dazu passt:

Man nehme alles an Gemüse, was noch rumfliegt, beispielsweise:

- **gekochte Kartoffeln**
- **Paprikaschoten**
- **Tomaten, hier bitte nicht sparen**
- **Zucchini gehen auch gut**

Alles zerschnibbeln, aber nicht zu klein.

Darüber eine Sauce gießen, bestehend aus:

- **1 Packung Sojasahne**
- **ordentlich Pfeffer und Salz**
- **ein bisschen Olivenöl**
- **evtl. noch ein Löffelchen Kräuter der Provence**

Oben drüber kommt veganer Käse-Ersatz. Ab in den Ofen, warten, bis es schön goldbraun ist, fertig.

➜ Kann nicht schief gehen, Mengenverhältnisse sind absolut egal und es schmeckt wirklich jeder und jedem.

TÜRKISCHE PIZZA, DAZU SALAT MIT LIMETTENSAUCE

türkische pizza

für 4 sehr gute Esser oder Partys,
von Monika Ring
PASCOW „Alles muss kaputt sein!"

Für den Teig:

- 600 g Mehl
- 1 Würfel Hefe
- 1 TL Salz
- 1/2 TL Zucker
- 4 EL Olivenöl
- 350 ml lauwarmes Wasser

Für den Belag:

- 600 g Tofu
- 1 Zwiebel
- 5 türkische Paprika (die schmalen, hellgrünen) oder 1 1/2 grüne normale Paprika
- 400 ml passierte Tomaten
- Wasser
- 1 Knoblauchzehe
- 1/2 Bund Petersilie
- 2 EL Tomatenmark
- 1 EL Paprikamark
- Pul Biber
- Salz, Pfeffer
- 1 Prise Zucker

1. Den Tofu einen Tag bevor man die Pizza machen will, samt Verpackung einfrieren. So verliert er etwas von seinem typischen Tofugeschmack und bekommt eine Konsistenz, die zumindest etwas an Hack erinnert. Vor der Zubereitung dann einfach auftauen.
2. Das Mehl in eine Schüssel geben, in die Mitte eine Kuhle machen und da die ganze frische Hefe reinbröckeln. Zucker, Salz und Olivenöl kommen außerhalb der Kuhle auf das Mehl. Dann das Wasser langsam auf die Hefe schütten und dabei mit einer Gabel die Hefe, das Wasser und das Mehl mischen, bis sich die Hefe aufgelöst hat. Jetzt geht es mit den Händen weiter: alles ordentlich zusammenkneten, den Teig dann aus der Schüssel holen und auf der Arbeitsplatte weiterkneten, bis er nicht mehr an den Händen klebt. Das kann schon ein paar Minuten dauern. Danach muss der Teig für ca. 30 min in einer Schüssel mit einem feuchten Tuch abgedeckt gehen (oder in der Peng-Schüssel von Tupper, falls ihr eine habt).
3. In der Zwischenzeit kann man schon mal den Belag machen: Den Tofu auspacken und in kleinen Portionen kräftig das Wasser ausdrücken und dann sehr klein bröseln.

4. Die Zwiebeln in grobe Würfel, die Paprika in feine Streifen und den Knoblauch extrem klein schneiden sowie die Petersilie fein hacken.
5. Die Zwiebeln und den Knoblauch in einem beschichteten Topf oder einer Pfanne mit etwas Öl und Salz kurz andünsten. Dann kommt der ganze Tofu dazu und alles wird so lange gebraten, bis der Tofu etwas Farbe bekommt. Dabei immer wieder umrühren.
6. Tomatenmark und Paprikamark dazu und kurz mit anschwitzen. Dann die Paprika kurz mit anbraten und die passierten Tomaten dazu kippen. Die Verpackung der passierten Tomaten mit Wasser füllen, kurz umrühren und den Inhalt dann auch zur Sauce hinzufügen. Nun nur noch die Petersilie dazugeben und mit den Gewürzen abschmecken.
7. Wenn der Teig fertig ist, wird der Ofen auf 250 °C Ober- und Unterhitze gestellt.
8. Den Teig in vier gleiche Stücke teilen und jeweils ganz dünn ausrollen. Auf jeden Teigfladen wird dann nicht zu dick die Tofumasse gleichmäßig verteilt.
9. Die türkische Pizza kommt dann für 10-15 min in den Ofen. Am besten alle vier nacheinander.

→ Wer will, kann aus dem Teig auch ca. 20 kleine türkische Pizzen machen; ist gut für Partys.

salat mit limettensauce

BROILERS „Ruby Light & Dark“

Zur Pizza isst man einen speziellen gemischten Salat, den man einfach auf die Pizza gibt, denn man kann die Pizza zum Essen auch einrollen. Wer sie gerne eingerollt isst, sollte die Pizza in Tellergröße herstellen.

- 1 Zwiebel
- 1/2 Gurke
- 1 rote Paprika
- 1/4 Eisbergsalat
- 3 Roma-Tomaten
- 2 EL Limettensaft
- 3 EL Sonnenblumenöl
- 1/2 Knoblauchzehe
- Petersilie
- Salz
- ein paar Löffel Mais aus der Dose, wer will

1. Den Limettensaft, das Öl und etwas Salz zu einer Sauce verrühren.
2. Die Tomaten halbieren und dann wie auch die Zwiebel, Gurke, Paprika und den Eisbergsalat in feine Streifen schneiden.
3. Den Knoblauch ganz klein schneiden, die Petersilie etwas hacken und alles mit der Sauce vermischen. Und eventuell eben noch den Mais dazugeben.

spargel in the mud

für 4, von René DeValdez, GARDEN GANG
TV Smith „Sparkle In The Mud, Vol. 1"

Dieses Gericht habe ich für TV Smith gekocht, als er einen Tour-Day-Off bei mir zu Hause verbrachte. Dem heimlichen Feinschmecker und Koch hat es wunderbar geschmeckt – fragt ihn doch einfach selbst!

- 250 g braune Linsen
- 50 g Beluga Linsen
- 50 g Karotten
- 50 g Sellerie
- 50 g Lauch
- 1/2 rote Paprika
- 1 Peperoncino
- 6 getrocknete Tomaten (nicht in Öl eingelegt)
- 1 mittelgroße Zwiebel
- 2 Knoblauchzehen
- 100 ml Rotwein
- 400 ml Gemüsebrühe
- 1 TL Tomatenmark
- 1 kleines Stück Ingwer
- 1 Schuss Sojasauce
- 1 Schuss Aceto Balsamico
- evtl. Salz (vom Salzgehalt der Brühe abhängig)
- Pfeffer
- 1 Lorbeerblatt, glattblättrige Petersilie
- Muskat, Majoran, Thymian, Nelkenpulver
- Olivenöl

- 1 Bund grüner Spargel (ca. 800 g, kann natürlich auch mit weißem Spargel gekocht werden)
- Orangensenf
- Olivenöl

- 1 Packung veganer Blätterteig
- Sojasahne
- 2-3 Blätter Blattgold (vom Malergeschäft deines Vertrauens um die Ecke) – auch ein Punk hat Anrecht auf ein bisschen Luxus. Wem das jedoch definitiv zu dekadent ist, kann das Gold natürlich auch weglassen, die Schweizer Banken werden dir dankbar sein.

1. Blätterteig ca. 2 mm dünn ausrollen und ca. 15-20 Sterne ausstechen (wenn möglich, verschieden große). Blätterteigsterne mit Sojasahne bestreichen und im Ofen auf mittlerer Rille bei 180 °C ca. 10 min backen, bis sie schön aufgegangen und dunkelgelb sind. Die Sterne auskühlen lassen und mit dem Blattgold verzieren.
2. Linsen waschen und beiseite stellen. Karotten, Sellerie, Paprika in kleine Würfel von ca. 4 mm schneiden. Lauch in schräge Streifen schneiden, Zwiebel kleinschneiden, Knoblauch in feine Scheiben schneiden (nicht pressen).
3. Zwiebel und Knoblauch zusammen mit dem Tomatenmark in etwas Olivenöl anbraten bis sie glasig sind. Karotten, Sellerie, Paprikawürfel, Lauchrauten und Linsen (ohne vorheriges Einweichen) beigeben, mit Rotwein ablöschen und etwas einköcheln lassen.
4. Sojasauce und Gemüsebrühe beigeben. Peperoncino halbieren, Kerne entfernen, kleinschneiden und zusammen mit den in kleine Würfel geschnittenen getrockneten Tomaten beigeben, in Scheiben geschnittener Ingwer, Lorbeerblatt und kleingeschnittene Petersilie beigeben und auf kleinem Feuer köcheln lassen (ca. 30 min). Mit Majoran, Thymian, Muskat und Nelkenpulver würzen.
5. Zwischendurch immer mal wieder umrühren und evtl. noch etwas Gemüsebrühe nachschütten. Zum Schluss mit etwas Balsamico abschmecken.
6. Den Spargel waschen, die Enden ca.

1 cm kürzen und das hinterste Viertel schälen. Spargel mit Orangensenf bestreichen und in Olivenöl braten, bis er leicht Farbe annimmt. (ca. 5 min, weißer Spargel benötigt etwas länger). Wer keinen Orangensenf zur Hand hat, kann selbstverständlich auch einen anderen eher süßlichen Senf verwenden.

7. Nun geht es ans Anrichten: Dazu die Gemüselinsen auf einem großen Teller anrichten, dann die gebratenen Spargelstangen dekorativ darüber legen. Das Ganze mit 3-4 golden gänzenden Blätterteigsternen verzieren und schon ist der Spargel in the Mud bereit, verspeist zu werden.

kartoffeln in olivenöl

für 2, von Uschi Herzer und Joachim Hiller
AMUSEMENT PARKS ON FIRE
„Out Of The Angeles"

- **500 g Pellkartoffeln aus eher kleinen Kartoffeln**
- **Olivenöl**
- **grobes Meersalz, Pfeffer, evtl. frischer Rosmarin (Zweig)**

1. Gekochte Kartoffeln mitsamt Schale mit einem Fleischklopfer, einer Gabel oder einer Bierflasche leicht flachdrücken, bis die Schale etwas platzt, die Kartoffeln aber nicht auseinanderfallen.
2. Olivenöl in eine große Pfanne, heiß machen und die Kartoffeln auf beiden Seiten schön anbraten.
3. Zum Schluss salzen und pfeffern. Wer Rosmarin mag, fummelt noch ein paar Nadeln von einem Zweig ab und wirft sie zum Schluss hin mit in die Pfanne. Verdammt lecker!

rosmarinkartoffeln

für 2, von Uschi Herzer
THE BOXER REBELLION „The Cold Still"

Eine äußerst köstliche Beilage zu vielen Gelegenheiten sind Rosmarinkartoffeln, die mich immer irgendwie an Trilobiten erinnern.

- **750 g kleine Kartoffeln**
- **Olivenöl**
- **3 Rosmarinzweige**
- **1 EL grobes Meersalz**

1. Los geht's mit der Vorbereitung des Backblechs: Backpapier drauflegen und mit Öl bepinseln. Rosmarinnadeln abzupfen, klein hacken, mit dem Salz vermischen und halbwegs gleichmäßig auf dem Blech verteilen. Ofen auf 200 °C vorheizen.
2. Als Nächstes die Kartoffeln schrubben. Ist die Schale okay und nicht zu dick, darf die dranbleiben; im anderen Fall Kartoffen schälen. Zärtlich trockenrubbeln und anschließend der Länge nach halbieren.
3. Und jetzt kommt der kniffelige Teil: Die Kartoffelhälften müssen noch geritzt, sprich: eingeschnitten, werden. Dazu die runde Seite der Breite nach immer wieder tief einschneiden, ohne dabei die Kartoffel durchzuschneiden. Sieht dann so aus, wie wenn man mit einer Gabel drübergegangen wäre, wenn es denn ginge ...
4. Mit der Schnittfläche aufs Blech legen und ab damit in den Ofen. Jetzt dauert es 30-45 min, bis die Kartoffeln weich sind.

mahmouds mamas kohlrouladen

für 5, von Anja Falkenberg
Joe Satriani „The Golden Room"

- 125 g Sojaschnetzel
- 2 Zwiebeln, gehackt
- 2 Stängel Minze
- 1/2 Bund Petersilie
- je 1 gestrichener TL Kumin, Paprika süß und Koriander
- je 1/2 TL Chili und Kurkuma
- 2 EL Sojamehl
- 6 EL Wasser
- 3 EL Tomatenmark
- Salz, Pfeffer
- 1/2 l Brühe
- 1 Weißkohl bzw. 10 Blätter davon
- 1 kleine Dose Tomaten (ganze, geschält)
- Gemüsebrühe

1. Sojaschnetzel nach Packungsbeilage mit heißer Gemüsebrühe aufgießen und nach der Quellzeit die Flüssigkeit durch ein Tuch ausdrücken (damit man die Hände am nächsten Tag noch benutzen kann, empfiehlt sich als Hitzeschutz dabei einen Handschuh anzuziehen).

2. 1,5 Zwiebeln zusammen mit dem Sojahack anbraten, bis dies eine dunkle Farbe bekommt. Das Hack mit Kräutern, Gewürzen, Tomatenmark, Sojamehl und Wasser zusammenmischen.
3. Den Weißkohl ca. 3-5 cm vom Strunk aus rundrum anschneiden, damit man die Blätter lösen und den lästigen Strunk am Kohl lassen kann. Die Blätter dann 3 min in heißem Salzwasser brodeln lassen, damit sie weich werden. Rausfischen und abtropfen lassen.
4. Die Hackmasse auf die Blätter verteilen, die Ränder einschlagen und zu Rouladen formen. Wer will, kann mit Mühe Küchengarn drumwickeln. Kann man aber auch lassen, dann geht's auch nachher schneller mit dem Essen.
5. In der Pfanne die restliche Zwiebel (1/2, wer mitgezählt hat) anbraten und mit den Tomaten angießen. Etwas Gemüsebrühe dazu und mit Salz und Pfeffer würzen. Die Rouladen mit der Naht nach unten in die Tomatensauce legen und ca. 45 min leise köcheln lassen. Voilà – fertig sind die Kohlrouladen, wie sie Mahmouds Mama macht.

→ Dazu gibt es Reis oder Bulgur oder nix, weil es alleine schon gut genug schmeckt. Eine Sauce aus Soja-Joghurt mit Minze, Zitrone, Salz und Pfeffer kann das Ganze noch abrunden.
→ Statt Weißkohl kann man auch Wirsing oder Chinakohl nehmen.

matschsalat

für 2, von Andreas Grüter
MOVING TARGETS „Always Calling"

Das einzig wirksame Druckmittel, das meine Eltern hatten, um ihren Teenage-Delinquenten zur samstäglichen Gartenarbeit zu bewegen, war das Versprechen auf einen großen Topf Matschsalat zu Mittag und bis heute würde ich zugunsten der leckeren Kartoffel/Salat-Gemengelage jedes aufgeblasene Sterne-Essen stehen lassen. Das Rezept selbst ist angeblich eine Kettwiger Spezialität. Genaues weiß man jedoch nicht.

- 500 g Kartoffeln
- 1 Kopf Endiviensalat (alternativ: Eisbergsalat)
- 1 Zwiebel, fein gewürfelt
- 2-3 Scheiben Räuchertofu
- Essig und Olivenöl
- Pfeffer und Salz

1. Kartoffeln schälen, in Salzwasser kochen und grob stampfen.
2. Endiviensalat fein schneiden, warm waschen, schleudern und über die heißen Kartoffeln geben.
3. Zwiebel und gewürfelten Räuchertofu goldbraun anbraten und über gestampfte Kartoffeln und Salat geben.
4. Kräftig mischen und mit Salz, Pfeffer, Essig und einem Schuss Olivenöl nach Geschmack würzen. Fertig!

curry mit gemüse und basmatireis

für 2, von Joachim Hiller
PAINT IT BLACK „New Lexicon"

Curry war für mich immer eine schwierige Sache, aber nach etwas Ausprobieren kam ich auf dieses Rezept, und jetzt geht das schnell und einfach und ist lecker.

- **200 g Basmatireis**
- **Gemüsebrühe (Pulver)**
- **Olivenöl (oder Kokosfett)**
- **Currypulver**
- **rote Currypaste**
- **1 Stange Lauch**
- **1 Zucchini**
- **2 kleine Karotten**
- **1 kleiner Kopf Wirsing**
- **1 Dose Kokosmilch**
- **gesalzene, geröstete Cashewkerne**
- **Salz, Pfeffer**

1. Zuerst den Reis ansetzen: Reis waschen (Wasser in eine Schüssel, Reis dazu, etwas warten, in ein Sieb kippen, fertig) und dann in einen kleinen, eher hohen Topf mit Deckel etwas Olivenöl geben und erhitzen. Dann den Reis dazu, 1-2 min andünsten und knapp 400 ml Gemüsebrühe dazukippen. Noch einen knappen TL Currypulver dazu, Deckel drauf und aufkochen. Bei geringer Hitze kochen bis fertig. Das ist der Fall, wenn der Reis das Wasser aufgesaugt hat, und sollte ungefähr 10-15 min dauern. Wenn fertig, Hitzezufuhr stoppen und Deckel drauflassen, bis der Rest auch fertig ist. Kein Stress, der Reis bleibt recht lange warm.
2. Je nach eurer Koordinationsfähigkeit oder Küchenbesetzung widmet ihr euch dem Kleinschnippeln des Gemüses vor dem Reis-Aufsetzen, lasst das euer Küchenhilfspersonal parallel erledigen oder macht das in Windeseile nach dem Reis-Aufsetzen. Das Gemüse waschen und putzen und dann die Zucchini in längliche Schnitze schneiden, die kleinen Karotten der Länge nach halbieren und letzlich vierteln, ebenfalls in längliche Schnitze schneiden. Den Lauch in ca. 1 cm breite Ringe schneiden, und dann den Wirsing zerpflücken: Die Blätter ablösen, und in ca. 1 cm breite Streifen schneiden. Das harte Mittelteil vorher rausoperieren.
3. In einer großen Pfanne (mit Deckel) Olivenöl erhitzen, erst Karotten, Zucchini und Lauch dazu, dann den Wirsing. Bei mittlerer Temperatur ein paar Minuten dünsten (Deckel drauf!), aber immer wieder umrühren, und dann ungefähr 1/8 l Gemüsebrühe dazukippen sowie nach Geschmack Kokosmilch, wegen mir die ganze Dose. Ordentlich Currypulver dazu (2 TL dürfen es locker sein), evtl. Currypaste, aber Obacht, scharf! Eine Handvoll Cashewkerne dazu, je nach Geschmack auch mehr.
4. Fertig ist das Ganze, wenn das Gemüse weich, aber nicht zerkocht ist. Mehr als 10-15 min dauert das aber nicht. Eventuell noch mit Salz und Pfeffer abschmecken, aber eigentlich nicht nötig.
5. Reis auf zwei Teller verteilen, dann das Gemüse darüber und es sich schmecken lassen.

→ Dazu passt Chinakohlsalat: Chinakohl in ca. 0,5 cm breite Streifen schneiden, Zwiebel würfeln, in eine große Schüssel damit, Dressing aus gleichen Teilen neutralem Öl und Obstessig machen, Salz, Pfeffer und TK-Kräutermischung dazu, etwas ziehen lassen.

blumenkohl-curry

für 2, von Michael Fiebrich, fiebrich-ahr.de
BREACH „Collapse"

Hier eines meiner liebsten Rezepte, bewährt seit etlichen Jahren und passend zu allen feinen, nicht zu fetten Spätburgundern.

- **125 g Basmati-Vollkornreis**
- **250 ml Wasser**
- **1 Zwiebel**
- **1 kleine Chili**
- **1 große Kartoffel**
- **1 Blumenkohl**
- **2-3 Tomaten**
- **Öl**
- **1 TL Zimt**
- **3 TL Schwarzkümmel (kein anderer)**
- **1 Lorbeerblatt**
- **1 Dose Kokosmilch**
- **2 TL Garam Masala-Gewürzmischung**
- **Salz**
- **Tomatenmark**

1. Als Erstes ist der Reis dran, denn der dauert am längsten. Basmati-Vollkornreis in das Wasser geben und nach Packungsanweisung zubereiten.
2. Jetzt geht es mit dem Schnibbeln weiter: Zwiebel und Chili hacken, Kartoffel schälen und grob würfeln, Blumenkohl in kleine Röschen zerlegen, Tomaten würfeln.
3. Etwas Öl in einen großen Topf oder Pfanne geben und darin Zimt, Schwarzkümmel und ein Lorbeerblatt anschwitzen. Zwiebel, Chili und die Kartoffel dazugeben und alles auf nicht ganz Volldampf leicht anbräunen.
4. Tomaten noch kurz mit anschwitzen und anschließend eine Dose Kokosmilch dazugeben und etwas einkochen lassen. Zwischendurch mal nachschauen, was der Reis macht.
5. Wenn die Kartoffeln noch ein bisschen hart in der Mitte sind, Blumenkohl dazugeben, Deckel drauf und ab und zu umrühren. Ab jetzt dauert es noch 5-8 min, wenn es nicht verkochen soll.
6. Mit Garam Masala, Salz und eventuell Tomatenmark abschmecken.

➜ Sowohl zum Kochen als auch zum Essen empfehle ich einen Altenahrer Übigberg Spätburgunder.

balinesisches gemüse-chili-curry

für 4, von Doro Peters
BERLINSKIBEAT „Gassenhauer"

- **300 g grüne Bohnen**
- **10 mittelgroße Kartoffeln**
- **1 rote Paprika**
- **1 Zwiebel oder ein Bund Frühlingszwiebeln**
- **1 Schale Champignons (ca. 250 g)**
- **1 Zitrone**
- **2 Dosen Kokosmilch (à 400 ml)**
- **6 Zitronenblätter**
- **Sambal Oelek**
- **Kurkuma**
- **1 Bund frisches Koriandergrün**
- **1 Handvoll gehackte Erdnüsse**
- **1 große Tasse Basmati-Reis**

1. Bohnen waschen, putzen und halbieren. Kartoffeln waschen, schälen und in grobe, gleichgroße Stücke schneiden. Paprika waschen, von den Kernen befreien und grob würfeln. Zwiebeln fein würfeln bzw. Frühlingszwiebeln waschen, putzen und in schräge Streifen schneiden. Champignons putzen und halbieren oder vierteln.
2. Reis nach Packungsanweisung kochen. Dauert ca. 15 min.
3. Als Nächstes Wasser in einem zum

Kochen bringen, Salz dazu und nacheinander Kartoffeln und Bohnen bissfest kochen. Abgießen.

4. Dann in einem Topf Paprika, Zwiebeln oder Frühlingszwiebeln und Champignons anbraten. Die Kokosmilch dazu, Saft einer Zitrone, Sambal Oelek soviel man verträgt, Zitronenblätter (die zum Schluss wieder entfernt werden, da nicht zum Verzehr geeignet).
5. Einige Minuten kochen lassen und dann Kurkuma dazugeben. Dadurch bekommt die Sauce eine extrem appetitliche gelbe Farbe. Jetzt noch die gekochten grünen Bohnen und Kartoffeln dazu, fertig.
6. Noch schnell den Koriander grob von den Stielen befreien und hacken. Erdnüsse ebenfalls hacken. Das Ganze wird mit Reis gereicht und mit frischem Koriander und gehackten Erdnüssen bestreut.

süßkartoffel-tofu-curry mit quinoa

für 6, von Mareike Petrozza
THE SOUNDS „Dance With The Devil"

Ein Rezept für alle, die schon immer mal Quinoa (laut Wikipedia ein „glutenfreies Pseudogetreide") ausprobieren wollten, und für diejenigen, die gerade zum ersten Mal davon lesen.

- **4 EL Öl**
- **2 große rote Zwiebeln**
- **4 Stangen Sellerie**
- **2 rote Paprika**
- **4 Lorbeerblätter**
- **2 sehr große Süßkartoffeln**
- **1 großes Stück Tofu**
- **5 EL Sojasauce**
- **200 ml Gemüsebrühe (bei Bedarf auch mehr)**
- **4 TL Paprika**
- **2 TL Thymian**
- **Cayennepfeffer**
- **Salz**
- **Pfeffer**
- **1 Dose Kokosmilch**
- **400 g Quinoa**

1. Quinoa waschen, um die Bitterstoffe zu entfernen, und anschließend mit der doppelten Menge an Wasser in einem Topf zum Kochen bringen. Die Herdplatte abschalten und die Quinoakörner ca. 20 min quellen lassen. Zwischendurch umrühren, damit nichts am Topfboden festklebt.
2. In der Zwischenzeit die Zwiebeln, die Paprika und den Sellerie klein schneiden und zusammen mit den Lorbeerblättern in einer großen Pfanne anbraten. Nach ca. 7 min die sehr klein gewürfelten Süßkartoffeln hinzugeben und alles weitere 3 min braten.
3. Den Tofu ins Spiel. Diesen in kleine Würfel schneiden und in etwas Öl in einer weiteren Pfanne von allen Seiten goldbraun anbraten.
4. Während der Tofu brät, die Gemüsebrühe zusammen mit Paprika, Thymian und etwas Cayennepfeffer zum Gemüse-Kartoffel-Mix geben und den Pfanneninhalt ca. 10 min köcheln lassen, bis die Süßkartoffeln beginnen weich zu werden. Nun die Kokosmilch hinzufügen und alles weitere 10 min köcheln lassen. Anschließend mit reichlich Salz und etwas Pfeffer abschmecken.
5. Unterdessen mal schauen, was das Quinoa so macht – müsste langsam genug gequollen sein.
6. Wenn der Tofu schön knusprig ist, wird er mit der Sojasauce abgelöscht und ins fertige Curry geschmissen.
7. Curry zusammen mit Quinoa servieren und genießen!

indisches gemüse mit curry-mandel-sauce

für 4, von Katrin und Ralf Tönnissen
BAND OF HORSES „Cease To Begin"

- 1 Zwiebel
- 2 Knoblauchzehen
- 5 Möhren (ca. 300-400 g)
- 2 Stangen Lauch
- 1 EL Rapsöl
- 1 EL Currypulver
- 1 kleine Dose geschälte Tomaten
- 80 g gemahlene Mandeln
- 2 EL Sojasahne
- 200 ml Gemüsebrühe
- Salz
- Cayennepfeffer
- 1 EL gehacktes Koriandergrün
- Unsere Beilagenempfehlung: Kartoffeln (ca. 400 g) oder Couscous (ca. 250 g) und ein Becher Soja-Joghurt

1. Falls ihr unserer Beilagenempfehlung folgt, solltet ihr zunächst die Kartoffeln schälen, in dünne Scheiben schneiden und auf ein mit Olivenöl gefettetes Backblech geben. Darauf die Kartoffeln bei 180-200 °C ca. 20-25 min knusprig werden lassen, zwischendurch wenden, mit Salz und Paprikapulver würzen. Solltet ihr Couscous als Beilage wählen, diesen mit etwas gekochtem Wasser übergießen, abdecken und 5 min quellen lassen. Danach kurz umrühren und mit dem Gemüse und Soja-Joghurt servieren. Der Couscous wird aber erst gegen Ende des Kochvorgangs angesetzt, logo.
2. Weiter geht's mit der Gemüsezubereitung: Zwiebel und Knoblauch schälen, beides klein schneiden/hacken. Die Möhren schälen und in Scheiben (ca. 1 cm) schneiden. Die Lauchstangen putzen, längs aufschlitzen, gründlich waschen, das grüne Ende entfernen und in Scheiben (ca. 1 cm) schneiden.
3. In einer Pfanne das Öl erhitzen und darin Zwiebel und Knoblauch glasig dünsten. Das Currypulver untermischen und kurz anrösten.
4. Anschließend Tomaten, Zwiebeln, Knoblauch, Mandeln und Sojasahne in einen hohen Becher geben und mit dem Mixstab fein pürieren.
5. In die noch warme Pfanne etwas Öl geben und zunächst die Möhrenscheiben kurz anbraten, dann die Lauchscheiben zufügen und kurz anbraten. Währenddessen Gemüsebrühe zubereiten, das kurz angebratene Gemüse damit ablöschen und ein paar Minuten köcheln lassen (nicht zu lang, sonst ist das Gemüse nicht mehr knackig).
6. Die Curry-Mandel-Sauce untermischen und ein paar Minuten köcheln lassen, bis die Sauce sämig wird (nicht zu lang, s.o.). Das Currygemüse mit Salz und Cayennepfeffer abschmecken und mit Koriandergrün garniert servieren.

südpazifische kokosnuss mit tofu

für 2, von Nick Jukes, InterNICHE
THE FLAMING STARS „Named & Shamed"

Dieses Rezept ist angelehnt an ein Gericht, das ich auf der Insel Tanna in Vanuatu gegessen habe.

- 1 kleiner Hokkaido- oder Butternutkürbis
- 1 Packung sehr weicher Tofu
- 1 Dose oder Packung Kokosnusscreme (ohne Zusätze) oder Kokosmilch
- 1 TL Mehl
- 2 Zwiebeln

- 1 TL frischer Ingwer
- 1/2-1 Zitrone
- je 1 Tasse roter und weißer Reis
- Salz

1. Zwiebeln zerkleinern und in etwas Sonnenblumenöl anbraten, bis sie weich, aber nicht braun sind. Anschließend fein gehackten Ingwer dazugeben und zur Seite stellen.
2. Reis nach Packungsanleitung kochen.
3. In der Zwischenzeit den Kürbis schälen und würfeln (mittelgroß). Dann unter Dampf oder im Backofen bissfest garen.
4. Jetzt die Kokosnusscreme zu den Zwiebeln geben und erhitzen. Mehl mit einer halben Tasse kaltem Wasser vermischen und unter ständigem Rühren zur Sauce geben. Aufkochen lassen und rühren, bis die Sauce andickt. Zitronensaft und Salz nach Geschmack dazugeben.
5. Den Tofu in mittelgroße Würfel schnibbeln und zusammen mit dem Kürbis ebenfalls in die Sauce gegeben. Vorsichtig umrühren und warten, bis alles heiß ist.
6. Die Sauce mit Tofu und Kürbis auf einem Bett aus Reis servieren.

linsencurry

für 2, von Joachim Hiller
THE GENERATORS „Last Of The Pariahs"

- 200 g schwarze Linsen
- 4 mittelgroße, vorwiegend festkochende Kartoffeln
- 1 große Zwiebel
- 2 kleinere Karotten
- 1 kleiner Blumenkohl
- 1 Dose (400 ml) Kokosmilch
- Öl
- Tomatenmark
- Gemüsebrühepulver
- rote Currypaste
- Currygewürz, Salz, Pfeffer

1. Zuerst die Linsen in einem Sieb waschen, dann in einen etwas größeren Topf kippen, ordentlich mit Wasser bedeckt zum Kochen bringen und noch Gemüsebrühpulver dazu. Zugedeckt köcheln lassen, die Linsen brauchen rund eine halbe Stunde und wir haben jetzt 10-15 min Zeit für das Gemüse.
2. Die Zwiebeln in dünne Spalten schneiden und in einer Pfanne in Öl glasig dünsten.
3. Die Karotte in dünne Stifte von ca. 3 cm Länge schneiden, die Kartoffeln schälen und in computertastengroße Würfel schneiden. Blumenkohl in kleine Röschen zerteilen.
4. Mittlerweile dürften die Linsen rund 10 min köcheln und die Zwiebeln halbwegs weich sein. Zuerst Karotten, Kartoffeln und Blumenkohl zu den Linsen kippen, ebenso die Kokosmilch. Anfangs ist das Ganze noch etwas suppig, aber trotzdem halb den Deckel drauf und leise köcheln lassen, so dickt das Ganze noch etwas ein. Die Zwiebeln dürfen auch mit rein, ebenso 1 TL Currypaste (je nach Schärfeunempfindlichkeit auch mehr) und Currypulver nach Laune sowie 1 EL Tomatenmark.
5. Nach 25-30 min mal im Topf den Stand der Dinge erkunden, es soll ja alles noch leicht Biss haben und nicht zerkocht sein. Maßgeblich sind die Linsen. Mit Salz und Pfeffer abschmecken. Fertig? Dann in tiefen Tellern servieren und dazu Brot und einen gemischten Salat reichen.

→ Currypaste ist eine typische Zutat der thailändischen Küche – und nicht unbedingt vegan, denn oft ist eine Zutat Garnelenpaste. Also Augen auf beim Kauf!

rotwein-kartoffel-spinat-omelette

für 2 Personen oder 1 Veganer und 1 Gewohnheitstrinker,
von Jörkk (getrunken) und Andreas (gekocht)
Charles Bradley „No Time For Dreaming"

- 2 Flaschen trockener spanischer Rotwein
- 3 große Kartoffeln
- 1 große Zwiebel
- 1 TL Kurkuma
- 100 g Spinat
- 8 EL Kichererbsenmehl
- 200 ml Sojamilch
- Salz und Pfeffer
- 3-4 EL Olivenöl
- 1 Prise Muskat
- Petersilie, Schnittlauch (nach Geschmack)

1. Während Jörkk den Rotwein entkorkt und testet, schneidet Andi Zwiebeln sowie Kartoffeln in kleine Würfel und brät sie in einer Pfanne (wichtig: mit Deckel!) zusammen mit dem Kurkuma, Salz und Pfeffer in Olivenöl an.
2. Bis die Kartoffeln gar sind (ca. 5 min) sollte die erste Flasche Rotwein bereits zur Hälfte geleert sein. Den Spinat im Anschluss dazugeben und das Ganze noch einmal ein paar Minuten zusammen weitergaren.
3. Das Kirchererbsenmehl in einer ausreichend großen Schüssel mit Sojamilch und Kräutern nach Wahl (Petersilie, Schnittlauch) anrühren. Beim unaufhörlichen Rotweingenuss ruhig immer mal wieder in die Töpfe und Pfannen schauen, einzelne Zutaten probieren und im Weg stehen, damit der Koch trotz des relativ simplen Rezepts ein wenig professionelle Anspannung erfährt.
4. Den Spinat in der Pfanne mit Salz, Pfeffer sowie Muskat abschmecken und den kompletten Pfanneninhalt in die Schüssel zu den anderen Zutaten kippen. Alles gut durchrühren (auch etwas stampfen schadet nicht) und, nachdem die (beschichtete!) Pfanne einen Schuss Olivenöl bekommen hat, die fertige Masse dort hineingegeben.
5. Wissend nicken, Rotwein trinken, dem Koch sachte die Schulter klopfen. Deckel drauf und 5 min backen lassen, dann z.B. mit Hilfe eines Tellers wenden, sobald das Ganze eine schöne Bräunung erreicht hat.
6. Rotwein leeren, zweite Flasche öffnen, Tisch decken, während das Omelette noch einmal 5 min auf der anderen Seite gebacken wird.
7. Der Appetit sollte sich nun zum einen durch das Hantieren mit den leckeren, frischen Zutaten und zum anderen durch den Rotwein maximiert haben. Es kann gegessen werden. Tomatensalat und Sojajoghurt-Kräutersauce passen sehr gut zum Omelette – beides kann ruhig vom trinkenden Teil des Teams angefertigt werden, damit es nicht so aussieht, wie ... es sich in Wirklichkeit verhalten hat. Prost und guten Appetit wünschen Andi Islam & Tante Jörkk

VEGGIE-ROULADEN MIT SAUCE UND KARTOFFELPÜ

für 4, von Annette Klietz, Goldene/Vegane Zeiten, vegane-zeiten.de
Bryan Ferry „Slave to love"

veggie-rouladen

Für die Rouladen:
- 4–8 Sojasteaks (oder mehr, da man sie sehr gut einfrieren kann)
- 8 Scheiben veganer Schinken oder veganer Aufschnitt
- ein paar große Gewürzgurken, in Längsstreifen geschnitten
- 6 TL Senf
- Pfeffer, Salz, Öl
- Öl oder Bratfett

Für die Sauce:
- 1 kg Zwiebeln
- 90 g Porree
- 90 g Sellerie
- Wasser
- Rotwein
- Margarine

1. Als Erstes die Sojasteaks ca. 10 min in Gemüsebrühe kochen. Danach die Flüssigkeit abschütten und die Steaks ordentlich ausdrücken. Am effektivsten geht das mit einem Küchentuch, das die Flüssigkeit gut aufsaugt. Wichtig: es sollte möglichst viel Flüssigkeit ausgedrückt werden.
2. Dann die Sojasteaks, d.h. die späteren Rouladen, auf der Oberseite ordentlich mit Senf bestreichen und mit ein bisschen Pfeffer und Kräutersalz würzen. Zum Schluss eine Scheibe veganen Schinken/Aufschnitt draufpacken und als Krönung obendrauf noch eine Gurkenscheibe.
3. Jetzt die Roulade aufrollen und mit Spießchen oder Rouladenklammern fixieren.
4. In heißem Fett von allen Seiten scharf anbraten und zur Seite stellen. Eventuell in einer weiteren Pfanne warmhalten.
5. Für die Sauce den Porree putzen, waschen und in grobe Stücke schneiden. Sellerie schälen und würfeln, Zwiebeln ebenfalls schälen und in grobe Stücke schneiden.
6. Etwas Öl in einen großen Topf geben, erhitzen und das Gemüse darin kurz anbraten. Mit Sojasauce und einem Kölschglas Wasser aufgießen und ca. 1 Std. köcheln lassen (dabei verschwinden auch die Blähstoffe).
7. Wenn die Zwiebeln braun und glasig sind und zerfallen, pürieren (mit dem Zauberstab oder Mixer). Dann einfach mit Salz und Pfeffer abschmecken. Wer möchte, kann natürlich noch ein Glas Rotwein dazugeben und einen Stich Margarine (Fett ist ein Geschmacksträger). Eventuell eine Prise Zucker dazu, denn der macht sich mit dem Fett sehr gut. Ist die Sauce zu dick, einfach etwas Flüssigkeit nachgießen. Ist sie zu dünn, mit Saucenbinder andicken.

8. Damit die Rouladen noch viel besser schmecken, kommen sie jetzt zum Baden in die fertige Sauce. Darin langsam vor sich hin köcheln lassen, damit sie sich mit der köstlichen Sauce vollsaugen können.

kartoffelpü

Zur leckeren Sauce braucht man einfach Kartoffelpü:

- **600 g mehligkochende Kartoffeln**
- **1 Prise Salz**
- **400 ml Sojadrink neutral**
- **60 g weiche Margarine**
- **Pfeffer aus der Mühle**
- **Muskatnuss (frisch gerieben)**

1. Geschälte Kartoffeln in Salzwasser ca. 20-30 min weichkochen, abgießen, zurück in den Topf geben und dort bei ausgeschalteter Flamme ausdampfen lassen.
2. Die Kartoffeln noch heiß mit einem Kartoffelstampfer fein zerdrücken oder durch eine Kartoffelpresse quetschen.
3. Margarine und Sojadrink hinzufügen und mit einem Schneebesen unterziehen. Mit Salz, Pfeffer und Muskat abschmecken.

überbackener rosenkohl

für 4, von Uschi Herzer
ALL „Allroy Sez"

- **1 kg tiefgekühlter Rosenkohl (oder 1,25 kg frischer)**
- **Salz**
- **80 g Margarine**
- **60 g Semmelbrösel**
- **60 g Pinienkerne**
- **geriebene Muskatnuss**

1. Frischen Rosenkohl putzen und unten kreuzweise einritzen. Dann den Rosenkohl in Salzwasser 10-12 min bissfest kochen. Abgießen, kurz abtropfen lassen und in eine ofenfeste Form geben.
2. Margarine, Semmelbrösel und grob gehackte Pinienkerne verkneten und als kleine Flöckchen auf dem Rosenkohl verteilen.
3. Unter dem vorgeheizten Grill oder auf höchster Stufe im vorgeheizten Backofen ein paar Minuten goldbraun überbacken. Kurz vor dem Servieren mit geriebener Muskatnuss bestreuen.

→ Dazu passen Backofenkartoffeln.

schwäbischer linseneintopf mit spätzle

für 4, von Joachim Hiller
WOLVES IN THE THRONE ROOM
„Black Cascade"

- 250 g getrocknete braune Tellerlinsen
- Öl
- 1 Karotte
- 1 Zwiebel
- 1 kleine Stange Lauch
- 1 kleines Stück Sellerie
- 4 Nelken
- 2-3 Lorbeerblätter
- 4 Wacholderbeeren
- Majoran, Salz, Pfeffer
- 1,5 l Gemüsebrühe
- Rotweinessig oder Balsamico
- 1 Packung (250 g) Bio-Spätzle ohne Ei oder selbstgemachte

Für die Einbrenne:

- 50 g Margarine
- 2 EL Mehl

1. Linsen sind heikel: Manche wollen eingeweicht werden, sogar über Nacht, andere sind recht schnell gar, andere noch nach einer Stunde hart. Deshalb gilt: Packungsbeilage beachten und das Rezept entsprechend anpassen.
2. Das Gemüse und die Zwiebel kleinschneiden und in Öl anbraten. Die Gemüsebrühe sowie die Linsen dazukippen und dann die Lorbeerblätter, nach Geschmack Majoran, die Nelken und Wacholderbeeren dazugeben, aber noch nicht das Salz. Alles aufkochen lassen und dann sanft kochen lassen, bis die Linsen weich sind. Das geht mal schneller und mal langsamer, aber so 30 min sollten mindestens einkalkuliert werden – einfach ab und zu ein paar Linsen herausfischen und probieren. Das Gemüse wird in der Zeit auf jeden Fall gar.
3. Wer Spätzle gerne selbst macht, kümmert sich in der Zwischenzeit darum. Die Faulen kochen fertige Spätzle nach Packungsanleitung.
4. Wenn die Spätzle im Topf sind, kann man sich um die Einbrenne kümmern. Die sorgt dafür, dass der Eintopf schön dick und sämig wird. Dazu die Margarine in einem kleinen Topf vorsichtig schmelzen, das Mehl mit einem Schneebesen langsam einrühren, bis eine noch rührbare Pampe entstanden ist (Vorsicht: ständig rühren, Hitze runter, nix anbrennen lassen!) und dann einen Schöpflöffel voll Brühe aus dem Topf mit den Linsen dazu und rühren, bis sich die Mehlpampe aufgelöst hat. Dann die Einbrenne zum Linseneintopf kippen (die Linsen sollten jetzt weich, aber nicht zerkocht sein ...), nochmal aufkochen lassen und mit Salz, etwas Pfeffer und 2-3 EL Essig abschmecken.
5. Die Lorbeerblätter und die Nelken herausfischen, Spätzle auf die (tiefen) Teller packen, Linseneintopf drüber und am Tisch gegebenenfalls mit Essig nachwürzen.

seitangeschnetzeltes

für 2, von Joachim Hiller
THE STRIKE „Shots Heard 'Round The World"

Eines vorweg: dieses Gericht schmeckt ziemlich fleischig, wer also als Vegetarier/Veganer grundsätzliche Vorbehalte gegen dieses Geschmackserlebnis hat, sollte besser die Finger davon lassen. Für den Rest ist es eine eher „deftige" Angelegenheit, die sich besonders für Gäste eignet, die dem Fleischfraß zusprechen und immer meinen, sie könnten sich gar nicht vorstellen, auf Fleisch zu verzichten ...

- 2 große Zwiebeln
- ein Klumpen Seitan
- Olivenöl
- Sojasauce
- Gemüsebrühe
- Stärkemehl
- Pfeffer
- 1/2 Packung vegane Sahne

1. Den Seitan in schmale, dünne Streifen schneiden, dann die Zwiebeln halbieren und ebenfalls in nicht zu dünne, nicht zu dicke Ringe schneiden. Das Olivenöl in die Pfanne, erhitzen, die Zwiebeln andünsten, kurz darauf auch den Seitan dazugeben und beides ein paar Minuten anbraten, bis die Zwiebeln schön glasig sind und der Seitan angebräunt ist.
2. Im Messbecher etwas Gemüsebrühe (Würfel oder Pulver) in ca. 200 ml warmem Wasser auflösen, in die Pfanne kippen, und alles bei mittlerer Temperatur köcheln lassen.
3. Nach ein paar Minuten 2-3 EL von der Flüssigkeit aus der Pfanne in die Tasse geben, einen schwach gehäuften TL Stärkemehl darin auflösen und dann zusammen zurück in die Pfanne damit. Temperatur hochdrehen, alles aufkochen lassen, dann runterschalten, Sahne dazugeben und mit Pfeffer und Sojasauce abschmecken. Vorsicht mit Salz, durch Gemüsebrühe und Sojasauce ist das schon recht gut gewürzt. Fertig!

→ Dazu passen Reis, Spätzle, Knödel – was Mutter halt dazu aufgetischt hätte.

überbackene kritharaki

für 4, von Uschi Herzer
THE SAINTS „I'm Stranded"

- 500 g Kritharaki-Nudeln (sehen aus wie Reis, sind aber aus Hartweizen; gibt's im türkischen Lebensmittelladen)
- 1 große Dose geschälte Tomaten
- 1 Zucchini
- 1 Paprika
- 1 Zwiebel
- 1 Knoblauchzehe
- 1 EL Tomatenmark
- Oregano, Basilikum ...
- Salz, Pfeffer
- Olivenöl
- veganer Hefeschmelz (siehe Rezept in diesem Kochbuch)

1. Als Erstes die Nudeln in ausreichend Salzwasser bissfest kochen und abgießen.
2. In der Zwischenzeit Zwiebeln und Knoblauch fein würfeln, dann in etwas Olivenöl in der Pfanne andünsten. Dann die Zucchini und Paprika relativ klein würfeln, auch in die Pfanne und weich werden lassen. Danach kommen noch die Tomaten (mit einem Teil der Sauce) hinein, mit dem Rührlöffel zerdrücken. Würzen und ohne Deckel vor sich hin blubbern lassen, so lange, bis die Nudeln fertig sind; mindestens aber 5 min.
3. Jetzt eine Auflaufform ausfetten und Nudeln mit Sauce darin gut vermischen. Salz und Pfeffer nicht vergessen. Obendrauf kommt nun der Hefeschmelz und ab damit in den Ofen.
4. Bei ca. 180 °C so lange drinlassen, bis der Hefeschmelz braune Flecken kriegt.

kräutergnocchi mit rote-bete-salbei-creme

für 4, von Volker Mehl
Adriana Celetano „Azzuro"

Dieses Rezept stammt aus dem wunderschönen Kochbuch aus „Koch dich glücklich mit Ayurveda". Volker kann man in seinem Kochatelier in Wuppertal besuchen: volker-mehl.de

Für die Kräutergnocchi:

- 1 kg Kartoffeln
- 100 g Grieß
- 100 g Weizenmehl
- je 1 Bund Schnittlauch und Petersilie
- 3 EL Olivenöl
- 2 TL Salz
- 1/2 TL Muskat
- 3 l Salzwasser

1. Die Kartoffeln gar kochen, schälen und durch die Kartoffelpresse drücken.
2. Kartoffelbrei mit Grieß, Mehl, Olivenöl, Salz und Muskat vermischen und zu einem glatten Teig verarbeiten. Sollte der Teig zu trocken sein, einfach etwas Gemüsebrühe zugießen.

3. Schnittlauch und Petersilie fein hacken und unter den Teig mischen. Mindestens eine Stunde im Kühlschrank ruhen lassen.
4. Anschließend aus dem Teig lange Rollen mit ca. 4 cm Durchmesser formen. Von den Rollen Stücke abschneiden, zu kleinen Bällchen formen und mit einer Gabel leicht eindrücken.
5. Die Gnocchi im siedenden Salzwasser gar kochen, bis sie an der Oberfläche schwimmen.

Für die Rote-Bete-Creme:
- 2 EL Kürbiskerne
- 500 g gekochte Rote Bete
- 2 EL Olivenöl
- 1 TL süßes Paprikapulver
- 1 TL scharfes Paprikapulver
- 6 Blättchen frischer Salbei
- 2 EL Sojajoghurt
- Salz und Pfeffer zum Abschmecken

1. Die Kürbiskerne in eine Pfanne ohne Fett anrösten.
2. Die Rote Bete in Würfel schneiden und 5 min im Olivenöl anbraten.
3. Kürbiskerne, Paprikapulver und Salbei zugeben und weitere 5 min unter Rühren erhitzen.
4. Alles in ein hohes Gefäß geben und unter Zugabe von Joghurt zu einer cremigen Masse pürieren.
5. Mit Salz und Pfeffer abschmecken.

→ Tipp: Die Gnocchi nach dem Kochen in der heißen Pfanne mit etwas Öl anbraten. So werden sie kross und erhalten größere Bissfestigkeit.

orientalische möhren

von Uschi Herzer
SONIC YOUTH „Rather Ripped"

Pro Person:
- 200 g zierliche Möhren
- 1/2 Tasse Gemüsebrühe
- 1 TL Sonnenblumenöl
- 1/2 TL Korianderkörner
- 3 schwarze Pfefferkörner
- Salz

1. Koriander- und Pfefferkörner in einem Mörser oder mit dem Löffelrücken zerdrücken.
2. Die Möhren gut waschen und eventuell schälen, Grünzeug und Wurzelansatz absäbeln. Dann in einer beschichteten Pfanne ohne Fett leicht anrösten. Salzen, 2-3 EL

Gemüsebrühe dazuschütten und etwas einkochen lassen.

3. Koriander und Pfeffer dazu und das Ganze unter Rühren und Schütteln wieder leicht anrösten.
4. Restliche Brühe und Öl dazugeben, Deckel auf die Pfanne und das Gemüse 7-10 min bei niedriger Hitze garen.

➜ Dazu passen hervorragend Dinkel, Reis, Kartoffeln ... und Tunke (Aioli, Zaziki)

wirsing in kokosmilch

für 4, von Wolfram Röhrig
THE MIGHTY MIGHTY BOSSTONES „Devil's Night Out"

- **1 Wirsing**
- **2 Knoblauchzehen**
- **3 mittelgroße Zwiebeln**
- **frische Chilischoten (Anzahl je nach Größe und Geschmack)**
- **1 Dose Kokosmilch**
- **Pfeffer, Salz**
- **Öl**

1. Zwiebeln, Knoblauch und Chili klein schneiden und ein paar Minuten in einer Pfanne oder im Wok in ausreichend Öl anbraten.
2. Die gammeligen äußeren Blätter vom Wirsing entfernen und den Strunk rausschneiden. Dann den Rest klein schneiden und waschen, anschließend dazu tun und alles zusammen weiterbraten – dabei immer schön umrühren.
3. Wenn der Wirsing einigermaßen gut ist, die Kokosmilch rein und das Ganze noch etwas köcheln lassen, bis alles gut ist. Mit Pfeffer und Salz abschmecken.

➜ Dazu gibt es natürlich Basmatireis und was Leckeres zu trinken.

kürbis-bohnen-gemüse

für 2, von Joachim Hiller
SIGNAL TO NOISE „Kodiak"

- **1/2 Hokkaidokürbis (1/4, falls groß)**
- **250 g grüne Bohnen**
- **1 Zwiebel**
- **1 Knoblauchzehe**
- **in Öl eingelegte getrocknete Tomaten**
- **Olivenöl**
- **Salz, Pfeffer, italienische Kräutermischung**

1. Zuerst in einem kleinen Topf 1 l Wasser zum Kochen bringen, und unterdessen die Bohnen waschen und schnibbeln: Die zumseligen Enden abschneiden und dann je nach Länge halbieren oder dritteln. Ins kochende, gesalzene Wasser damit.
2. Den Kürbis halbieren, das Gekröse entfernen, schälen (ist bei Hokkaido nicht zwingend nötig, kommt auf die Schale an und ist nur nötig, wenn diese dick und schorfig ist). In fingerdicke Schnitze schneiden, dann würfeln.
3. Obacht, Bohnen nicht zerkochen lassen! Wenn bissfest, dann abgießen.
4. Die Zwiebel würfeln, auch den Knoblauch. Olivenöl in die Pfanne, Zwiebeln und Knoblauch dazu, leicht andünsten, Kürbiswürfel dazu. Deckel drauf!
5. Ein paar getrocknete Tomaten kleinschneiden und in die Pfanne damit.
6. Wenn der Kürbis zart ist, die Bohnen in die Pfanne, alles wenden und würzen. Fertig.

➜ Dazu passen Backofenkartoffeln.

kretische kartoffeln mit bohnen

für 2, von Uschi Herzer und Joachim Hiller
FREE YOURSELF „The Head Of Truth On The Body Of Lies"

Einer unserer Rezeptklassiker. Vor vielen Jahren „strandeten" wir im Urlaub an der Südwestspitze von Kreta, ein leeres Hotel, gegenüber eine leere Taverne, wir die einzigen Gäste – und mit Händen und Füßen erklärten wir dem Wirt unseren Wunsch nach vegetarischem Essen. Serviert bekamen wir diesen unfassbar leckeren Eintopf, den wir zuhause nachkochten und der seitdem regelmäßig auf den Tisch kommt, wenn viele Menschen zu bekochen sind, denn die Zutaten sind überschaubar und günstig, die Arbeit schnell erledigt.

- **5 große Kartoffeln (am besten mehlig kochende)**
- **1 Paket tiefgefrorene Brechbohnen (ca. 300 g), oder frische grüne Bohnen**
- **1 Zwiebel**
- **1 Knoblauchzehe**
- **Olivenöl**
- **Tomatenmark**
- **ca. 500 ml Gemüsebrühe**
- **eine Prise Dill**
- **Salz, Pfeffer**

1. Kartoffeln schälen, dann achteln, so dass orangenschnitzähnliche Gebilde entstehen.
2. Zwiebel und Knoblauch würfeln und in reichlich Olivenöl andünsten, Kartoffeln dazu und 5-10 min mit anbraten.
3. Dann die unaufgetauten Bohnen und 1 EL Tomatenmark dazu. Mit ca. 500 ml Gemüsebrühe aufgießen (das Gemüse sollte bedeckt sein), Deckel drauf und köcheln lassen. So lange blubbern lassen, bis das Gemüse weich, aber noch bissfest ist (dauert ca. 15-30 min). Mit Salz, Pfeffer und Dill würzen.

→ Dazu passt Fladenbrot.

lauch-dinkel-pfanne

für 2, von Uschi Herzer
SURALIN „Leda"

- **150 g Dinkel**
- **1 Stange Lauch**
- **1 Tomate**
- **1 Zwiebel**
- **Soja-Joghurt**
- **Öl**
- **Gemüsebrühepulver**
- **Curry**
- **1 EL gehackte Petersilie**
- **1 EL Haselnüsse**

1. Glücklich ist, wer einen Schnellkochtopf hat, denn damit wird Dinkel in schlappen 20 min fertig. Wer keinen hat, weicht den Dinkel am Abend vorher ein und kocht ihn dann am nächsten Tag in der doppelten Menge Wasser. Das dauert locker 35-45 min.
2. Während der Dinkel kocht, könnt ihr schon mal den Lauch waschen und in 1 cm dicke Ringe schneiden. Die Zwiebel möchte gerne grob gewürfelt werden.
3. Zwiebelwürfel in heißem Öl in einer Pfanne anbrutzeln. Etwas später den Lauch dazugeben und dünsten.
4. Ist der Lauch fast weich, gebt ihr die grob gewürfelte Tomate dazu und lasst alles noch ein paar Minuten ziehen. Dann den fertigen Dinkel dazu und alles gut vermischen. Mit etwas Gemüsebrühepulver und Curry würzen. Petersilie rein und so viel Soja-Joghurt, wie ihr mögt, doch 3-4 Löffel sollten reichen.

schwarzwurzeln in leckerer sauce

für 2, von Uschi Herzer und Joachim Hiller
EXPLOSIONS IN THE SKY
„All Of A Sudden I Miss Everyone"

Schwarzwurzeln werden auch „Spargel der armen Leute" genannt und sind verdammt lecker. Das Zeug kriegt man frisch aber nur während der Wintermonate, von Konservenware raten wir für dieses Rezept ab. Here we go:

- **750 g Schwarzwurzeln**
- **125 ml Essig**
- **30 g Margarine**
- **1 EL Currypulver**
- **Salz**
- **1 TL Zucker**
- **150 ml vegane Sahne**
- **1 EL Sesam**

1. In einer Schüssel den Essig mit einem halben Liter Wasser vermischen. Schwarzwurzeln unter fließendem Wasser schälen und schräg in ungefähr 3 cm lange Stücke schneiden. Sofort ins Essigwasser legen. Damit ihr keine böse Überraschung erlebt, bitte unbedingt an diese Zubereitungshinweise halten. Die Teile werden superschnell braun und sehen dann unappetitlich aus.
2. Eine große Pfanne aus dem Schrank holen und darin die Margarine schmelzen. Curry dazu und unter Rühren etwas anschwitzen. Dann die Schwarzwurzeln aus dem Wasser fischen und tropfnass zur Currymargarine geben. Schön vermischen.
3. Sahne dazu und mit Salz und Zucker abschmecken. Dann den Deckel auf die Pfanne, Temperatur eher runter und das Ganze ca. 20 min garen. Dann den Deckel runter, noch weitere 5 min einköcheln lassen.
4. In der Zwischenzeit könnt ihr euch dem Sesam widmen: Einfach ohne Fett in einer Pfanne anrösten.
5. Sind die Schwarzwurzeln fertig, verteilt ihr alles auf zwei Teller und streut den Sesam drüber. Mmmmhhhhhhh ...

→ Dazu passen hervorragend Kartoffeln in Olivenöl.

kohlrabi mit mediterranen kartoffeln

für 2, von Uschi Herzer
TINY GHOSTS „Another Poison Wine"

- 750 g kleinere Kartoffeln
- 2 kleine Kohlrabi
- 200 ml Gemüsebrühe
- 1 Glas trockener Weißwein
  (kann durch etwas mehr Gemüsebrühe und Zitronensaft ersetzt werden)
- Sojasahne
- 1 Bio-Zitrone
- 2 Knoblauchzehen
- je 1/2 Bund Dill und Schnittlauch
- Olivenöl
- Salz, Pfeffer

1. Als Erstes die Kartoffeln schrubben und ungeschält in Salzwasser weichkochen.
2. In der Zwischenzeit könnt ihr euch der restlichen Vorbereitung widmen: Die Kohlrabiknollen waschen, schälen (auch die faserig aussehenden Teile der Schale absäbeln, die ärgern euch nachher nur beim Kauen). Anschließend einmal längs durchschneiden und die Hälften in ca. 0,5 cm dicke Scheiben schneiden. Knoblauch schälen und fein hacken. Auch Dill und Schnittlauch fein hacken.
3. In einer größeren Schüssel könnt ihr schon mal das Kartoffelbad zubereiten, indem ihr die abgeriebene Schale und den ausgepressten Saft der Zitrone mit 5 EL Olivenöl und etwas Salz und Pfeffer verrührt. Zur Seite stellen.
4. Was machen die Kartoffeln? Wenn sie beim Einpiksen gut nachgeben, dann raus aus dem Wasser und den Backofen auf 220 °C vorheizen; gerne Umluft mit Grillfunktion. Kartoffeln etwas abkühlen lassen und dann der Länge nach halbieren. Vorsichtig in das Bad legen und ebenso vorsichtig durchmischen.
5. Jetzt sind die Kohlrabi dran: Große Pfanne aus dem Schrank holen, einen Schuss Olivenöl rein, erhitzen und Kohlrabi darin etwas anschmurgeln. Weißwein reinkippen (vorher noch einen Schluck nehmen), Knoblauch dazu und auch die Gemüsebrühe. Deckel drauf, ab und an umrühren und warten, bis das Gemüse weich ist.
6. In der Zwischenzeit Backpapier auf ein Backblech legen und die Kartoffeln gleichmäßig darauf verteilen. Ab damit in den Ofen und warten, bis sie eine schöne Kruste haben.
7. Was machen die Kohlrabi? Weich? Dann etwas Sojasahne dazu und mit Salz, Pfeffer, Schnittlauch und Dill würzen. Optimalerweise sollten Kohlrabi und Kartoffeln gleichzeitig fertig werden. Alles schön auf zwei Tellern anrichten und es sich schmecken lassen.

→ Dazu passt panierter Tofu oder Seitan.

spargel mit béchamelsauce und pellkartoffeln

für 2, von Uschi Herzer und Joachim Hiller
SOCIAL DISTORTION
„White Light White Heat White Trash"

- 500 g Kartoffeln (idealerweise kleine)
- 500 g grüner oder weißer Spargel
- 1 Handvoll Cashewnüsse, fein gemahlen
- ca. 250 ml Soja- oder anderer Pflanzendrink (natur)
- Hefeflocken
- Margarine
- Weizenmehl
- Senf
- Zitrone
- Salz, Pfeffer

1. Kartoffeln waschen und entweder im Turboschnellkochtopf oder normal in Salzwasser gar kochen. Je nachdem, welche Variante ihr bevorzugt, dauert das lange oder weniger lange. Entsprechend gestaltet sich dann die weitere Vorgehensweise.
2. In der Zwischenzeit den (weißen) Spargel schälen, den harten, unteren Teil abschneiden und entweder am Stück lassen oder in leichter zu handhabende Stücke schneiden. So oder so in Salzwasser mit einer Prise Zucker bissfest kochen.
3. Parallel macht ihr die tierzeugsfreie Béchamelsauce und die geht so: 1 EL Margarine in einem kleinen (idealerweise beschichteten) Topf leicht zerlaufen lassen, dann 1-2 EL Weizenmehl bei geringer Temperatur mit dem Schneebesen einrühren und Klümpchen und Anbrennen vermeiden. Die Pampe darf nicht zu flüssig und nicht zu fest werden.
4. Wenn gut, dann ca. 250 ml Sojamilch nach und nach mit dem Schneebesen einrühren – klingt knifflig, aber beim zweiten Mal hat man's raus. Vorsichtig aufkochen, je 1-2 EL Cashewmehl und Hefeflocken einrühren, mit ein bisschen Senf und ein paar Tropfen Zitronensaft abschmecken, mit Salz und Pfeffer würzen.
5. Die Sauce sollte jetzt eingedickt sein und ist somit servierfertig. Deshalb gepellte Kartoffeln, Spargel und Sauce auf zwei Tellern anrichten und sich während des Essens wundern, wie lecker die vegane Variante der Béchamelsauce schmeckt.

szegediner gulasch, rustikal & deluxe

für 2, von Pamp, GARDEN GANG
Tag 1: SKIDS „A woman in winter"
Tag 2: REVEREND HORTON HEAT „King"

Einfache gesunde Hausmannskost und das perfekte Winter- oder Schmuddelwetter-dinner an zwei kalten Abenden.
Tag 1: rustikal, ungarisch scharf, mit Beilage Rosmarinkartoffeln
Tag 2: deluxe, dezent milder, mit Beilage Kamuthörnchen

- 600 g Weinsauerkraut
- 2 mittelgroße Zwiebeln
- 2 Knoblauchzehen
- 1 rote Spitzpaprikaschote
- 400 g Seitan (2 Pack von Viana eingeschweißt oder selbstgemacht)
- Olivenöl
- 0,5 l-Flasche dunkles Hefeweißbier
- 5-10 Wacholderbeeren
- 2 Lorbeerblätter
- 1 TL Kreuzkümmel
- 1 TL gemahlener Kreuzkümmel
- 1-2 EL Gemüsebrühepulver
- schwarzer und roter Pfeffer
- 1 TL scharfer und süßer Paprika
- Chili nach Belieben
- 2 Zweige Rosmarin, gehackt
- 1 kleine Dose Schältomaten
- 500 ml Tomatenpassata
- 120 ml Sojasahne

(• Sojasauce)

Beilagen
- Tag 1: Kartoffeln, gekocht
- Tag 2: Kamuthörnchen (ca. 200 g)

Kochzeit: Am ersten Tag ca. 45 min inkl. Kartoffeln, am zweiten Tag ca. 15 min.

Tag 1:
1. Klein geschnittene Zwiebeln und Knoblauch mit Kreuzkümmel und Wacholderbeeren mit etwas Olivenöl in einem großen Topf leicht andünsten. Die Spitzpaprikaschote in kleine Scheiben schneiden und dazugeben.
2. Das Weinsauerkraut plus Lorbeerblätter mit dazu und weiter andünsten. Nach etwa 5 min mit ca. 0,2 l Hefeweißbier aufschütten und den Rest nach und nach im Laufe des Kochvorgangs dazugeben. Mit Gemüsebrühepulver abschmecken (ca. 1-2 EL).
3. Nach ca. 10 min die Schältomaten und das Tomatenpassata mit dazumischen. Mit süßem und scharfem Paprika, schwarzem und rotem Pfeffer und Chili würzen. Das Ganze mit etwas gemahlenem Kreuzkümmel verfeinern.
4. In der Zwischenzeit den fertig gekauften Seitan würfeln und in einer Pfanne mit etwas Olivenöl anbraten. Selbstgemachten Seitan ebenfalls würfeln und ca. 15 min in Sojasauce einlegen, bevor er angebraten wird. Anschließend dem Gulasch beimengen.
5. Vorgekochte Kartoffel grob schneiden und in einer Pfanne mit etwas Olivenöl und Rosmarin anbraten.
6. In einem flachen Teller das Gulasch nebst den Kartoffel anrichten.

Tag 2:
1. Den Rest Szegediner Gulasch vom Vortag mit ca. 120 ml Sojasahne verfeinern und im Topf langsam erhitzen.
2. In der Zwischenzeit die Kamuthörnchen nach Kochanweisung in etwas Salzwasser kochen (ca. 10 min).
3. Kamuthörnchen in Olivenöl schwenken, in einen Pastateller geben und das Gulasch draufpacken.

→ Am ersten Tag empfehle ich dazu natürlich ein dunkles Hefeweißbier, am zweiten Tag einen dezenten Weißwein, z.B. einen Pinot Grigio. Bon appetit!

tomaten-oliven-risotto

für 2, von Uschi Herzer
PALE „How To Survive Chance"

Risotto war für mich immer ein Mysterium. Ich habe mich nie so recht rangetraut und hatte einen Höllenrespekt vor der ominösen Zubereitung. Aber eines Tages kam der Moment der Erleuchtung, nämlich mit diesem Rezept.

- **200 g Risottoreis**
- **1 kleine Dose geschälte Tomaten**
- **1 kleine Zwiebel**
- **1-2 Knoblauchzehen**
- **60 g schwarze Oliven**
- **1 EL Kapern**
- **150-200 ml trockener Weißwein**
- **750 ml Wasser**
- **1/2 unbehandelte Zitrone**
- **1 rote oder grüne Peperoni**
- **Olivenöl**
- **Salz, Pfeffer**
- **Oregano**

1. Der erste Schritt ist äußerst simpel: Zwiebel schälen und fein würfeln. Knoblauch genauso. Dann könnt ihr schon mal die Kapern aus dem Glas popeln, abspülen und grob zerkleinern. Jetzt noch die Tomaten etwas ausdrücken und grob würfeln. Dann kann's auch schon losgehen.
2. Die Zitrone gut unter heißem Wasser waschen und die Schale ohne das Weiße abschneiden und anschließend in sehr feine Streifen schneiden. Der Profi nimmt einen Zestenreißer.
3. Bringt als Nächstes das Wasser zum Kochen. 1 TL Salz dazu.
4. In der Zwischenzeit etwas Olivenöl in einem Topf erhitzen und darin die Zwiebel- und Knoblauchwürfelchen andünsten. Reis dazukippen, gut durchrühren und ein paar Minuten anrösten. Umrühren nicht vergessen.
5. Jetzt kommt der große Moment und ihr kippt unter großem Zischen den Weißwein rein. Wenn der Wein so gut wie aufgesogen ist, beginnt das Ritual. Schnappt euch eine Schöpfkelle und kippt eine Kelle heißes Wasser zum Reis. Immer wieder umrühren und im Auge behalten. Ist die Flüssigkeit so gut wie aufgesogen, kippt ihr die nächste Kelle dazu, und so weiter. Dieses Procedere dauert so ca. 20 min.
6. In der Zwischenzeit müsst ihr euch noch um die Oliven kümmern. Schneidet das Fleisch vom Kern ab und hackt es danach noch etwas klein. Die Peperoni will auch noch in feine Streifen geschnibbelt werden. Danach unbedingt (!) die Hände waschen und nicht in die Augen oder an andere empfindliche Stellen packen, denn die Wirkung ist äußerst schmerzhaft.
7. Immer wieder mal probieren, und wenn der Reis weich ist, aber noch Biss hat, kippt ihr Oliven, Tomaten, Kapern, Zitronenschale und etwas Oregano dazu. Alles gut vermischen und noch 8-10 min ziehen lassen. Mit Salz und Pfeffer abschmecken. Zum Schluss noch 1-2 EL Olivenöl unterrühren.

marinierte tofuscheiben mit wurzelgemüse

für 4, von Mille Petrozza, KREATOR
OFF! „First Four EPs"

Für den marinierten Tofu (über Nacht einlegen!) braucht ihr:

- **500 g Tofu**
- **1/2 Tasse Sojasauce**
- **1 Tasse Rotwein**
- **1 Schuss Balsamico**
- **3 EL Öl**

- 3 gepresste Knoblauchzehen
- 1 Lorbeerblatt
- 1 TL Basilikum
- 1 TL Thymian
- Salz und Pfeffer

1. Sojasauce, Rotwein, Balsamico und Öl mit den Gewürzen und dem Knoblauch verrühren.
2. Den Tofu in Scheiben schneiden, in eine Schale legen und in der Marinade einlegen, er sollte ganz damit bedeckt sein. Eine Nacht im Kühlschrank mit Alufolie bedeckt ziehen lassen.
3. Die Tofuscheiben mit der ganzen Marinade in einer Pfanne anbraten.

Wurzelgemüse:
- 300 g Kartoffeln
- 300 g Pastinaken
- 300 g Möhren
- 300 g Rote Bete
- 300 g Topinambur
- 3 Zwiebeln
- 100 ml Olivenöl
- Saft von 1 Zitrone,
- 1/2 Tasse Orangensaft
- 2 TL Garam Massala
- 2 gehackte Knoblauchzehen
- Salz, Pfeffer

1. Das Gemüse schälen, in kleine Würfel schneiden und auf einem Backblech verteilen. Die Gewürze mit dem Öl mischen und über das Gemüse geben, alles umrühren.
2. Im vorgeheizten Backofen bei 200 °C ca. 35 min backen.
3. In der Zwischenzeit Zitronen- und Orangensaft vermischen, den gehackten Knoblauch dazugeben. Das Ganze über das Gemüse geben, noch mal umrühren und weitere 5 min backen.

Joghurt-Kräuter-Dip:
- 500 g Soja-Joghurt
- 2 EL Sojasahne
- 1 EL vegane Mayonnaise
- 1/2 Bund Petersilie
- 1 El Zitronensaft
- 1 EL Olivenöl
- Salz und Pfeffer

Alle Zutaten verrühren, mit Salz und Pfeffer abschmecken, fertig!

→ Alles zusammen auf einem Teller anrichten und mit etwas Petersilie garniert servieren.

oven baked white beans

von Amber, Wreck Age Records
Mary Linda

- 500 g getrocknete weiße Riesenbohnen
- 2 Möhren, in ca. 0,5 cm breite Scheiben geschnitten
- ein paar schwarze Pfefferkörner
- Salz
- 1 große Zwiebel, fein gehackt
- 5-6 Knoblauchzehen, fein gehackt
- Petersilie, Oregano, Basilikum
- 1 TL Zucker
- 250 ml Olivenöl
- 1 große Dose Tomaten

1. Die Bohnen über Nacht in Wasser einweichen.
2. Am nächsten Tag das Wasser abgießen. Anschließend Bohnen, kleingeschnibbelte Möhren, Pfefferkörner und ca. 1 TL Salz in einen großen Topf schmeißen. Dann mit so viel Wasser aufgießen, dass alles bedeckt ist. Aufkochen lassen und so lange köcheln lassen, bis die Bohnen weich sind (das

dauert ...). Dann das Wasser abgießen und das Gemüse beiseite stellen.

3. In der Zwischenzeit wird in einem anderen Topf die gehackte Zwiebel mit dem Knoblauch in dem Olivenöl angedünstet. Kräuter, Salz und Pfeffer dazu (nicht zögerlich sein). Zum Schluss eine große Dose Tomaten samt Saft dazu – am besten, ihr zerkleinert vorher die Tomaten etwas. Köcheln lassen.
4. Als Nächstes packt ihr das Bohnengemüse und die Tomatensauce in eine große Auflaufform – das Ganze sollte sehr saftig und ähnlich wie eine dicke Suppe sein. In den Backofen damit und bei 180 °C ca. 1 Std. backen. Danach ist ziemlich viel Flüssigkeit verdampft und die Bohnen befinden sich in einer dicken Sauce.

→ Schmeckt super heiß aus dem Ofen, aber auch kalt sind die Bohnen ein Genuss.

spargelrisotto mit pilzen

für 2, von Christian Neyer
Joey Ramone „Don't Worry 'Bout Me"

- **15-20 g getrocknete Steinpilze**
- **300 g grüner Spargel**
- **700 ml Gemüsebrühe**
- **1 Briefchen Safran**
- **Salz und Pfeffer, frisch gemahlen**
- **1 Zwiebel**
- **1 Knoblauchzehe**
- **1 EL Margarine**
- **200 g Risottoreis**
- **150 ml trockener Weißwein**

1. Die Spargelstangen waschen, die holzigen Enden abschneiden und eventuell im unteren Drittel schälen. Die Spargelköpfe von den Stangen trennen und die Stangen dann in 2-3 cm lange Stücke schneiden. Die Stangen ca. 4 min in kochendem Salzwasser blanchieren, dann für 1-2 min die Köpfe dazu geben. Anschließend mit kaltem Wasser abschrecken.
2. Jetzt ist es an der Zeit, die getrockneten Pilze in ca. 100 ml lauwarmem Wasser einzuweichen. In einem Topf die Gemüsebrühe erhitzen. Den Safran in 2-3 EL heißer Brühe auflösen. Die Zwiebel und den Knoblauch schälen, beides in feine Würfel schneiden.
3. Die Margarine in einer Pfanne erhitzen, Zwiebeln rein und ein wenig später den Knoblauch. Andünsten lassen. Den Reis dazugeben und unter Rühren ca. 3 min glasig dünsten. Mit dem Wein ablöschen und die Pilze samt Einweichwasser und dem Safran dazu, die Flüssigkeit unter Rühren einkochen lassen und mit Salz und Pfeffer würzen.
4. Dann so viel heiße Brühe angießen, dass der Reis gerade bedeckt ist. Einkochen lassen. Dieser Vorgang wird so lange wiederholt, bis der Reis gar ist. Zum Schluss den Spargel unterheben.

tomatenkatastrophe

von Kai Langelotz
HOLA GHOST „The Man They Couldn't Hang"

Alle Jahre wieder stellen wir fest, dass die paar Tomatenpflanzen, welche im Garten oder vor dem Bauwagen stehen, alle zur gleichen Zeit ihre Früchte loswerden wollen. Um der hereinbrechenden Flut nicht ohnmächtig gegenüberzustehen, hier ein Vorschlag. Diese Sauce lässt sich auch gut einfrieren, um in der tomatenarmen Zeit darauf zurückgreifen zu können.

- 2,5 kg Tomaten
- 1 Zwiebel
- 2 Knoblauchzehen
- 1 EL Olivenöl
- 1 rote Peperoni (gerne getrocknet)
- 2 Zweige Rosmarin
- 2 Zweige Bohnenkraut
- Salz
- Nudeln nach Wahl

1. Zunächst die Zwiebel schälen und in Würfelchen hacken, dann im Olivenöl bei mäßiger Hitze andünsten. Knoblauch in dünne Scheibchen schneiden und hinzufügen, dann die Peperoni von den Kernen und dem Stiel befreien, in dünne Streifchen schneiden und hinzufügen – Hände waschen, sonst Pfeffersprayeffekt bei Schleimhautkontakt.
2. Weiter geht es mit den Tomaten, welche ihr ebenfalls in kleine Stückchen schneidet und sukzessiv in den Topf dazugebt. Gelegentlich umrühren und gegebenenfalls die Hitze reduzieren, es soll nur köcheln.
3. Sind alle Tomaten im Topf noch den Rosmarin und das Bohnenkraut hinzufügen, am besten frisch, ich nehme immer jeweils zwei Zweige. Nun das Ganze mit einem Deckel abdecken und ca. 1 Std. kochen lassen und gelegentlich umrühren (in der Zeit überlegen, welche Nudeln dazu gegessen werden sollen und selbige zubereiten).
4. Danach das Ganze freudig mit dem Pürierstab bearbeiten, bis sich eine klümpchenfreie Sauce ergibt. Bei Bedarf noch etwas Salz hinzufügen, alles über die Nudeln kippen und essen.

allein-in-berlin-bulgur

für 2, von Uschi Herzer
DE LA SOUL „Stakes Is High"

Stellt euch vor, es ist Sonntagabend und ihr habt keine große Lust zu kochen, aber Hunger ... Dann ist das nächste Rezept genau das Richtige für euch und schmeckt dazu noch ziemlich fantastisch.

- 1 große Tasse Bulgur
- 1 kleine Zucchini
- 1 Möhre
- 1 Zwiebel
- 2 mittlere Kartoffeln
- Öl
- ca. 500 ml Gemüsebrühe
- 4 kleine Pilze
- 1-2 EL Tomatenmark
- Salz, Pfeffer, Paprika

1. Zucchini, Kartoffeln und Zwiebel klein würfeln, Möhre in dünne Scheiben schneiden.
2. Öl in einem Topf erhitzen und die Zwiebeln andünsten. Nach ein paar Minuten schmeißt ihr das Gemüse bis auf die Pilze mit dazu, rührt gut durch, schüttet den Bulgur rein, rührt nochmal gut um und gießt mit der Gemüsebrühe auf. Das Tomatenmark und die Gewürze kommen auch rein.
2. Aufkochen lassen, nochmal umrühren und ca. 20 min leicht blubbern lassen. Zwischendurch immer wieder mal umrühren, denn das Zeug brennt gerne an. In der Zwischenzeit noch die Pilze in dünne Scheiben schneiden.
3. Probiert immer mal zwischendurch, ob es schon fertig ist und gießt gegebenenfalls noch etwas Gemüsebrühe nach. Zum Schluss noch die Pilze rein und ein paar Minuten ziehen lassen.
4. Ein letztes Würzen, ab damit auf die Teller und essen.

„Na klar. Einen Wal umarmen, die verfickten Tofu-Wälder retten, schon kapiert.“ (John Niven „Gott bewahre“)

nussig-linsige zucchinitorte

von Daniela Mohr, herbivoria.de
METEORS „Go Buddy Go“

Für den Boden:

- 200 g gekochte rote Linsen (entsprechen 100 g ungekochten)
- 100 g Buchweizenmehl mittelfein
- 2 EL Tomatenmark
- 2 EL Öl (Oliven- oder Rapsöl)
- Pfeffer, Salz
- Paniermehl
- Haselnüsse

Für die Füllung:

- 3 mittelgroße Zucchini
- 1 Zwiebel
- 1 Knoblauchzehe
- 150 g Cashewkerne, nicht geröstet
- 2 EL Würz-Hefeflocken
- 1 EL Sojamehl
- Wasser
- Pfeffer, Salz
- Haselnüsse

1. Backofen auf 200 °C vorheizen.
2. Das mittelfeine Buchweizenmehl in einer Schüssel mit den roten Linsen vermischen und nach Geschmack salzen und pfeffern. Zusammen mit dem Tomatenmark und dem Öl mit einem Löffel so lange verkneten, bis eine feste Teigkugel entsteht.
3. Eine Springform mit Öl einpinseln, mit Paniermehl ausstreuen und aus dem Teigklops ein feines Bettchen für die Zucchinifüllung bereiten. Da der Teig ein wenig an den Fingern klebt, klappt das am besten, wenn man den Klops auf den Springformboden setzt, mit einer Lage Frischhaltefolie bedeckt und mit einem Nudelholz vorsichtig gefügig macht, ausrollt und an den Seiten eine kleine „Wand" hochzieht.
4. Eine gute Handvoll Haselnüsse hacken und die Hälfte davon über dem Tarteboden streuen. Die Springform in den Ofen schieben und ca. 10-15 min vorbacken.
5. In der Zwischenzeit die Zucchini und die Zwiebel würfeln und in einer Pfanne mit etwas Öl anbraten, salzen und pfeffern. Die Knoblauchzehe pressen und hinzufügen.
6. Die Cashewkerne in ein hohes Gefäß geben, mit einem Pürierstab grob zerhacken und nach und nach etwas Wasser dazugeben. So viel Wasser zugeben bzw. so lange pürieren, bis die Konsistenz irgendwo zwischen Joghurt und cremiger Milch liegt.
7. Die Hefeflocken und das Sojamehl einrühren (das Sojamehl am besten „einsieben", denn es hat eine leichte Tendenz zur Klümpchenbildung), die Zucchini-Zwiebel-Mischung unterrühren, salzen und pfeffern und auf dem Tarteboden verteilen. Die Ränder mit dem Rest der Haselnüsse bestreuen und wieder in den Ofen schieben, wo das leckere Törtchen dann ca. 30 min einen Platz an der Sonne genießen darf.
8. Wenn die Tarte gebräunt ist, ist sie fertig. Raus damit, leicht auskühlen lassen, anschneiden, aufessen.

zwiebelkuchen

von Joachim Hiller
OLIVER ONIONS „Best Of"

- **2 Gemüsezwiebeln oder 6-8 normale, große**
- **300 g Weizenmehl**
- **1/2 Würfel Hefe**
- **Salz, Pfeffer, Kümmel**
- **Margarine**
- **Olivenöl**
- **400 Soja-Joghurt**
- **100 g Cashewkerne, gemahlen**
- **3 EL Hefeflocken**
- **Zitronensaft**
- **Senf**

1. Zuerst kommt der Teig dran: Die Hefe in ca. 100 ml lauwarmem Wasser auflösen, dann in der Küchenmaschine oder mit dem Handrührer Mehl, 1 EL Olivenöl sowie eine Prise Salz vermischen und das Wasser-Hefe-Gemisch dazukippen. Eventuell noch etwas Wasser nachkippen, falls zu trocken. Wenn der Teig nach ein paar Minuten

erste Blasen wirft, die Schüssel mit einem Geschirrtuch abdecken und an einem warmen Ort den Teig gehen lassen.
2. Nun die Zwiebel schälen und würfeln, dann in einer großen Pfanne in Margarine dünsten, bis sie glasig sind.
3. Unterdessen die Cashewkerne mit Mixer oder Mixstab staubfein zerschreddern und dann in einem großen Becher mit dem Soja-Joghurt, Hefeflocken und nach Geschmack Kümmel (ganz, nicht gemahlen) vermischen. Mit wenig Zitronensaft und Senf sowie Salz und Pfeffer abschmecken.
4. Nach 20-30 min sollte der Teig sich etwas aufgebläht haben und ist reif fürs Backblech. Also auf Backpapier ausrollen, dann aufs Blech damit, und nun erst die Zwiebeln auf dem Teig verteilen und dann die weiße Pampe. Schön glattstreichen und ab in den Ofen damit. Bei ca. 200 °C und Umluft sollte der Zwiebelkuchen nach ca. einer halben Stunde schön gebräunt und damit fertig sein.

→ Dazu passt im Herbst in der der Zwiebelkuchensaison ganz junger Weißwein, der „Federweiße".

kartoffelquiche

von Uschi Herzer und Joachim Hiller
EA80 „Definitiv: Nein!"

Für den Teig:
- 200 g Weizenvollkornmehl
- 3 EL Wasser
- 1/2 TL Salz
- 120 g Margarine

Für den Belag:
- 4 große Kartoffeln (ca. 750 g)
- 1/2 Packung Räuchertofu
- Zwiebelschmalz
- evtl. 1 große Tomate

Für die Füllung:
- 1 großer Becher Soja-Joghurt Natur, ungesüßt
- 2 EL vollfettes Sojamehl
- 2 EL Hefeflocken
- 50 g Cashewnüsse, ungesalzen, ungeröstet
- Salz, Pfeffer, TK-Kräutermischung

Für die Sauce:
- 1 großer Becher Soja-Joghurt Natur, ungesüßt
- Salz, Pfeffer, Zitronensaft, TK-Kräutermischung
- evtl. Mayo

1. Als Erstes wird der Teig gemacht, da er eine halbe Stunde in den Kühlschrank muss. Dazu packt ihr die Teigzutaten in eine Schüssel und verknetet diese mit den Händen zu einem Teig. Den wickelt ihr dann in Frischhaltefolie ein und legt ihn in den Kühlschrank. Danach könnt ihr euch in aller Ruhe dem Belag widmen.
2. Nun die Kartoffeln in kleine Würfel (ca. 8 mm) schnibbeln und in Zwiebelschmalz anbraten, bis sie weich sind. In der Zwischenzeit den Räuchertofu in ca. 5 mm kleine Würfel schneiden.
3. Die Cashewkerne feinst schreddern, so dass sie zu Cashewmehl werden. Eventuell etwas Wasser dazugießen. Soja-Joghurt, Sojamehl, Hefeflocken, Salz, Pfeffer und Kräuter und Cashewmehl mit dem Pürierstab zu einer schönen glatten Masse verquirlen.
4. Mittlerweile dürfte die halbe Stunde vergangen sein und ihr könnt euch an den Teig machen. Eine runde Kuchenspringform (ca. 30 cm) einfetten und darin den Teig mit den Fingern plattdrücken – und zwar so, dass am Rand ein 2 cm hohes Stück hochgezogen werden kann, sonst läuft nämlich die ganze Sauce in den Ofen. Das Ganze sieht also aus wie ein Kuchenboden.
5. Jetzt die Kartoffel- und Tofuwürfel auf den Kuchenboden kippen und gleichmäßig verteilen. Dann die Sauce darübergießen, ab damit in den Backofen und auf der mittleren Schiene bei 200 °C 30-35 min (Ober/Unterhitze) backen. Wer will kann auch noch eine Tomate in ganz dünne Scheiben schneiden und diese oben auf den Kuchen legen.
6. Für die Sauce alle Zutaten mit dem Schneebesen durchrühren und abschmecken. Fertig!
7. Ist die Quiche nach rund einer halben Stunde fertig (sie ist dann oben leicht braun), muss sie nur noch aus der Backform gezaubert werden. Das geht am besten, indem man/frau zuerst mit dem Messer den Teig vom Rand der Form löst und dann erst die Form öffnet. Vor dem Servieren idealerweise etwas abkühlen lassen, dann in 8-12 Kuchenstücke schneiden und servieren, dazu die Joghurtsauce reichen.

➔ Für den unwahrscheinlichen Fall, dass etwas übrig bleiben sollte: Schmeckt auch kalt genial!

➔ Eine Variante ist die Lauchquiche: Für den Belag nimmt man statt der Zutaten oben 2 wirklich dicke Stangen Lauch und 1/4-1/2 Block Räuchertofu (je nach Geschmack). Den Lauch in dünne Ringe schneiden und in etwas Öl weichdünsten. Dann noch den Räuchertofu in ca. 5 mm kleine Würfel schneiden, der Rest geht wie oben.

➔ Und noch die Gemüsevariante: 3 Karotten in 4 cm lange Stücke schneiden, vierteln. 1 Zucchini ebenso behandeln. 1 kleinen Broccoli zerteilen. Das Gemüse kurz in kochendem Wasser bissfest blanchieren, gut abtropfen lassen (!). Rest wie oben.

herbstquiche

von Uschi Herzer
FRONTIER(S) „There Will Be No Miracles Here"

- 200 g Weizen- oder Dinkelvollkornmehl
- 3 EL Wasser
- 0,5 TL Salz
- 120 g harte Margarine (z.B. Alsan)
- ca. 1 kg Butternutkürbis (Hokkaido oder anderer geht auch)
- 2 Zwiebeln
- 2 Knoblauchzehen
- 2 TL Curry
- 1 Topas Spacebar Chorizo
- Rapsöl
- 150 g Cashewkerne, ungesalzen
- Wasser
- 2 EL Hefeflocken
- 1 EL vollfettes Sojamehl
- Salz, Pfeffer
- Muskatnuss

1. Bevor ihr mit dem Schnibbeln loslegt, ist erstmal der Teig dran, denn der muss sich gleich noch mindestens eine halbe Stunde im Kühlschrank entspannen. Vollkornmehl, kleingestückelte kalte Margarine, Salz und Wasser in eine Schüssel geben und zügig mit den Händen zu einem geschmeidigen Teig verkneten. Der sollte nicht kleben, aber auch nicht bröselig sein. Je nachdem noch etwas Wasser oder Mehl dazugeben. In eine Klarsichtfolie einwickeln und ab damit in den Kühlschrank.
2. Schnappt euch den Kürbis, zerteilt ihn in 4-6 handliche Stücke, schneidet die Schale ab (das geht prima mit einem Kartoffelschäler) und entfernt das Kerngedöns. Jetzt das Fleisch noch in ca. 1 cm große Würfel schneiden, fertig.
3. Pfanne mit Deckel aus dem Schrank holen, etwas Öl rein, erhitzen, Kürbis dazu, Deckel drauf und ab und an umrühren oder wahlweise schwenken. Der Kürbis braucht jetzt ca. 15 min bei mäßiger Hitze, bis er weich ist.
4. In der Zwischenzeit sind Zwiebeln und Knoblauch dran. Beides schälen und fein würfeln. Dann eine kleine Pfanne auf den Herd, wieder etwas Öl rein und Zwiebeln und Knoblauch ein paar Minuten bei nicht zu großer Hitze glasig anbraten. Zum Schluss das Currypulver unterrühren und alles zur Seite stellen.
5. Was fehlt noch? Die Sauce. Dazu die Cashewnüsse in einen hohen Rührbecher geben, etwas Wasser dazu und brutal mit dem Pürierstab alles kurz und klein machen. Wer hier nicht aufpasst, veranstaltet schnell eine große Sauerei, also besser nicht zu stürmisch mit dem Pürierstab hantieren. Nach und nach so viel Wasser zugeben, bis ihr eine Konsistenz zwischen aufgeschäumter Milch und Joghurt habt. Hefeflocken und Sojamehl dazugeben und mit Salz, Pfeffer und Muskat ordentlich würzen.
6. Die halbe Stunde müsste jetzt ungefähr um sein. Ofen schon mal auf 200 °C Ober/ Unterhitze anwerfen. Teig aus dem Kühlschrank nehmen, eine runde Kuchenspring-

form einfetten und den Teigklops reinsetzen, gleichmäßig flachdrücken und ein bisschen Rand hochziehen. Geschafft? Dann den Teig jetzt etwas quälen und mit einer Gabel an verschiedenen Stellen anpieksen.

7. Wir nähern uns dem Finale: die Zwiebelmischung gleichmäßig auf dem Boden verteilen. Dann den Spacebar aus der Hülle quetschen und über dem fertigen Kürbis in kleine Stücke schneiden. Jetzt noch die Cashewsahne mit dem Kürbis vermischen, über die Zwiebeln kippen und glattstreichen.
8. Ab damit in den warmen Ofen und 30 min warten, bis die Oberfläche leicht gebräunt ist. Rausnehmen, etwas abkühlen lassen, und die Quiche in Kuchenstücke schneiden.

→ Dazu passt ein leckerer Salat.
→ Schmeckt am nächsten Tag auch kalt oder kurz aufgewärmt noch lecker!
→ Statt Spacebar Chorizo geht auch Räuchertofu.

wirsingeintopf à la eric

für 4, von Eric Hilt
Malcolm Middleton „In The Woods"

Das ist ein klassisches Winterrezept von der Oma, etwas umgewandelt. Beim Original gibt's zum Beispiel Speck und keine Peperoni.

- 1 Kopf Wirsing
- 4-6 Kartoffeln
- 2-4 Möhren
- 2 Zwiebeln
- 2 Zehen Knoblauch
- 2 rote Peperoni
- 1 l Gemüsebrühe
- Zwiebelschmalz
- Salz, Pfeffer
- gemahlener Kümmel
- Kardamom
- vegane Sahne
- Petersilie
- geräucherter Tofu

1. Die äußeren Blätter vom Wirsing entfernen und weg damit. Den Kopf vierteln und den Strunk entfernen. Den Wirsing dann in ca. 2 cm breite Streifen schneiden. Kartoffeln schälen, waschen und in Würfel schneiden. Zwiebeln schälen, grob würfeln. Peperoni waschen und schnippeln.
2. Zwiebelschmalz in einem wirklich großen Topf erhitzen und die Zwiebelwürfel mitsamt dem fein gewürfelten Knobi anschwitzen, anschließend den Wirsing und die Kartoffeln mit der Peperoni und den geschnippelten Möhren nach und nach dazu-

geben und anbräunen (mittlere Flamme). Pfeffer, Salz, Kardamom und Kümmel dazu (Vorsicht mit dem Kümmel, das ist schnell zu viel).

3. Wenn alles im Topf ist, langsam mit Brühe auffüllen und 3-4 Löffel vegane Sahne dazugeben und bei niedriger Hitze 30 min durchziehen lassen.
4. Jetzt abschmecken, Salz genug dran? Gut. Den Tofu einfach obendrauf geben und noch 3 min warten, bis er heiß ist.
5. Anrichten und Petersilie drüber.

→ Dazu schmeckt ein gekühlter Weißwein ganz vorzüglich.

verduras al horno con pimenton vera

für 4, von Frank Castro aka Papst Pest, DJ & Stunt-Performer Antonio González „Tritando"

Ein Ofenrezept aus Andalusien, dessen Name sich mit „Gemüse aus dem Ofen mit geräuchertem Paprikapulver" übersetzen lässt.

- **4 mittelgroße Auberginen (Aubis)**
- **2 mittelgroße Zucchini (Zucchis)**
- **1 kg reife Tomaten**
- **4 dicke, festkochende Kartoffeln**
- **viel Olivenöl, sprich: 200 ml**
- **5 Knoblauchzehen**
- **1 EL Zucker**
- **Salz**
- **und als Clou Pimentón de la Vera, das ist geräuchertes Paprikapulver (scharf oder mild)**

1. Die Aubis waschen, unten und oben abschneiden und in ca. 1 cm dicke Scheiben schneiden. Diese in einer Schüssel schichten und jeweils gut mit Salz bestreuen. Ca. 1 Std. ziehen lassen.
2. In der Zwischenzeit die Kartoffeln schälen, in nicht zu dicke Scheiben schneiden. Zucchis waschen, oben und unten köpfen, dann in nicht zu dünne Scheiben schneiden. 1 l Wasser zum Kochen bringen. Die Tomaten kreuzweise einschneiden und mit dem kochenden Wasser überbrühen, damit die Tomatenhaut abgezogen werden kann. Den Stielansatz entfernen und Fruchtfleisch mit den Kernen hacken.
3. Die Aubis mit Küchenpapier trockentupfen. Den Horno bzw. Backofen auf 70 °C erhitzen und eine Auflaufform reinstellen. Eine Pfanne mit ca. 2 EL Olivenöl erhitzen. Die Kartoffelscheiben dazu geben, salzen und braun braten. Dabei portionsweise arbeiten, damit es auch klappt. Die fertigen Kartoffeln auf dem Boden der Auflaufform verteilen und im Horno warmhalten.
4. Nun die Aubis mit reichlich Olivenöl (2-3 EL) in der Pfanne brutzeln, bis sie weich sind. Auf den Kartoffeln verteilen und im Ofen warmhalten. Mit den Zucchis ebenso verfahren, bis sie leicht angebraten sind. Auf den Aubis verteilen und wieder retorno al Horno, d.h. in den Backofen zurückstellen.
5. Die vier Knoblauchzehen schälen, in Scheibchen schneiden. Im restlichen Olivenöl den Knoblauch anbraten, darauf achten, dass er nicht zu stark anbrennt. Dann die Tomaten samt Saft hinzugeben. Kurz aufkochen. Mit einem Mixer pürieren und zurück in die Pfanne damit. Alles einkochen, bis eine dicke Salsa entstanden ist.
6. Die Tomatensauce mit dem Zucker, Salz und reichlich Pimentón de la Vera (ca. 2 EL) abschmecken und über dem Auflauf verteilen. Warm servieren. Buen approvecho!

von Tina, koernerfresser.org

nachgebautes

sonnenblumen-schnittlauch-frischkäse

von Joachim Hiller
SUNNY DAY REAL ESTATE „LP2"

DIY ist angesagt – auch in Sachen veganer „Frischkäse". Es braucht nur etwas Vorbereitung und gutes Werkzeug in Form eines leistungsstarken Mixstabs oder eines ähnlichen Geräts.

Die Zutaten:

- **100 g Sonnenblumenkerne (die geschälten, nicht die zum Knabbern ...)**
- **Saft von einer 1/2 Zitrone**
- **Sonnenblumenöl**
- **Hefeflocken**
- **Kräutersalz, Pfeffer**
- **1 Bund Schnittlauch**

1. Zuerst die Sonnenblumenkerne ein paar Stunden in Wasser einweichen: In ein großes Trinkglas oder eine Tasse kippen und Wasser drauf bis bedeckt. Warten. Nach ein paar Stunden abgießen, abspülen und abtropfen lassen.
2. Als Nächstes die Sonnenblumenkerne mit etwas Öl und etwas Wasser fein zermahlen. Ideal geht das mit einer entsprechenden Küchenmaschine, z.B. dem Häckselmesser-Becher, der meist einem Mixstab als Zubehör beiliegt, oder mit einem Standmixer. Die Öl- und Wassermenge kann man nicht genau angeben, hier ist etwas Ausprobieren angesagt. Zunächst ist die Masse noch recht körnig und gräulich, doch je feiner und pastöser die Creme wird, desto weißer wird sie auch. Zitronensaft nicht vergessen! Lieber erst weniger nehmen und nach Geschmack nachwürzen. Fertig ist die Masse (fast), wenn sie schön cremig ist.
3. Dann ein Drittel des in Röllchen geschnibbelten Schnittlauchs dazu, Salz, Pfeffer und Hefeflocken nach Geschmack, alles nochmal durchmischen und abschmecken.
4. Die Masse in eine Schüssel kratzen (idealerweise mit Deckel für die spätere Kühlschrankaufbewahrung), und noch den restlichen Schnittlauch unterheben. Fertig!
5. Der „Frischkäse" darf gerne noch etwas ziehen, mit dem Zitronensaft kann man noch etwas abschmecken, falls etwas an Säure fehlt.

→ Im Kühlschrank hält sich der „Frischkäse" problemlos eine Woche, aber da der so lecker schmeckt, ist er eigentlich nach kürzester Zeit weggefuttert.

→ Passt als Dip zu Gemüsesticks, zu Pellkartoffeln, taugt aber auch einfach nur als Brotaufstrich.

d.i.y.-mayo und remoulade

von Uschi Herzer
DAG NASTY „Can I Say"

So mancher Veganer hat schon ein Vermögen ausgegeben für kleine Gläschen vegane Mayonnaise, die zudem auch noch ein Randsortiment darstellt und oft schwer zu bekommen ist – ist doch irgendwer der Meinung, dass da Ei reingehört. Andererseits wird über die Heimherstellung von Mayo der Mythos verbreitet, dies sei aufwendig und Profisache. Nichts davon ist wahr. Einzige Voraussetzung ist der Besitz eines Mixstabs, aber die Dinger sind a) recht billig und b) sowieso unverzichtbar. Und ja, auch dem Mayo-Meister ist es schon passiert, dass das Zeug nicht fest wurde. Kann passieren, neuer Versuch, neues Glück!

- **100 ml Sojamilch**
- **1 TL Weißwein- oder Obstessig**
- **1-2 TL Senf (mittelscharf)**
- **150-200 ml Sonnenblumen- oder Rapsöl (Olivenöl nur, wenn man den relativ intensiven Geschmack in der Mayo mag)**
- **Salz, Pfeffer, evtl. Knoblauch**

1. Ganz wichtig und essentiell: Öl und Sojamilch müssen ca. 1 Std. in den Kühlschrank, damit beide Flüssigkeiten gleich kalt sind.
2. In einen hohen Becher, in den man mit dem Mixstab aber noch reinkommt, die Sojamilch und den Essig kippen. Leicht verrühren und ein paar Minuten ruhen lassen. Dann den Senf dazu, Salz und Pfeffer.
3. Jetzt den Zauberstab ansetzen und mit der dritten Hand (sprich: eine Küchenhilfe ist an diesem Punkt sehr praktisch) langsam und gleichmäßig, während der Mixer sein Werk tut, das Öl nach und nach bis zur gewünschten Konsistenz untermixen.
4. Zum Schluss nochmal final abschmecken – Essiggurkenwasser gilt hier als absoluter Geheimtipp!

→ Falls man auf Aioli steht, einfach zum Schluss eine gepresste Knoblauchzehe unterrühren.

→ Im Kühlschrank hält sich die Mayo in einem verschlossenen Behälter locker eine Woche, und da kein Ei drin ist, kann sowieso nix passieren.

→ Remoulade ist so was wie gepimpte Mayo: Dazu bei obiger Mayo-Menge 2-3 Essiggurken in sehr feine Würfel schneiden, 2 EL Kapern fein hacken, 5 Stängel Petersilie (ohne die Stängel) fein hacken, alles gut verrühren und fett aufs Brot schmieren.

da-lacht-die-kuh-schmelze zum überbacken

von Frank Wiercioch
Beim kreativen Rumprobieren alles von MDC oder BIG BOYS. Zum Essen ALKALINE TRIO „Good Mourning".

Veganer Käse ist nicht jedermanns Sache, also versucht mal das hier.

- **5 EL Öl**
- **1 Knoblauchzehe, fein gehackt**
- **Salz oder Gemüsebrühe**
- **5 EL Würzhefeflocken**
- **5 EL Weizenmehl**
- **Sojamilch**
- **Salz, Kräuter, Curry**

1. Öl in eine Pfanne geben und so mittelmäßig einheizen. Die klein gehackte Knoblauchzehe dazugeben und goldgelb, aber nicht braun werden lassen.

2. Dann die 5 EL Mehl mit dem Schneebesen einrühren; das Ganze wird leicht pampig (wie meine Freundin heute morgen). Anschließend eine halbe Tasse Wasser reinschütten und mit dem Schneebesen weiter verrühren und aufkochen lassen.
3. Hefeflocken dazu und immer schön rühren. Damit es nicht zu fest bleibt, etwas Sojamilch reinkippen und gucken, wie es sich verhält. Nicht zu dickflüssig werden lassen (noch Sojamilch dazuschütten), aber auch nicht zu dünn.
6. Zum Schluss mit einer Prise Salz abschmecken.

➜ Wer es richtig kräftig mag, kann auch ein wenig Gemüsebrühepulver nehmen. Auch Tiefkühlkräuter, etwas Curry oder eine Prise Chilipulver (scharf) könnte man jetzt einrühren. Das Grundding ist immer das Öl, etwas Wasser, die Würzhefeflocken und die Sojamilch (finde ich besser als nur Wasser). Seid kreativ. Es macht sehr viel Spaß, seine Pizza auf unterschiedlicher Art zu überbacken.
➜ Das Ganze passt auch zu gebratenem Gemüse, mit Nudeln oder auch auf Kartoffelgratin

das große bratlingsmassaker

von Joachim Hiller
METALLICA „Kill 'em All"

Als Kind habe ich es geliebt, im Garten und sonstwo mit Matsch zu spielen. Schlamm, Dreck, drin herumrühren, in Förmchen füllen – Hauptsache, man sah hinterher aus wie Sau. Das Kind im Manne kommt bei mir immer in der Küche beim Bratlingsteigmachen zum Vorschein: Da kann ich nach Herzenslust rühren und pampen und die Küche einsauen – und muss sie wieder sauber machen, wobei das leckere Endergebnis über diesen unschönen Randaspekt hinwegtröstet.

Der Vorteil dieses frei variierbaren Grundrezeptes liegt darin, dass man, sofern ein paar Basics vorhanden sind, unabhängig von nervigen Einkäufen loslegen kann – rund 45 min Zeit sollte man aber mitbringen. Außerdem ist dieses Rezept günstig, beliebig in der Menge und damit für x Mäuler hochskalierbar, und entlarvt die Sinnlosigkeit von in der Regel richtig teuren Bratlingsmischungen. Los geht's!

Das muss zwingend auf Lager sein:
- **feine Haferflocken, besser: Mehrkornflocken**
- **Semmelbrösel oder Paniermehl**
- **Gemüsebrühpulver**
- **Salz, Pfeffer**
- **neutrales Öl/Fett zum Braten**
- **große Bratpfanne, beschichtet**

Das kann rein, falls verfügbar:
- **Hefeflocken**
- **feine Sojaschnetzel**
- **Kreuzkümmel**
- **Paprikapulver edelsüß**
- **Sonnenblumenkerne**
- **Sesam**
- **Zwiebel, fein gewürfelt**
- **gekochte Kartoffel**
- **Röstzwiebeln (getrocknet)**
- **Frühlingszwieben, in feine Ringe geschnitten**
- **TK-Kräutermischung**
- **Möhre, fein gerieben**
- **Knoblauch**
- **...**

1. Und ab: Als grober Anhaltspunkt kann die Ausgangsbasis von 200 g Hafer/Mehrkornflocken gelten. Mit der Menge

bekommt man ungefähr 8-10 große Bratlinge hin, was zwei Bratpfannenladungen entspricht und ergo bei 4 Leuten für 2 Burger/Frikadellen pro Nase reicht, als Beilage oder im Brötchen. Und bei nur 2 Essern ist so am nächsten Tag noch was übrig, z.B. für Burger.

2. Die Flocken in eine nicht zu kleine Schüssel kippen. Und jetzt wird's lustig: Wir kippen von all den oben aufgeführten Zutaten nach Augenmaß und Geschmack in die Schüssel, mit einer Ausnahme: Semmelbrösel. Freestyle ist angesagt, Grammwagenkocher und ängstliche Dauerrezeptgucker sind hier fehl am Platze.
3. Dann vorsichtig (!) warmes Wasser dazukippen (besser erstmal zu wenig als zu viel), alles gut mit einem Löffel oder den Fingern durchkneten und ca. 10-15 min ziehen lassen. Zwischendurch mal durchrühren.
4. Ist die Masse zu hart und zu trocken, vorsichtig Wasser nachgießen, falls zu feucht, mit Semmelbröseln trockenlegen. Mit dem Abschmecken ist das so eine Sache: Die Pampe ist an sich nicht so lecker, aber um zu merken, ob die Sache zu fad oder ausreichend würzig ist, reicht es aus. Stark gewürzt sollte es durchaus sein.
5. Pfanne anwerfen, und ordentlich Öl/Fett in die Pfanne. Ohne wird das nix, Verfechter der Light-Küche sind hier sowieso im falschen Rezept. Ist das Fett heiß, Hitze etwas runterdrehen und zackig loslegen: Hände anfeuchten, mit einem Esslöffel einen Batzen Pampe abstecken und zu einem handtellergroßen Fladen formen. Wer will, kann die Bratlinge noch in Paniermehl oder Sesam wälzen, muss aber nicht sein.
6. Ab ins heiße Öl damit, nix anbrennen lassen, schön wenden und wenn braun, auf einen Teller mit Küchenpapier legen, damit das überschüssige Fett aufgesaugt wird. Dann die zweite Bratsession starten, aber bitte die Pfanne vorher mit Küchenpapier von altem Öl und schwarzen Bröseln befreien.

→ Die Bratlinge sind ideale Burgerbestückung, schmecken lecker als Beilage zu Kartoffelsalat, zu jeder Art von Gemüsegerichten, und pur mit etwas Ketchup nachts, wenn nach viel Bier der Hunger kommt.

Zum Verzehr als Burger:

- **Brötchen**
- **Gewürzgurke**
- **Tomate**
- **Salatblätter**
- **Senf, Mayo, Ketchup**
- **Zwiebelringe**

Brötchen unten mit Mayo beschmieren, Salatblatt drauf, dann den Bratling, 1-2 dünne Tomatenscheiben, Zwiebelringe (für frischen Atem), in Streifen geschnittene Gewürzgurke, Senf und/oder Ketchup, und dann den Deckel drauf und sich beim Essen total einsauen.

→ Tipp: Burgerbrötchen aus dem Supermarkt dienen (siehe Zutatenliste) der Restmüllentsorgung der Chemieindustrie, sind aber keine Lebensmittel, und in Bio-Qualität hab ich die fluffigen Dinger noch nicht entdeckt. Ist kein normales Brötchen/Schrippe/Wecken zur Hand, trifft es sich gut, wenn man Finnbrötchen zum Aufbacken/Toasten zur Hand hat. Gibt's in Bio sogar beim Discounter und die halten in der Vorratsschublade fast ewig.

eiersalat

für 4, von Björn Moschinski, Vegan Head Chef
THE KILLERS „Hot Fuss"

Dieses Rezept stammt aus dem Kochbuch „Vegan für alle". Den Eiersalat gibt's auch in Björns Berliner Restaurant Kopps, kopps-berlin.de

- **50 g Nudeln nach Wahl (Trockenware)**
- **120 g gekochte Kichererbsen**
- **1/2 kleine Zwiebel**
- **frischer Schnittlauch**
- **70 g vegane Mayonnaise**
- **Salz und Pfeffer**
- **1 gute Prise Kurkuma**

1. Nudeln in gesalzenem Wasser weichkochen und anschließend unter klarem Wasser abkühlen.
2. Die Kichererbsen zusammen mit dem Kurkuma mit einem Stabmixer fein pürieren.
3. Nudeln mit dem Stabmixer zerkleinern und gemeinsam mit dem Kichererbsenmus in eine Schüssel geben.
4. Jetzt die Zwiebeln in sehr feine Würfel hacken und ebenfalls in die Schüssel geben.
5. Zum Schluss die Mayonnaise unter die restlichen Zutaten heben, ordentlich vermischen und mit Salz, Pfeffer und Schnittlauch abschmecken.

→ Tips der KoK-Redaktion: Ideal als Belag für kleine, runde Pumpernickelscheiben, dann mit Kresse garnieren und als Canapé servieren. Außerdem kann man mit indischem Schwarzsalz (Kala Namak) experimentieren, das durch seinen Schwefelgehalt Gerichten einen „eierigen" Touch verleiht.

tofu, aber lecker

von Joachim Hiller
NAPALM DEATH „Utilitarian"

Wenn es um vegane Ernährung geht, wird immer gerne als abschreckendes Beispiel Tofu erwähnt. Klar, wenn ahnungslose Menschen weißen Tofu würfeln und „unbehandelt" als Feta-Ersatz über einen Salat kippen, wenn Fleischköche Naturtofuwürfel in eine Wokpfanne kippen und der weiche Wabbel dann nach nichts schmeckt, ist das auch alles andere als verlockend. Kein Wunder, dass jemand, der als Nicht-Tofu-Esser sowas mal erleben musste, traumatisiert ist. Denn ja, „Tofu Natur" ist so neutral wie ein Schluck Leitungswasser, seine Konsistenz so sexy wie nasses Popcorn. Aber man kann ja was machen mit Tofu, und das ist marinieren. Ich behaupte: Mit diesem Grundrezept wird Tofu immer lecker, und man kann es nach Herzenslust variieren. Übrigens lohnt es sich, mal verschiedene Hersteller durchzutesten, es gibt erhebliche Unterschied in Konsistenz und Preis. Zum Anbraten wie hier empfehle ich einen eher kompakteren, festeren Tofu, der zerbröselt nicht in der Pfanne. Dass Tofu nur aus europäischen Bio-Sojabohnen hergestellt sein sollte, versteht sich von selbst.

Die Basis-Zutaten:

- **1 Block Tofu natur (300 g für 2 Personen)**
- **Sojasauce**
- **Olivenöl**
- **Gewürze**

1. Zuerst den Tofu von seiner Plastikhaut befreien. Dann den Block vorsichtig (!) etwas ausdrücken (z.B. zwischen Küchenpapier) – das Wasser, das jetzt rausläuft, wird durch die Sojasauce ersetzt. Den Tofu je nach Lust und Laune in ca. 5 mm dünne Scheiben schneiden – nicht zu dick, nicht zu dünn, sonst zerfällt der. Oder etwas dickere Scheiben machen und dann würfeln oder in längere Stifte schneiden.
2. In einer Schüssel den Tofu mit ordentlich Sojasauce übergießen, jedoch nicht ertränken. Der Tofu sollte einen guten Teil der Sauce aufsaugen, aber nicht alles. Dann Gewürze drüber, nach Lust und Laune. Paprikapulver? Geht! Salz? Eher nicht, die Sauce ist schon salzig. Kräuter der Provence? Yep! Curry? Kann man machen. Ingwer, fein gerieben? Wer's mag. Knoblauch, gewürfelt? Machbar. Das Ganze immer wieder vorsichtig durchmischen, eventuell die Schüssel schief halten, mit einem Löffel die Marinade verteilen. Obacht: Nicht zu wild rühren, sonst können die Scheiben zerfallen. 15 min Ziehzeit reichen, länger schadet nix.
3. Zum Schluss einen ordentlichen Schuss Olivenöl drüberkippen, und dann eine große, beschichtete Pfanne anheizen.
4. Wenn die Pfanne heiß (nicht zu heiß) ist, den gesamten (!) Schüsselinhalt in die Pfanne kippen. Ja, die ganze Sauce. Dann bei mittlerer Temperatur den Tofu von beiden Seiten lecker braun anbraten, beim Wenden vorsichtig sein. Der Tofu bekommt eine schöne Kruste, aber zu heiß darf die Pfanne nicht sein, sonst verkokelt die Sauce. Fertig ist der Tofu, wenn keine Sauce mehr vorhanden und der Tofu schön braun ist.

→ Passt perfekt zu Kartoffelsalat, Gemüsepfannen, auf ein Sandwich, oder zu/auf einem Salat. Und ein leckerer Dip, Senf, Aioli, Chutney oder Ketchup schaden als Begleiter auch nicht.

vegane dillhappen

von Ingmar Vogelsang, bekleidungssyndikat.de
SCUM OF TOYTOWN „Strike"

Das Rezept ist eine Variante, die vom „Rollmops"-Rezept aus dem englischen Kochbuch „Another Dinner is possible" stammt. Dort sind noch weitere interessante „Veganisierungen" zu finden sowie ein englischer Blick auf deutsche Gerichte.

Der vegane Matjes zeichnet sich durch seine Konsistenz aus, die tatsächlich an „echten" Matjes erinnert. Damit auch der Geschmack stimmt kommt viel (!) Salz zum Einsatz, außerdem sollten Algen Verwendung finden (dann schmeckt's nach Meer). Das Grundrezept kann beliebig verändert werden, es ist nur wichtig, dass der vegane Matjes immer mit reichlich Sauce oder Dressing gegessen wird, sonst ist es eher eine langweilige Auberginen-Variante.

Für die Matjesfilets:
- 1-2 Auberginen
- Salz
- stark gesalzenes kochendes Wasser

Für die Dillsauce:
- 100 ml (oder mehr) Mayonnaise (am Besten selbstgemacht)
- 100 ml (oder mehr) Sojamilch
- 1-2 Gewürzgurken (je nach Größe)
- 1 kleine Zwiebel
- 1-2 EL Dill (am besten frisch)
- 1 TL getrocknete Algen, anschließend in Wasser eingelegt

Außerdem nach Geschmack:
- 1/2 Apfel
- Salz
- Pfeffer

1. So viele Auberginen wie gewünscht werden längs in ca. 0,5-1 cm dicke Scheiben geschnitten. Anschließend stark gesalzen und mit einem Gewicht beschwert gut eine halbe Stunde stehen lassen, um Flüssigkeit zu entfernen.
2. Danach werden sie kurz abgewaschen und nochmals ausgedrückt. Als letzten Schritt werden die Filets in sehr (!) stark gesalzenem kochendem Wasser für 5 min gegart. Wichtig: Die Filets dürfen auf keinen Fall länger als 10 min kochen, sonst geht die Konsistenz verloren.
3. Die Filets müssen noch von der Schale befreit werden – das geht am einfachsten nach dem Kochen.
4. Als gute Grundlage für die Dillsauce hat sich mit Sojamilch verdünnte Mayonnaise erwiesen. Diese gibt den für Dillhappen nötigen Fettanteil und kann gut selbst hergestellt werden. Hier ist der eigene Geschmack gefragt, wie dick die Sauce werden soll. Gut ist ein Mischungsverhältnis von 1:1, es kann aber auch gerne mehr Sojamilch sein, wenn die Konsistenz etwas flüssiger sein soll. In diese Grundlage werden gehackte Zwiebeln, Dill, Algen und Gewürzgurken gegeben – wer mag auch noch etwas gehackten Apfel.
5. Diese Sauce wird mit den Filets vermengt und anschließend mindestens über Nacht im Kühlschrank ruhen gelassen. Dann können die Dillhappen ganz traditionell mit Salzkartoffeln und grünen Bohnen (lecker mit gebratenen Zwiebeln und Räuchertofu) serviert werden.

tofu-kräuterquark

von Joachim Hiller
A PLACE TO BURY STRANGERS „Worship"

Tofu wird immer wieder mal als „Sojaquark" bezeichnet, was irgendwie Quark ist, weil Tofu nach gar nichts schmeckt. Um mit Tofu also eine wirklich leckere vegane Kräuterquark-Alternative herzustellen, ist etwas Aufwand nötig – das Ergebnis lohnt sich aber.

- **1 Block (400 g) Tofu natur**
- **75 g Cashewkerne**
- **Saft von einer 1/2 Zitrone**
- **Olivenöl**
- **Hefeflocken**
- **Kräutersalz, Pfeffer**
- **mittelscharfer Senf**
- **TK-Kräutermischung**
- **einige Halme Schnittlauch oder 1 Frühlingszwiebel**

Die Ausrüstung:
- **Mixstab oder Standmixer**

1. Zuerst die Cashewkerne fein zermahlen. Ideal geht das mit einer entsprechenden Küchenmaschine, z.B. dem Häckselmesser-Becher, der meist einem Mixstab als Zubehör beiliegt. Die Nüsse müssen wirklich mehlfein gemahlen werden. Funktioniert auch ganz gut, wenn man etwas Wasser und Öl schon jetzt dazugibt, hängt aber vom Mixer ab.
2. Nun den Tofu grob in einen hohen Mixbecher bröseln. 1-2 EL Olivenöl dazu, den Zitronensaft (eher wenig nehmen, nachkippen/abschmecken kann man immer noch), das Cashewmehl, 1 EL Hefeflocken, Senf, Salz und Pfeffer ebenso, und dann mit dem Mixstab alles fein pürieren. Falls zu trocken, vorsichtig etwas Wasser nachkippen und weitermixen.
3. Abschmecken: Salz und Pfeffer sowie die Tiefkühlkräuter (Menge nach Geschmack) dazu, mit einem Löffel vermischen. Dannn noch eben den Schnittlauch in kleine Röllchen schneiden, alternativ oder auch on top noch eine Frühlingszwiebel inklusive des knackigen Teils des Grüns in wirklich feine Ringe schneiden und unter den Quark mischen.
4. Fertig! Der Tofu-Kräuterquark darf gerne etwas ziehen (über Nacht), mit dem Zitronensaft kann man noch abschmecken, falls etwas an Säure fehlt. Ab in eine Plastikschüssel mit Deckel damit.

→ Im Kühlschrank kann sich der Quark problemlos mehrere Tage halten, ist aber so lecker, dass er meist schon früher weggeputzt ist.

→ Passt als Dip zu Gemüsesticks, zu Pellkartoffeln, als Füllung für Pfannkuchenrollen (mit Rucola und getrockneten Tomaten, yummy!), aber auch einfach nur als Brotaufstrich.

tofu paniert à la fischstäbchen

für 2, von Uschi Herzer
THE EVENS „s/t"

- **300 g Tofu natur**
- **Senf deiner Wahl**
- **Salz**
- **Paniermehl**
- **Kräuter und Gewürze nach Lust und Laune**
- **Bratöl**

1. Den Tofublock in ca. 7 mm dicke Scheiben schneiden und alle Seiten sehr großzügig mit Senf bestreichen. Etwas salzen.

2. Paniermehl auf einen Teller kippen, Gewürze und Kräuter dazu, und die Tofuscheiben darin wenden. Ja, ich weiß, das ist ein bisschen Sauerei an den Fingern, aber egal.
3. Großzügig Öl in einer Pfanne erhitzen und den Tofu darin schön goldbraun brutzeln. Vorsicht beim Wenden, damit die Kruste nicht abbröselt! Auf Küchenpapier zwischenlagern, dann servieren.

➜ Dazu schmeckt Kartoffelsalat ganz hervorragend, aber auch Gemüsereis, Bulgur und so weiter. Ketchup, Chutney und Co. sind gute Freunde von paniertem Tofu.
➜ Wer's noch etwas würziger mag, mariniert den Tofu vor dem Panieren in Sojasauce.

sojasteaks

von Joachim Hiller
BEATSTEAKS „48/49"

Sojasteaks aus texturiertem Soja sind der Klassiker der „veganen Fleischküche". Die Textur ist fleischig, aber ungewürzt schmeckt das Zeug nach noch weniger als Schuhsohle oder Reiswaffeln. Es kommt also auf die richtige Zubereitung an – und die Würzung. Aus grundsätzlichen Erwägungen sollte man nur texturiertes Soja aus biologischem Anbau verwenden.

- **Sojasteaks**
- **Gemüsebrühe**
- **Sojasauce**
- **Bratöl**
- **Gewürze nach Geschmack (Curry, Paprika, Steakgewürz ...)**

1. Einweichen! Sojasteaks müssen eingeweicht werden, und zwar unserer Erfahrung nach länger, als auf der Verpackung angegeben. Nichts ist ekliger als zähe Sojasteaks. Eine halbe Stunde oder Stunde in heißer Gemüsebrühe schaden also nichts.
2. Damit die Würzmischung in das „Fleisch" einziehen kann, muss das Wasser raus. Also die Steaks vorsichtig ausdrücken, über der Spüle oder auf ein paar Lagen Küchenpapier.
3. Dann marinieren: in einer Schüssel die Steaks mit Sojasauce und beliebigen Gewürzen einlegen und ziehen lassen. Etwas Öl kann ruhig auch dazu. Ab und zu wenden.
4. Nun in einer Pfanne die Steaks in Öl ausbraten. Oder grillen. Oder was auch immer.

mandelmus-sahnesauce

für 2, von Joachim Hiller
Marc Almond „Non-Stop Erotic Cabaret"

Natürlich kann man für Sahnesauce auf die verschiedenen „Sahneersatzprodukte" auf Soja-, Hafer- oder Dinkelbasis zurückgreifen, aber diese Convenienceprodukte sind nicht jedermanns Sache. Mit Mandelmus, das zwar relativ teuer ist, aber auch ergiebig, lässt sich Farbe und Cremigkeit von Sahne auf vegane Weise herstellen. Dieses Rezept ist nur eine Ausgangsbasis und kann beliebig variieert werden, etwa durch Zugabe von Tomatenmark, Erdnussbutter, Kräutern, Curry, etc.

- **200 ml Gemüsebrühe**
- **4 TL Mandelmus**
- **2-3 EL Hefeflocken**
- **Muskatnuss**
- **Salz, Peffer**

1. Die Gemüsebrühe in einem Topf erhitzen, nicht kochen.

2. Mit einem Schneebesen das recht zähe Mandelmus einrühren und dann bis zur völligen Auflösung verrühren.
3. Hefeflocken dazu und rühren, bis die sich aufgelöst haben. Mit frisch geriebener Muskatnuss, Salz und Peffer abschmecken. Fertig!

→ Passt bestens zu gedünstetem Gemüse oder auch als Pastasauce.

veggie-mett

von André Bieler
BUBONIX
„Please Devil Send Me Golden Hair"

- **1 Zwiebel**
- **1 Knoblauchzehe**
- **10 Scheiben Reiswaffeln**
- **3-4 EL Tomatenmark**
- **Paprikapulver**
- **Chilipulver**
- **Salz, Pfeffer**
- **1 Flasche Bier**

1. Zwiebel ordentlich klein schneiden.
2. Das Gleiche machen wir mit dem Knofi und kippen beides in eine Schüssel.
3. Nun wenden wir uns den Reiswaffeln zu. Wir weichen jede Scheibe einzeln unter heißem Wasser auf, drücken sie dann ein wenig aus und geben den Pamps dann zu der Zwiebel und der Knofizehe.
4. Anschließend manschen wir das Tomatenmark dazu.
5. Dann mit Paprika- und Chilipulver würzen.
6. Immer schön weitermanschen (sollte es ein wenig zu trocken sein, einfach einen Schuss Öl dazu).
7. Mit Salz und Pfeffer abschmecken und fertig ist der Lack.
8. Das Ganze auf ein Brötchen schmieren und das Bier öffnen.
9. Brötchen essen, Bier trinken.

→ Mit ein paar Semmelbröseln können aus dem Veggie-Mett auch fantastische Klopse gebraten werden.

vegan tuna fish

von Derek Archambault, DEFEATER

First of all, I believe when cooking anything in your home, you do need the perfect soundtrack. So put on one of your favourite records, or a new one you haven't really absorbed yet, and start to get your kitchen and hands messy. For better taste and less additives, use organic options whenever possible.

- **1 kleine Dose Kichererbsen**
- **1 Stange Sellerie**
- **1/2 Zwiebel**
- **leichte Sojasauce, z.B. Tamari**
- **Essiggurkensud eurer Lieblingsessiggurkenmarke**
- **vegane Mayo**
- **getrockneter oder TK-Dill**

1. Als Erstes öffnet ihr die Kichererbsendose und lasst die Dinger in einem Sieb gut abtropfen.
2. In der Zwischenzeit könnt ihr schon mal den Sellerie erst in schmale Längsstreifen schneiden und anschließend fein würfeln. Die Zwiebel ebenfalls fein würfeln.
3. Jetzt einen flachen Teller aus dem Schrank holen und die Kichererbsen portionsweise (Wichtig, denn sonst gibt's nur Matsch!) mit einer Gabel mit viel Gefühl und trotzdem Schmackes

zerdrücken. Die Kichererbsen sollen dabei aber nicht komplett zu Brei gemacht werden. Ziel ist es vielmehr, eine Konsistenz zu erreichen, die der von Thunfisch ähnelt. Das funktioniert erstaunlich gut.

4. Mit der Gabel Kichererbsenthunfisch, Sellerie- und Zwiebelwürfelchen vermischen und drei bis vier Esslöffel von dem Essiggurkensud dazu geben. Jetzt noch ein Teelöffel Sojasauce, etwas von dem Dill und drei Esslöffel Mayo dazu und schön verrühren. Die endgültige Konsistenz sollte stückig und gleichzeitig feucht und irgendwie vollmundig sein; wie Thunfisch eben. Checkt selber aus, wie es euch am besten schmeckt. Möglicherweise mögt ihr mehr vom Essiggurkensud oder von der Mayo.

→ Tipp vom Ox-Kochstudio: Wenn ihr irgendwoher Algen-Flocken kriegt (gibt's schon mal im Biosupermarkt), könnt ihr damit „Fischaroma" nachbauen.

türkisches rührei

für 2 Frühstücker, von Joachim Hiller und Uschi Herzer
TURING MACHINE
„What Is The Meaning Of What"

Deutsches Rührei nur mit Schnittlauch ist recht fad, zudem verlangt die vegane Zubereitung Geschmacksträger, und da bietet sich die „Menemen" genannte türkische Variante an. Die Menge ergibt zwei kleine Portionen, die noch Platz lassen für das eine oder andere Brötchen.

Man nehme:

- **150 g Tofu natur**
- **3 EL Seidentofu**
- **2 Frühlingszwiebeln**
- **1 spitze hellgrüne Paprika (vom Türken, logo)**
- **1 Tomate**
- **Sojasauce**
- **Kurkuma**
- **Olivenöl**
- **Salz und Pfeffer**
- **ein paar Halme Schnittlauch, in Röllchen geschnitten**

1. Zuerst ist Schnibbeln angesagt. Faulen Frühstückern wird geraten, diese Arbeit am Vorabend zu erledigen und die Bauteile dann sortenrein im Kühlschrank in kleinen Döschen zu lagern. Die Frühlingszwiebeln also waschen, welkes Grünzeug und Bartzotteln wegschneiden und in feine Ringe schneiden. Die Paprika vierteln, weißes Zeug und Kerne raus, dann in sehr dünne Streifen schneiden, damit die nicht mehr knackig sind, wenn serviert wird.
2. Pfanne anheizen, Öl rein, Paprika und Frühlingszwiebeln (Deckel drauf!) weichdünsten/braten. Eben die Tomate in kleinere Würfel schneiden, wenn die Paprika ziemlich weich ist, in die Pfanne damit.
3. Nun den Tofu in die Pfanne bröseln, dann einen Schuss Sojasauce (max. 1 TL) dazu und für die eiergelbe Farbe etwas Kurkuma (ca. 1/4 TL). Nun den Seidentofu (der sieht dann aus wie der weiße Eiglibber) vorsichtig unterheben, mit Salz und Pfeffer würzen.
4. Das Rührei auf zwei Schüsseln verteilen und mit Schnittlauchröllchen dekorieren.

schwäbischer vleischsalat

von Uschi Herzer und Joachim Hiller
THAT VERY TIME I SAW „The Grand Theft"

Fleischsalat ist Metzgers Liebling! Wurstreste, angetrockneter Aufschnitt – statt in die Tonne kommt sowas, wie böse Stimmen behaupten, in den Fleischsalat, der gut gewürzt und mit reichlich Mayonnaise getarnt in Schälchen aus dünnem Plastik gefüllt die Wertschöpfungskette der Tierkörperverwertung krönt. Dennoch: Das Zeug wird gerne gegessen, und wer über Debatten betreffend die Verwerflichkeit von Fleischnachahmergerichten steht, wird von Geschmack, Optik und Mundgefühl dieser veganen Variante schwer begeistert sein. Apropos schwer: Eine Kalorien- und Fettbombe ist auch die vegane Variante dieser Feinkost.

- **150 g Tofu natur**
- **50 g Räuchertofu**
- **3 normalgroße Gewürzgurken (Essiggurken)**
- **10 cm Lauchstange**
- **2 Frühlingszwiebeln**
- **Essiggurkenwasser**
- **1 mittelgroße Möhre**
- **200 g vegane Mayo**
- **4 EL gehackte Petersilie**
- **1 TL Senf (gerne scharf)**
- **Salz, Pfeffer**
- **vegane Margarine**

1. Zuerst ist Feinmotorik beim Schnibbeln gefragt: Die Frühlingszwiebeln und den Lauch in wirklich dünne Scheiben schneiden. Dann die Möhre fein raspeln. Eine kleine Pfanne auf den Herd, Margarine schmelzen und das Gemüse wenige Minuten (kurz) andünsten.
2. Den Tofu vorsichtig (Küchenpapier hilft) ausdrücken und in sehr dünne Scheiben schneiden, diese in der Mitte halbieren und dann alles in dünne Stifte von 2-3 mm Dicke und ca. 1,5 cm Länge schneiden. In eine fest schließende Schüssel oder ein Schraubglas füllen und dann eine ordentliche Ladung Gurkenwasser drüberkippen. Deckel drauf, ziehen lassen und immer wieder wenden, so dass der Tofu schön ziehen kann, gerne eine Stunde oder länger.
3. Die Essiggurken ebenfalls in dünne Stifte schneiden und dann das Gemüse aus der Pfanne sowie Gurkenstifte, Petersilie und Mayo und auch Senf, Salz und Pfeffer in eine Schüssel kippen.
4. Den gut durchgezogenenen Tofu abgießen und die Stifte ohne das Gurkenwasser zum Rest dazukippen. Alles vorsichtig durchmischen und abschmecken.
5. Fressflash, alles wegfuttern! Oder mit etwas Selbstbeherrschung über Nacht ziehen lassen und dann auf einem halben Brötchen mit länglicher Gewürzgurkenscheibe und einem Stängel Petersilie anrichten.

seitan selbst gemacht

Adaptiert von Isa Moskowitz (The Post Punk Kitchen, www.theppk.com), umgesetzt von Uschi Herzer und Christian Meiners (Fotos)

Seitan ist wie Tofu auch eine sehr alte Fleischalternative und hat die Eigenschaft, durch seine Konsistenz dem Mundgefühl von Fleisch nahe zu kommen. Seitan schmeckt (wie Tofu auch) nur dann, wenn man ihn würzt. Man kann Seitan wie ein Schnitzel panieren, die Scheiben braten oder täuschend echtes Gyros daraus machen. Allerdings besteht Seitan aus Weizenkleber, und das ist reines Gluten. Wer also eine entsprechende Allergie hat, sollte die Finger davon lassen.
Um Seitan selbst zu machen, kann man entweder auf Glutenpulver zurückgreifen (einfache Variante) oder aber normales Weizenmehl mehrfach auswaschen (zeitaufwendige Variante). Das Selbermachen ist erstaunlich wenig Arbeit und spart im Vergleich zum relativ teuren Fertigprodukt eine Menge Geld, gerade wenn man große Mengen benötigt. Seitan lässt sich, in kleine Portion aufgeteilt, zur späteren Verwendung einfrieren oder ein paar Tage in der Kochflüssigkeit im Kühlschrank aufbewahren.

Für den Teig:
- 350 g Weizenkleber (Gluten)
- 250 ml Gemüsebrühe, aufgelöst, kalt
- 125 ml Sojasauce
- 60 g Hefeflocken
- 1 EL Tomatenmark
- 1 TL geriebene Zitronenschale
- 2 Knoblauchzehen, fein gehackt
- Gewürze nach Belieben

Zum Kochen:
- 2,5 l Gemüsebrühe, aufgelöst, kalt
- 125 ml Sojasauce

1. Sojasauce, Tomatenmark und Gemüsebrühe in einem Mixbecher verrühren.
2. Weizenkleber, Hefeflocken, Knoblauch, Gewürze und Zitronenschale in einer Schüssel vermengen. Flüssiges und Trockenes zusammenfügen.

3. Beides sofort verrühren und mit einem Kochlöffel oder auch den Händen ordentlich durchkneten, so dass ein kompakter Teig entsteht. In einem Nudelkochtopf die kalte Gemüsebrühe mit der Sojasauce vermischen.

4. Den fertigen Teigklumpen in drei gleich große Stücke schneiden und in den Topf mit der kalten Gemüsebrühe und der Sojasauce legen. Es ist wirklich wichtig, dass die Brühe kalt ist, wenn du den Teig reinschmeißt. Es kann sonst beim Erhitzen passieren, dass der Teig auseinanderfällt.

5. Herdplatte anschmeißen. Wenn's kocht, auf kleiner Flamme eine Stunde lang ziehen lassen und dabei immer wieder umrühren. Dann den Seitan in der Brühe abkühlen lassen. Wenn er kalt ist, rausfischen und nach Belieben weiterverarbeiten.

aufstriche

bissiger brotaufstrich

von Uschi Herzer
WALL OF VOODOO „Dark Continent“

- 100 g mittelfeiner Getreideschot (z.B. aus Hafer und Weizen)
- 200 ml Gemüsebrühe
- 120 g Margarine
- 1 rote Paprika, megafein gewürfelt
- 2-3 Frühlingszwiebeln, fein geschnibbelt; auch das Grün
- 1 Möhre, grob geraspelt
- 2 EL Sonnenblumenkerne
- 2 EL Hefeflocken
- (Kräuter-)Salz, Pfeffer
- Paprikapulver scharf
- 1/2 Packung TK-Kräutermischung
- 1 Schuß Sojasauce
- 1 EL Tomatenmark
- 1 TL Senf

1. Zuallererst erhitzt ihr die Gemüsebrühe, schüttet dann den Schrot rein und lasst das Ganze unter ständigem Rühren so 3-4 min einkochen. Flamme aus und ca. 30 min quellen lassen.
2. In der Zwischenzeit das Gemüse in etwas Margarine dünsten – und zwar so lange, bis es noch einen leichten Biss hat.
3. Als Nächstes die Sonnenblumenkerne ohne Fett in einer Pfanne leicht hellbraun rösten.
4. Ist die halbe Stunde um, schmeißt ihr Schrot, Gemüse und Margarine in einen Topf, lasst das Fett schön schmelzen und vermischt alles gut miteinander. Jetzt noch kräftig mit den Gewürzen (incl. Hefeflocken) abschmecken.
5. Zum Schluss schnappt ihr euch den Pürierstab und rührt die Pampe gut durch, bis eine relativ homogene Masse entstanden ist. Jetzt noch die Sonnenblumenkerne unterrühren und fertig. Köööstlich!

grüne-tomaten-chutney

von Uschi Herzer
EMPTY VISION „s/t“

Das hier ist ein tolles Rezept, wenn ihr im Oktober noch grüne Tomaten am Strauch hängen habt, denn die werden sowieso nicht mehr reif. Wahlweise gibt's die Dinger auch im türkischen Lebensmittelladen deines Vertrauens zu kaufen.

- 500 g grüne Tomaten
- 1 grüne Paprika
- 5 kleine Chilischoten
- 4-6 EL Weinessig
- 100 g Kandiszucker
- 4 Nelken, Salz, Ingwerpulver und Pfeffer

1. Zuerst schaut ihr nach, ob ihr irgendwo leere Marmeladengläser oder sonstige Schraubgläser in der Größenordnung von 200-300 ml findet. Diese sauber spülen, dann in in der Spüle in sehr heißes Wasser legen und nach einer Weile rausnehmen und auf einem Geschirrtuch abtropfen lassen. Das ist wichtig, denn sonst schimmelt das Ganze sehr schnell.
2. Als Nächstes ist das Waschen und Schnibbeln dran: Tomaten achteln, Paprika in gröbere Stücke schneiden.
3. Jetzt das Zeug mit dem ganzen anderen Rest in einen großen Topf packen, gut umrühren, Hitze auf 12 und ab dafür. Immer schön umrühren, denn sonst brennt es an. Wenn alles blubbert, bitte die Temperatur reduzieren; es soll alles einfach nur schön vor sich hin köcheln. Am besten setzt ihr dem Topf den Deckel auf und macht die Dunstabzugshaube und das Fenster auf, denn der ganze Essig riecht penetrant.

4. Es dauert jetzt so 30 min, bis das Chutney fertig ist. Wenn euch noch zu viele Stücke drin sind, einfach kurz mit dem Pürierstab rein. Aber Obacht, es soll kein Mus werden. Wenn das Ganze sehr wässrig aussieht, nehmt ihr einfach den Deckel runter und lasst alles nochmal ein paar Minuten kochen. So kann das Zuviel an Flüssigkeit etwas verdampfen.
5. Die Pampe jetzt am besten in einen Messbecher kippen und die Gläser nacheinander damit fast randvoll füllen. Wer gesaut hat, wischt erst den Schmodder vom Rand ab und dreht dann die Schraubdeckel drauf.
6. Damit das Chutney so richtig lecker schmeckt, sollte es jetzt noch zwei Wochen stehenbleiben.

→ Passt supergut zu Bratlingen, gebratenem Tofu, Gemüse, Reis ...

hummus

für 4, von Uschi Herzer
BAMBIX „Leitmotiv"

- **1 kleine Dose Kichererbsen**
- **2 EL Tahin (Sesammus)**
- **2-3 EL Olivenöl**
- **eine Prise Salz**
- **1-2 EL Zitronensaft**
- **1/4 TL Kreuzkümmel**
- **ein paar schwarze Oliven und Peperoni zur Deko**

Kichererbsen gut abtropfen lassen. Dann alle Zutaten in den Mixer und so lange häckseln, bis eine glatte, geschmeidige, homogene Masse entstanden ist. Zitronensaftmenge je nach eurem persönlichen Geschmack.

ingwerpaste

von Familie Schäfer-Hiller
LES HATEPINKS „Tupperware Love"

- **1-2 Knollen frischer Ingwer (je nach Knollengröße)**
- **2-4 Knoblauchzehen**
- **1 TL Salz**
- **300 ml Olivenöl**

1. Ingwer schälen und reiben oder in kleine Stücke schneiden.
2. Geschälten Knobi und Salz dazu und pürieren. Öl dazugeben, bis eine homogene Masse entsteht.

→ Die Paste ist im Kühlschrank ewig haltbar und ist ideal für Suppen, Reisgerichte, Pasta ...

avocado-creme

für 2, von Uschi Herzer
THE PAINS OF BEING PURE AT HEART „Belong"

In einem Avocado-Anbaugebiet zur Erntezeit Urlaub zu machen ist verheerend: Man will nichts anderes mehr essen als Avocado-Creme, morgens, mittags, abends. Und im Gegensatz zu Deutschland kosten die Dinger quasi nichts, sind zudem ess-reif und nicht wie so oft bei Supermarktware entweder noch hart oder schon gammlig. Eine schön reife Avocado zu finden ist eine Wissenschaft für sich, den Toptip kenne ich nicht. Also weiter auf gut Glück kaufen – das Ergebnis, falls reif, belohnt.

- **1 Avocado**
- **Zitronensaft**
- **Salz, Pfeffer**

1. Zuerst eine halbe Zitrone auspressen.
2. Die Avocado vom Stilansatz her einmal rings herum bis zum Kern einschneiden. Dann mit jeder Hand eine Seite umfassen und die Hälften gegeneinander verdrehen – schwupp! Dann ein scharfes Messer mit der Klinge (nicht mit der Spitze!) beilartig in den Kern schlagen. Der Kern sollte am Messer hängenbleiben und kommt in die Tonne.
3. Nun das hoffentlich schön grüne und nicht hässlich faserig-braune Fruchtfleisch mit einem Teelöffel vorsichtig auslösen, zur Not am braunen Faserzeug entlang. In eine flache Schüssel oder auf einen Teller damit und sofort mit etwas Zitronensaft bekleckern.
4. Salz und Pfeffer dazu und mit einer Gabel das Fruchtfleisch fein zerdrücken, mit Zitronensaft abschmecken. Fertig. Schmeckt super als Brotaufstrich, ist beinahe so fett wie Butter und hat ohne Ende Vitamine und so Zeug.

➜ Die Deluxe-Version geht mit Limettensaft und ein paar gehackten Minzblättchen.

zaziki

von Joachim Hiller
OMA HANS „Peggy"

- **1/2 Salatgurke**
- **1 Becher (400 g) Soja-Joghurt Natur, ungesüßt**
- **2 EL Sojasahne**
- **1-2 Zehen Knoblauch**
- **1-2 EL Zitronensaft**
- **Salz und Peffer**

1. Die Gurke schälen und dann grob raspeln. Mit etwas Salz bestreuen, ein paar Minuten stehenlassen. Dann das Gurkenwasser ausdrücken und wegkippen – so wird das Zaziki nicht suppig.
2. Nun Joghurt, Zitronensaft und Sojasahne mit dem Schneebesen cremig rühren. Knoblauchzehen reinpressen, Gurkenraspel unterrühren.
3. Mit Salz und Pfeffer sowie eventuell Zitronensaft abschmecken und etwas ziehen lassen.

linsenpaste

von Uschi Herzer
REO SPEEDWAGON „The Essential"

- **100 g (braune) Linsen**
- **1 gewürfelte Möhre**
- **5 cm kleingeschnittener Lauch**
- **500 ml Gemüsebrühe**
- **1 kleine Zwiebel**
- **150 g Margarine**
- **Salz, Pfeffer**
- **Majoran, ...**

1. Die Linsen 2-3 Std. in Wasser einweichen. Danach zusammen mit klein geschnibbelter Möhre und Lauch in der Gemüsebrühe 20-30 min weichkochen.
2. In der Zwischenzeit die Zwiebel würfeln und in etwas Margarine goldbraun braten.
3. 150 g Margarine leicht erhitzen. Alles zusammen im Mixer pürieren, mit den Gewürzen kräftig abschmecken und in kleinen Gläsern mit Deckel kalt stellen.

➜ Das Ganze ist ca. 1 Woche im Kühlschrank haltbar, lässt sich aber auch ausgezeichnet einfrieren.

obatzter

von Joachim Hiller
PACK „s/t“

Die bayerische Biergartenspezialität ist in ihrer veganen Variante eine harte Nuss, da würziger Camembert eine schwer nachzumachende Hauptzutat darstellt. Mit dieser veganen Variante aber schmecken Laugenbrezel und Weißbier auch den veganen Biergartenbesuchern.

- **300 g Tofu natur**
- **1 Handvoll Cashewnüsse, fein zermahlen**
- **Hefeflocken**
- **Mayonnaise**
- **Margarine**
- **Salz, Pfeffer**
- **edelsüßes Paprikapulver, Kümmel**
- **Gemüsebrühpulver**
- **Essig**
- **1 Frühlingszwiebel**

1. Zuerst den Tofu leicht zerbröseln, dann die fein gemahlenen Cashewkerne mit ca. 3 EL Margarine, 2 EL Mayonnaise, 1-2 EL Hefeflocken, 1 TL Gemüsebrühpulver, Salz, Pfeffer und Paprika in einem hohen Mixbecker mit dem Pürierstab zu einer cremigen Paste verarbeiten. Falls zu fest etwas Wasser dazugeben.
2. Die Frühlingszwiebel waschen und in sehr feine Ringe schneiden, inklusive des knackigen Teils des Grünzeugs. In den Becher kippen und ab jetzt nicht mehr mit dem Pürierstab arbeiten.
3. Einen Schuss Essig unterrühren und jetzt mit dem nötigen Fingerspitzengefühl nachwürzen. Salz, Paprika, Hefeflocken – alles ist erlaubt, nur schön würzig muss es sein, manche mögen auch Kümmel (nicht gemahlen) im Obatzten.
4. Ziehen lassen! Die Zwiebel entwickelt ihren vollen Geschmack erst nach einer Weile.
5. Essen. Ist keine Brezel zur Hand, tut's auch Weißbrot.

süßes

ox-100-torte

von Daniela Mohr, herbivoria.de
ABBA „Thank you for the music"

Die 100. Ausgabe des Ox war ein vorzüglicher Grund zu ausgelassenem Feiern – und da das Fanzine nach 100 Ausgaben getrost als „ein Magazin in reiferem Alter" bezeichnet werden kann, ist da ein gepflegtes Stückchen Torte an einem Sonntagnachmittag dem Anlass vermutlich deutlich angemessener als Fritten und Bier (oder was immer der gemeine Punkrocker da zu seinen Lieblingsspeisen zählen mag). Und da beim Feiern möglichst niemand leiden soll, ist diese Torte selbstverständlich 100% tierfrei. Jawohl! Auch wenn es für den ungeübten Hobbybäcker auf den ersten Blick ziemlich kompliziert wirkt, ist so ein Törtchen kein Hexenwerk – man braucht bloß ein bisschen Geduld und Zeit, zwischen Tür und Angel geht hier nix.

Zuallererst wird der Tortenboden gebacken, am besten am Vortag:

- **250 g Weizenmehl Type 550**
- **150 g Rohrohrzucker**
- **1 Päckchen Weinsteinbackpulver**
- **1 Päckchen Vanillezucker**
- **1 Prise Salz**
- **2 EL Kakao**
- **60 ml Sonnenblumen- oder Rapsöl**
- **250 ml Mineralwasser mit Kohlensäure**

1. Die trockenen Zutaten in einer Schüssel verrühren, Mineralwasser und Öl zugeben, kurz und gründlich verrühren und in eine ausgefettete 20-cm-Springform geben.
2. Im Backofen bei 180 °C (ohne Vorheizen, ich habe für mich beschlossen, dass diese ganze Vorheizerei Quatsch und Energieverschwendung ist. Jawohl!) ca. 35 min backen (Stäbchenprobe!), aus der Form nehmen und auskühlen lassen.

3. Mit einem großen, scharfen Messer vorsichtig in 3 Lagen schneiden – keine Panik, falls die Tortenböden dabei brechen oder die Schnitte nicht so akkurat werden, denn mit der Füllung kann man die Böden wieder zusammenkleben. Eventuelle Macken oder Risse im „Tortendeckel" lassen sich hinterher mit der Schokoladenganache wunderbar zuspachteln. Also frisch und mutig ans Werk.
4. Den untersten Tortenboden packt man nun auf einen Teller, schnallt einen Tortenring (oder den Ring der Springform) drum und ab geht's zur Schokoladencreme:

- **200 g Seidentofu**
- **100 g Zartbitterschokolade**
- **ca. 1/2 TL Chilipulver**

5. Den Seidentofu ein wenig abtropfen lassen und dann in einer Schüssel mit dem Handmixer cremig aufschlagen – so lange rühren, bis der Tofu richtig weich und homogen geworden ist und keine grisseligen Bröckchen mehr sichtbar sind.
6. Die Schokolade im Wasserbad schmelzen, in den Tofu einfließen lassen und flott mit dem Handmixer verrühren. Chili unterrühren (wer es gerne süßer mag, kann noch 1 EL Rohrzucker zugeben), auf dem Tortenboden verstreichen und für ca. 1 Std. im Kühlschrank parken.
7. Chili und Schokolade sind ja schon ganz nett, aber ich weiß aus gut informierten Kreisen, dass der Punkrocker an sich den alkoholischen Getränken nicht abgeneigt ist, also darf ein kleines Schnäpschen wohl nicht fehlen. Hier bei dieser Torte wird der Alk unauffällig in der Kirschfüllung versteckt:

- **1 kleines Glas Sauerkirschen (Abtropfgewicht 185 g) abtropfen lassen, den aufgefangen Kirschsaft aus dem Glas (ergibt ca. 150 ml) mit Amaretto (oder Whiskey, falls der Amaretto zu mädchenhaft ist) auffüllen bis insgesamt 250 ml**
- **30 g Zucker**
- **2 EL Maisstärke (ca. 40 g)**

9. Die Hälfte der Flüssigkeit zusammen mit dem Zucker in einem Topf aufkochen. Die Maisstärke mit dem übrigen Saft/Schnapsgemisch vermischen (bis keine Klümpchen mehr übrig sind) und in den kochenden Topfinhalt einrühren, nochmal kurz aufkochen lassen (nicht zu lange, sonst verdampft der ganze gute Alkohol), fix die Kirschen zugeben und kurz umrühren.
10. Jetzt geht das Tortenbastelwerk in die nächste Runde – den zweiten Tortenboden auf die Schokocreme auflegen und mit etwas Maisstärke bestreuen (damit die Kirschfüllung nicht so durchsifft) und die Kirschmischung auf den Tortenboden gießen. Ein wenig glattstreichen, Tortendeckel auflegen und – man ahnt es schon – im Kühlschrank parken (mind. 1 Std., über Nacht geht auch).
11. Jetzt braucht die Torte bloß noch eine Hülle, dazu machen wir eine Schokoladenganache wie folgt aus diesen Zutaten:

- **200 g Blockschokolade**
- **100 ml Sojasahne**
- **25 g Margarine**

12. Sahne und Margarine auf kleiner Flamme in einem Topf erhitzen, Blockschokolade hacken und einrühren, bis eine homogene Creme entsteht und sich alle Schokostücke

aufgelöst haben. So lange abkühlen lassen, bis die Ganache fester, aber noch streichfähig ist.

13. Am besten zuerst mit dem Tortendeckel anfangen. Falls der Deckel Macken oder Risse hat, kann man diese jetzt mit einer großzügigen Menge der Creme ausbessern. Dann den Tortenring abnehmen und die Torte gleichmässig mit der Ganache bestreichen. Wenn die Torte noch ein wenig „verschmiert" aussieht, kann man mit einem heißen Messer noch ein paar unschöne Ecken glätten.
14. An dieser Stelle könnte man entweder beschließen, dass jetzt echt mal genug ist mit diesem Fummelkram, das Tortenteil noch eine Weile im Kühlschrank abstellen, bis die Ganache schnittfest geworden ist, und den Kaffeetisch decken – oder man lässt seinem Spieltrieb freien Lauf und verziert das Schokomonster mit Marzipan, Sahne, Streuseln oder sonstigem Firlefanz, getreu dem bekannten Swingerclub-Motto: Alles kann, nix muss! Nun denn, wie auch immer – guten Appetit, auf die nächsten 100 – and thank you for the music, verehrtes Ox!

→ Und wem dieses ganze Schicht- und Spachtelwerk zu fummelig ist, der kann aus der angegebenen Teigmenge auch in einer 28-cm-Springform einfach einen einzelnen Tortenboden backen (der ist dann schon etwas früher fertig, also nach 25 min mal eine Stäbchenprobe machen), die Menge für Schokoladencreme und Kirschfüllung einfach verdoppeln und das Ganze einfach übereinander schichten – Tortenboden in einen Tortenring stecken, Schokocreme aufstreichen und festwerden lassen, dann die Kirschfüllung obendrauf packen und das Ganze dann ein paar Stunden im Kühlschrank ausruhen lassen.

russischer zupfkuchen

von Jeannie
Domian und die Geschichte vom Erzengel Michael (YouTube)

Für den Teig:
- **300 g Mehl**
- **180 g Zucker**
- **3/4 Päckchen Backpulver**
- **30 g Kakaopulver (richtiges, kein Nesquik oder so!)**
- **1 Prise Salz**
- **185 g Margarine (je nach Teigkonsistenz auch etwas mehr, der Teig muss sehr fest und ein bisschen bröselig sein, aber man sollte ihn zu einem Klumpen formen können)**

Für die Füllung:
- **500 g Sojajoghurt, Vanillegeschmack oder natur**
- **125 g flüssige Margarine**
- **120 g Zucker**
- **1 Päckchen Vanillezucker – oder noch edler: Vanillemark (ausgekratzt aus 'ner Vanilleschote)**
- **1 Päckchen Vanillepuddingpulver**
- **5 EL Sojamilch**

1. Alle Teigzutaten bis auf die Margarine zusammenmischen. Zum Schluss die Margarine unterkneten, am besten mit den Händen nachhelfen.
2. Eine Kuchenspringform mit Margarine fetten. Den Boden und die Seiten der Form mit dem Teig auskleiden: alles schön fest drücken. Dabei ein bisschen Teig (so 'ne Handvoll) übrig lassen.
3. Jetzt ist die Füllung dran. Dazu das Puddingpulver in einer größeren Schüssel mit den 5 EL Sojamilch anrühren. Die restlichen Zutaten der Reihe nach dazugeben und alles grüüüüündlich verrühren; der Pudding macht nämlich gerne mal Bröckchen.
4. Das Ganze kippt man jetzt in die Form und schnipselt den Rest des Schokoteigs da drauf. Man kann auch Namen schreiben mit dem Rest, oder Zahlen, wenn der Kuchen ein Geburtstagskuchen sein soll.
5. Bei 160 °C Umluft ca. 45 min backen. Die Füllung sollte relativ fest sein, aber noch nicht zu braun.

→ Wenn einem die Füllung zu matschig ist, kann man beim nächsten Versuch 2 Päckchen Puddingpulver oder etwas Stärke zur Füllung dazugeben. Ich finde den aber so am besten.

→ Tipp der Redaktion: Schmeckt nach einer Nacht im Kühlschrank fast noch besser!

rucki-zucki-veggi-apfelkuchen

von Uschi Herzer
BOSKOPS „Lauschgift“

- **300 g Weizen(vollkorn)mehl**
- **150 g Zucker**
- **125 g Margarine**
- **1 Ei-Ersatz (z.B. 1 TL Sojamehl und 2 EL Wasser)**
- **1 TL Zimt**
- **1 gestrichener TL Backpulver**
- **750 g Äpfel (am besten Boskop)**

1. Alle Zutaten außer den Äpfeln in eine Schüssel geben, und mit den Händen oder einer Gabel zu Krümeln (Streusel) verarbeiten. 2/3 davon in eine gefettete runde Kuchenform geben und leicht andrücken.
2. Jetzt die Äpfel schälen, vierteln, in dünnere Scheiben schneiden und gleichmäßig auf dem Kuchen verteilen.
3. Die restlichen Krümel obendrauf und ab damit in den Backofen. Bei 175 °C ca. 45 min backen, fertig.

beerentraum-torte

von Rebekka Große
Beth Rowley „So Sublime"

Trockene Teigzutaten:
- 300 g Mehl
- 200 g Rohrzucker
- 100 g gemahlene Mandeln
- 5 TL Backpulver
- 4 TL Natron
- Schale einer Bio-Zitrone
- 150g weiche Margarine (Alsan)

Flüssige Teigzutaten:
- 200 ml Sojamilch
- Saft einer halben Zitrone

Tortencreme:
- 200 g Erdbeeren
- 125 g Himbeeren
- Saft einer halben Zitrone
- 300 g weiche Margarine (Alsan)
- 500 g Puderzucker

Zum Garnieren:
- 200 g gehobelte Mandeln
- 100 g Heidelbeeren

1. Für den Biskuitteig zuerst alle trockenen Zutaten miteinander vermengen und dann die flüssigen Zutaten dazugeben und mit einer Küchenmaschine oder einem Handmixer zu einem glatten Teig verrühren.
2. Den Boden einer Springform (24 cm Durchmesser) mit Backpapier auslegen, Teig darauf gleichmäßig verteilen und für ca. 25-30 Minuten bei 200 °C im Backofen hellbraun backen. Zwischendurch kontrollieren, ob der Teig schon fertig ist, da er schön fluffig bleiben soll.
3. Wenn der Teig ganz ausgekühlt ist, mit einem großen Messer horizontal in zwei Hälfen teilen. Den oberen Teil mit der Schnittfläche nach oben auf einem Teller ablegen.
4. Als nächstes Erdbeeren, Himbeeren und den Saft der halben Zitrone zu einem Saft mixen. Ein dünnmaschiges Sieb auf eine Schüssel geben und den Fruchtsaft durch das Sieb schütten. 150 ml davon abmessen und auf die Schnittflächen der beiden Biskuit-Hälften auftragen.
5. Das Mark und der Rest des Saftes werden jetzt mit der weichen Margarine und dem Puderzucker gemixt, so dass die Creme gleichmäßig gefärbt ist.
6. Jetzt 50 g von den gehobelten Mandeln gleichmäßig auf dem unteren Teigboden verteilen. Eine etwa 1 cm dicke

Cremeschicht auftragen, die Heidelbeeren hineindrücken und mit etwa 50 g Mandeln bestreuen.
7. Nun die obere Hälfte des Biskuitteigs mit der Schnittkante auf den unteren Boden legen und die komplette Torte gleichmäßig mit der restliche Creme verkleiden.
8. Die übrigen Erdbeeren in Hälften teilen und in einen oder zwei Kreise legen. Zum Schluss die Seiten der Torte mit den Mandeln bekleiden.
9. Bis die Torte vernascht werden kann, muss sie noch mindestens zwei Stunden im Kühlschrank stehen, damit die Creme richtig kalt und fest wird.

lecker-schmecker-schokokuchen

von Fairy Chaki
Teil 1: TOOL „Die Eier von Satan“,
Teil 2: Screamin' Jay Hawkins

Dieser Kuchen passt zu Bier und veganem Chili, auch morgens um halb vier.

- **300 g brauner Zucker (nicht der fiese krümelige mit Malzgeschmack, sondern der, der wie normaler weißer, nur eben hellbraun aussieht)**
- **450 g Vollkornmehl**
- **6 EL Kakaopulver (etwas mehr schadet keinem)**
- **1 Päckchen Vanillezucker**
- **1 Päckchen Backpulver**
- **150 ml Sonnenblumenöl (oder ein anderes geschmacksneutrales Öl, wobei Olivenöl auch super geschmeckt hat, ausprobieren!)**
- **200 ml Soja- oder Reisdrink**
- **200 g Zartbitter-Schoki**
- **200 g Zarbitter-Kuvertüre**

1. Popeln einstellen, Hände waschen, Werkzeug bereitstellen und loslegen: Ofen auf 175 °C anschalten. Zucker, Vanillezucker, Mehl, Backpulver sowie Kakao in eine Schüssel geben und vermatschen.
2. Als Nächstes bitte Öl und Soja/Reisdrink dazugeben. Jetzt durchatmen und hoffen, dass die Zutaten sich zu einem geschmeidigen Teig zusammenfinden. Handrührgerät könnte helfen und zur Not fügt ruhig etwas Wasser hinzu.
3. Im nächsten Schritt muss die Schokolade zerstückelt und mit dem super geschmeidigen Teig verrührt werden. Der erste Teil ist somit geschafft, der Teig kann in eine gefettete Backform gefüllt werden (gefettet wird mit Margarine und Paniermehl, erinnert euch an Backaktionen mit Mama). Der Kuchen kann jetzt im vorgeheizten Backofen bei 175 °C ca. 60 min gebacken werden. Checkt besser zwischendurch die Konsistenz, da jeder 'nen anderen Herd hat ...
4. Da nun der schwierigste Teil überstanden ist, kommen wir zur Kür und legen Screamin' Jay Hawkins auf (egal was, alles geil).
5. Wenn euer Kuchen den Backvorgang ohne Verbrennungen überstanden hat, darf er abkühlen. In der Zwischenzeit könnt ihr schon mal die Kuvertüre vorbereiten. Schokolade bringt ihr am besten im Topf über dem mit Wasser gefüllten Topf zum Schmelzen, klar, oder? Diejenigen, die meine Schmelzanweisung nicht verstehen, legen am besten die Kurvertüre mit Verpackung auf die Heizung (Heizung auf volle Pulle) und warten, bis die Schokolade geschmolzen ist. Die Kuvertüre kann jetzt wahlweise auf dem Kuchen verteilt werden oder aus der Verpackung auf den Kuchen gedrückt werden (schöner Anblick).
6. Jetzt Kuchen ins Bier tunken und schmecken lassen. Geil.

Heidelbeer-Muffins mit weißer Schokolade

für 12 Stück, von Mareike Petrozza
FRANK TURNER „Wanderlust"

Eine Leckerei für die süßen Gelüste in den heißen Sommermonaten. Diese Muffins gelingen und schmecken immer!

- 260 g Weizenmehl
- 140 g Zucker
- 3 gehäufte TL Backpulver
- 1 Packung Vanillezucker
- 1 Ei-Ersatz (1 El Sojamehl + 2–3 EL Wasser)
- 85 g Rapsöl (oder Sonnenblumenöl)
- 150 ml Haferdrink (oder andere Pflanzenmilch)
- 50 g Reismilch-Schokolade, weiß
- 1 Tasse Heidelbeeren

1. Mehl, Zucker, Backpulver und Vanillezucker in einer Schüssel vermengen.
2. Für den Ei-Ersatz 1 EL Sojamehl mit 2–3 EL Wasser in einer zweiten Schüssel anrühren.
3. Öl und Haferdrink zum Ei-Ersatz geben und alles gut vermischen.
4. Die flüssigen Zutaten zu den trockenen geben und etwas verrühren.
5. Die weiße Schokolade klein hacken und zusammen mit den Heidelbeeren mit einem Löffel vorsichtig mit der Muffin-Mischung vermengen.
6. In 12 Muffinförmchen füllen und im vorgeheizten Backofen bei 180° C 25–30 Minuten (Ober-/Unterhitze) backen. Nach der Backzeit mit einem Holzstäbchen reinpieksen – klebt kein Teig mehr dran, sind die Muffins fertig.

Zeichnung und Schriftart von www.dachsdessert.de

maulwurf-tiramisu

von Holger Mauermann,
maulwurfshuegel-online.de
Eros Ramazotti (bei Tiramisu für Verliebte) oder Punk nach Art des Hauses

Biskuit:
- 420 g Mehl
- 5 leicht gehäufte TL Sojamehl
- 160 g Zucker
- 7 gestrichene TL Backpulver
- 8 EL neutrales Pflanzenöl
- 480 g Sojadrink
- 2 Päckchen Vanillezucker und evtl. noch etwas echte Vanille

Creme:
- 1 l Sojadrink (keine Hafermilch oder ähnliches)
- 500 g Kokosfett
- 500 ml neutrales Pflanzenöl
- 10 TL Zitronensaft
- 10 EL Zucker
- 10 Päckchen Sahnesteif
- 5 Päckchen Vanillezucker und 50 ml Mandelsirup oder Amaretto (Kaffeesirup)

Kaffee-Amaretto-Tränke:
- 400 ml starker Kaffee
- Amaretto (mit oder ohne Alkohol, oder Amarettosirup für Kaffee)

1. Ofen auf 180 °C Umluft vorheizen. Für den Biskuitteig alle Zutaten mit einem Schneebesen oder dem Handrührgerät 2-3 min homogen verrühren.
2. Ein Backblech mit Backpapier auslegen. Den Teig auf das Blech gießen und gleichmäßig verteilen. Im vorgeheizten Ofen bei 180 °C Umluft auf unterer bis mittlerer Schiene ca. 10-15 min (Backzeit variiert je nach Ofen) hell backen. Biskuit herausnehmen und vollkommen auskühlen lassen, anschließend vom Backpapier lösen.
3. Für die Creme das Kokosfett schmelzen und mit den restlichen Zutaten in einem hohen Gefäß mit einem Pürierstab gut durchmixen. Mit dem Schmelzen des Fetts eher vorsichtig sein, denn je wärmer das geschmolzene Kokosfett ist, desto „flüssiger" wird die Creme. Diese sollte eine recht dickflüssige Konsistenz haben (wie angeschlagene Sahne).
4. Die Tränke zusammenrühren, sie sollte schön süßlich-herb nach Kaffee-Amaretto schmecken.
5. Jetzt geht es ans Eingemachte: Für das Tiramisu den abgekühlten Biskuit in der Mitte durchschneiden und die erste Hälfte in eine Auflaufform einpassen. Wer sich nicht sicher ist, misst die Auflaufform aus und schneidet den gebackenen Teig entsprechend zu. Den eingelegten Boden nun mit einer Gabel mehrfach einstechen und mit der Hälfte der Kaffee-Amaretto-Mischung tränken (am besten mit Löffel oder kleiner Kelle).
6. Darauf wird nun die Hälfte der Creme gestrichen. Den Deckel bildet die zweite Hälfte des (zugeschnittenen) Biskuits. Dieser wird wieder perforiert und getränkt. Nun den Rest der Creme darauf schichten und abgedeckt über Nacht (wenigstens 3-4 Std.) im Kühlschrank fest werden lassen.
7. Vor dem Servieren dick mit dunklem Kakaopulver bestäuben.

→ Herr Maulwurf sagt: Das beste Ergebnis erreiche ich mit dem Alpro Sojadrink Bio und Sahnesteif von SanApart (20 TL).

wintermuffins

für 12 Stück, von Uschi Herzer
DRAMAMINE „Green Horse"

- **240 g Vollkornmehl (Weizen oder Dinkel)**
- **1/2 TL Salz**
- **3 TL Backpulver**
- **120 g Zucker**
- **2 Ei-Ersatz (2 EL Sojamehl + 5-6 EL Wasser)**
- **75 ml neutrales Öl**
- **225 ml Haferdrink Chai, vermischt mit 1 TL Obstessig**
- **2 kleine Äpfel, grob geraspelt**
- **1 Handvoll Walnüsse, fein gehackt**
- **12er-Muffinform**

1. Ofen auf 175 °C vorheizen.
2. Vollkornmehl, Salz und Backpulver in einer Schüssel vermischen. Dann Zucker, Nüsse, Ei-Ersatz, Haferdrink und Öl dazugeben und grob mit einem Löffel vermischen. Zum Schluss noch die geriebenen Äpfel dazu und flott miteinander verrühren. Gerade mal so, dass alles vermischt ist.
3. Jetzt entweder Papier- oder Silikonförmchen in die Muffinform legen und den Teig gleichmäßig darauf verteilen.
4. Ab damit in den Ofen und ca. 25 min backen oder so lange, bis die Oberfläche leicht gebräunt ist. Raus aus dem Ofen, in der Form etwas auskühlen lassen und dann anschließend aus der Form holen.

➜ Statt Haferdrink Chai kann man auch normale Pflanzenmilch nehmen. Dann aber etwas Zimt oder Lebkuchengewürz zum Teig geben.

anything-goes-muffins

für 12 Stück, von Joachim Hiller
MARTHA AND THE MUFFINS „Metro Music"

(Vegane) Muffinrezepte gibt es viele, für uns hat sich dieses aber als Allzweckwaffe erwiesen, bei freier Wahl der „Schmuckzutaten" Obst, Schokolade und Nüsse. Wer experimentiert, der gewinnt!

- **250 g Weizenvollkornmehl**
- **2 TL Backpulver**
- **1/2 TL Natron**
- **1 Prise Salz**
- **150 g Zucker (Rohr-, braun, egal)**
- **250 Kirschen (wir hatten TK-Kirschen vom letzten Sommer)**
- **2 EL gemahlene Haselnüsse**
- **1/3 Tafel kleingehackte Zartbitterschokolade**
- **1 EL Instant-Kaffeepulver (kann man auch weglassen)**
- **Zimt, Menge nach Geschmack**
- **1 TL Kakaopulver**
- **2 EL in Rum eingelegte Rosinen (selbermachen!)**
- **1 Ei-Ersatz (wir nehmen 1 EL Sojamehl und 2 EL Wasser)**
- **80 ml Sonnenblumenöl**
- **160 ml Sojamilch oder anderer Pflanzendrink**

- 1 TL Obstessig
- 12er-Muffinform

1. Sojamilch mit dem Obstessig verrühren und kurz stehen lassen. Backofen auf 180 °C Ober/Unterhitze oder 160 °C Umluft vorheizen.
2. Alle trockenen Zutaten mit einem Löffel verrühren.
3. Kleingehackte Kirschen und Rosinen unterrühren.
4. Zum Schluss Ei-Ersatz, Sojadrink und Öl vorsichtig unterrühren – mit einem Löffel, nicht mit dem Mixer.
5. Ab damit in die 12 Muffinformen (Papier- oder Silikonförmchen nicht vergessen!) und ca. 25 min backen. Am besten macht ihr eine Stäbchenprobe: Bleibt beim Reinpieksen am Holzspieß was hängen, Ofen wieder zu und nach 5 min nochmal nachschauen.
6. Vorsichtig aus der Blechform rausholen, auf ein Rost setzen, etwas auskühlen lassen, aus der Silikonform rausholen (sonst werden sie feucht), nehmen und aufessen.

lazy sunday afternoon-muffins

12 Stück, von Uschi Herzer
JOY DIVISION „Unknown Pleasures"

- 200 g Vollkornmehl (Weizen oder Dinkel)
- 2,5 TL Backpulver
- 0,5 TL Natron
- 150 g Zucker
- 20 g Rosinen, in Rum eingelegt
- 1,5 TL Zimt gemahlen
- 1 Ei-Ersatz (z.B. 1 TL Sojamehl und 2 EL Wasser)
- 80 ml neutrales Öl
- 200 g Soja-Joghurt „Apfel"
- 2 kleine Äpfel, grob geraspelt
- 1 Handvoll Walnüsse, fein gehackt

1. Ofen auf 180 °C vorheizen.
2. Äpfel waschen, vierteln, Kerngehäuse rausschnibbeln und grob reiben. Mit den Rumrosinen, 1 EL Zucker und 1/2 TL Zimt verrrühren, zur Seite stellen.
3. Vollkornmehl, Walnüsse, Natron, Backpulver und 1 TL Zimt in einer Schüssel vermischen.
4. In einer anderen Schüssel den Eiersatz anrühren. Dann Zucker, Öl und Joghurt mit einem Schneebesen unterrühren. Zum Schluss noch die Apfelmischung und das Mehlgedöns dazu und flott miteinander verrühren. Gerade mal so, dass alles vermischt ist.
5. Jetzt entweder Papier- oder Silikonförmchen in die Muffinform legen und den Teig gleichmäßig verteilen.
6. Ab damit in den Ofen und ca. 25 min backen oder so lange, bis die Oberfläche leicht gebräunt ist. Raus aus dem Ofen, in der Form auskühlen lassen und anschließend aus der Form holen.

käsekuchen

von Daniela Mohr, herbivoria.de
MAXIMO PARK „The National Health"

Dieser Kuchen ist superlecker, benötigt aber etwas Planung, da der Joghurt über Nacht abtropfen muss.

Mohnfüllung:
- 120 g Mohn
- 60 g Rohrohrzucker
- 80 ml Dinkel- oder Sojamilch
- 30 g Margarine

Creme:
- 100 g zimmerwarme Margarine

- 120 g Rohrohrzucker
- 2 große Becher Soja-Joghurt
- 2 EL Zitronensaft
- 1 Päckchen Puddingpulver Vanille
- 2 große, säuerliche Äpfel

Teigboden:
- 80 g zimmerwarme Margarine
- 70 g Rohrohrzucker
- 150 g Weizenvollkornmehl
- 1 TL Weinsteinbackpulver
- 1-2 EL Rapskernöl mit Buttergeschmack

1. Zuerst ist der „Quark" dran, denn der dauert am Längsten: man nehme zwei Becher Sojajoghurt natur, lege ein Sieb mit einem Baumwolltuch aus, lege dieses auf eine ausreichend große Schüssel, stürze den Joghurt ins Sieb und lasse ihn über Nacht (am besten abgedeckt) abtropfen. Am nächsten Morgen kann man den Joghurt je nach Vorliebe noch ein wenig mit dem Tuch ausdrücken – je mehr Druck, umso fester die Konsistenz.
2. Am Kuchenbacktag dann den Mohn fein mahlen (Kaffeemühle) und zusammen mit Margarine, Zucker und Milch in einem Topf auf kleiner Flamme erhitzen, bis die Margarine geschmolzen ist und sich alles zu einer cremigen Masse verbunden hat. Herd ausmachen, Topf beiseite stellen und die Masse ein wenig quellen lassen.
3. Für den Teigboden die Margarine mit dem Zucker schaumig schlagen, Mehl und Backpulver einrühren und 1 EL Öl zugeben. Der Teig sollte noch etwas bröselig und nicht zu feucht sein, sich aber zu einer Kugel zusammendrücken lassen. Bröselt er noch zu sehr und haftet nicht, kann man noch etwas Öl zugeben. Den Boden einer Springform (26 cm) mit Backfolie auslegen, die Ränder mit Margarine einfetten und mit Semmelbrösel ausstreuen. Den Teig auf dem Boden verteilen und andrücken (klappt bei mir am besten mit Hilfe der Hände und einer Lage Frischhaltefolie zwischen Finger und Teig) und einen etwa 3 cm hohen Rand hochziehen. Teig mitsamt Form in den Kühlschrank stellen.
4. Für die Creme ebenfalls Margarine und Zucker schaumig schlagen, die Quarkmasse und den Zitronensaft einrühren und gut vermischen. Puddingpulver drübersieben und einrühren.
5. Den Backofen auf 175 °C vorheizen.
6. Nun die Mohnfüllung vorsichtig auf dem Teigboden verstreichen, die Hälfte der Quarkmasse einfüllen und glattstreichen. Die Äpfel schälen, in Spalten schneiden, auf der Quarkmasse verteilen und mit dem Rest der Masse bedecken. In den heißen Ofen stellen und etwa eine Stunde backen. In der Form auskühlen lassen.

➜ Wer keinen Mohn mag oder wem das Gemantsche zu aufwändig ist, lässt den Mohn einfach weg. Schmeckt trotzdem.

➜ Die Früchte sind beliebig austauschbar und lassen sich auch direkt auf dem Teigboden oder oben auf dem Kuchen verteilen.

➜ Man kann auch Nüsse oder Rosinen zugeben, die Variante „gehackte Walnüsse auf dem Teigboden verteilen und den Kuchen mit Birnen belegen" ist zum Beispiel auch prima.

➜ Oder man belegt den Kuchen erst nach dem Auskühlen mit frischem Obst und glasiert das Ganze mit Tortenguss oder erhitzter Marmelade.

apfel-marzipan-amaretto-muffins

für 12 Stück, von Mareike Petrozza
ARCTIC MONKEYS
„Favourite Worst Nightmare"

Ich liebe Äpfel, Marzipan, Amaretto und Muffins. Die Kombination aus diesen vier Zutaten ist einfach unschlagbar!

- 2 Ei-Ersatz (2 EL Sojamehl + 5-6 EL Wasser)
- 100 g Margarine (rein pflanzlich, z. B. Alsan)
- 100 g Zucker
- 250 g Weizenmehl
- 1 Päckchen Backpulver
- 1 Päckchen Vanillezucker
- 2 EL Amaretto (alternativ einige Tropfen Bittermandelaroma)
- ca. 12 EL Apfelsaft (evtl. mehr)
- 1 Apfel (mittelgroß)
- 50 g Marzipan
- 1 Handvoll Mandelblättchen
- 12er-Muffinform

1. Ofen auf 180 °C (Ober/Unterhitze) anwerfen und den Ei-Ersatz anrühren. Hierzu das Sojamehl mit dem Wasser in einer kleinen Schüssel verrühren, so dass sich eine halbwegs flüssige Masse ergibt.
2. Die Margarine mit dem Zucker, dem Vanillezucker und dem Ei-Ersatz mit einem Mixer schaumig rühren. Mehl, Backpulver, Amaretto (oder Bittermandelaroma) und Apfelsaft untermixen. Wenn dir die Mischung noch zu trocken vorkommt, schütte noch einen Schluck Apfelsaft nach.
3. Den Apfel und das Marzipan in kleine Stückchen schneiden und mit einem Löffel unter den Teig rühren.
4. In 12 Muffinförmchen (am besten Papierförmchen und Muffinbackform) verteilen, Mandelblättchen obendrauf und im vorgeheizten Ofen ca. 25 min backen. Nach der Backzeit mit einem Holzstäbchen reinpiksen – klebt kein Teig mehr dran, sind die Muffins fertig.

frischkornmüsli

für 2, von Uschi Herzer
VIOLENT FEMMES

- 4 EL grob geschrotetes 5-Korn-Getreide
- Saft von 1/2 Zitrone
- 1 TL Agavendicksaft
- 1 geriebener Apfel
- 1 EL gemahlene Nüsse
- Rosinen, Sonnenblumenkerne, gehackte Mandeln ...
- 4 EL Soja-Joghurt (oder mehr)
- wenn ihr euch was Gutes tun wollt, noch'n Schuss vegane Sahne dazu
- Obst je nachdem, was ihr zu Hause habt, z.B. kleingeschnibbelte Bananen, Birnen, Nektarinen, Ananas, Erdbeeren ...

1. Frischkornmüsli ist kein Spontanrezept, das Getreide muss am Abend vorher eingeweicht werden. Gebt die entsprechende Menge in eine kleine Schüssel und rührt so viel Wasser ein, bis ein dickflüssiger Brei entsteht. Mit einem Teller oder so was zudecken und bis zum nächsten Morgen stehen lassen.
2. Seid ihr dann frühmorgens frisch und munter, reibt ihr den Apfel schön fein, gießt den Zitronensaft drüber und gebt alles zu dem Schrot.
3. Dann Agavendicksaft dazu und alles mit Joghurt, Nüssen usw. vermischen.
4. Zum Schluss das frisch geschnibbelte Obst drüber und fertig. Ich sag's euch, Leute, das schmeckt soo cool! Ich esse das Müsli allerdings lieber tagsüber, denn meine Kaumuskeln sind morgens mit sowas etwas überfordert ...

banana bread mit nüssen

von Diego Lemes, vegetalesapedales.com
EARTH CRISIS „Destroy The Machines"

- **2 Tassen Weizenvollkornmehl**
- **3 TL Backpulver oder Natron**
- **1/2 EL Salz**
- **1/2 Tasse brauner Zucker**
- **1/2 Tasse Sonnenblumen- oder Rapsöl**
- **1/2 Tasse Pflanzendrink (je nachdem, was du zuhause hast)**
- **4 reife Bananen**
- **1/2 Tasse gemahlene Nüsse**
- **Margarine zum Einfetten**
- **Kastenbackform**

1. Banana Bread ist total simpel! Als Erstes vermischt ihr Mehl, Backpulver und Salz in einer Schüssel.
2. Dann schnappt ihr euch eine andere Schüssel und zermatscht darin die Bananen. Anschließend Zucker, Öl und den Pflanzendrink eurer Wahl dazugeben und gut verrühren. Das klappt am besten mit einer Küchenmaschine oder einem Handrührgerät. Wenn eine homogene Masse entstanden ist, gebt ihr zum Schluss die Nüsse und die Mehlmischung dazu und rührt ordentlich durch.
3. Den Ofen auf 175 °C vorheizen, die Backform leicht mit Margarine einfetten und mit etwas Mehl bestäuben. Den Kuchenteig in die Form füllen und glattstreichen. Jetzt muss das Ganze noch für 50 min in den Ofen.
4. Um sicher zu gehen, dass das Banana Bread wirklich fertig ist, macht ihr einfach die Stäbchenprobe. Dazu einfach mit einem hölzernen Zahnstocher oder etwas Ähnlichem in den Kuchen piken. Bleibt nix mehr am Stäbchen kleben, ist das Teil fertig. Wenn noch etwas haften geblieben ist, einfach wieder für ein paar Minuten in den Ofen schieben.
5. Das Banana Bread etwas auskühlen lassen, bevor ihr es aus der Form stürzt. Yummy!

beerensorbet

von Uschi Herzer
THE SHINS „Chutes Too Narrow"

Wer es noch nicht zu einer Eismaschine gebracht hat, aber trotzdem mal selbst Eis machen will, für den ist folgendes Rezept perfekt.

Pro Leckermaul braucht ihr:

- **150 g Erdbeeren oder Himbeeren**
- **1 Spritzer Limettensaft**
- **1 EL Agavendicksaft**

1. Die Beeren vorsichtig waschen, abfrottieren, putzen.
2. Mixer aus dem Schrank geholt, Obst, Limettensaft und Agavendicksaft rein, Mixer volle Pulle an und fein zermatschen.

3. Das leckere Beerengematsche in eine gefrierbare Schüssel packen und ab damit in den Gefrierschrank.
4. Leider leider müsst ihr jetzt so ungefähr 4 Std. warten und dürft dabei nicht mal aus dem Haus gehen, denn: das Obst will jetzt langsam vor sich hinfrieren und dabei so ungefähr alle 30-45 min einmal schön durchgerührt werden. Wer das nicht macht, hat hinterher einen richtig fiesen Eisklumpen zum Lutschen.
5. Wenn das Zeug fast fest ist, aus dem Gefrierfach nehmen, verteilen und schmecken lassen.

erdbeer-bananen-sorbet

für 4, von Joachim Hiller
RAMONES „This ain't Havana"

Damit dieses Gericht gelingt, bedarf es eines brauchbaren, leistungsstarken Standmixers. Und es geht fast so schnell, wie der RAMONES-Song kurz ist.

- **2 Bananen**
- **250 g Erdbeeren (außerhalb der Saison TK-Ware)**
- **Agavendicksaft**
- **Pflanzensahne**
- **Minzblätter**

1. Sofern man mit frischen Erdbeeren arbeitet: putzen und einfrieren! Oder gleich Tiefkühlware verarbeiten.
2. Die Bananen schälen und in den Mixer werfen, den ein oder anderen EL Agavendicksaft und etwa Sahne dazu.
3. Jetzt wird's laut: Gefrorene Erdbeeren in den Mixer und Vollgas geben. Nach kurzer Zeit sollte sich der Inhalt bereits zu einer zähen Eispampe verwandelt haben.
4. Jetzt muss alles schnell gehen, denn das Zeug schmilzt schneller, als einem lieb ist. Also mit einem Gummischaber in (vorgekühlte) Schüsselchen kratzen und servieren.

→ Wenn man klug war, hat man zu Dekozwecken ein paar Minzblättchen (Schere!) kleingeschnibbelt. Und natürlich kann man auch ein paar Minzblätter in den Mixer werfen.
→ Statt Erdbeeren kann man auch jedes andere Obst (z.B. Mango) verwenden, nur gefroren muss es sein.

apfel-zimt-pfannkuchentraum

für 2, von Andreas Lehnertz, Trust Fanzine
THE ESTRANGED „Subliminal Man"

Bei der Mischung kann kaum was schiefgehen (selbst mit grobem Gefühl für das Mischungsverhältnis). Also mit Augenmaß rein in den Messbecher und gut ist's.

- **1 Apfel**
- **1-2 TL Pflanzenöl**
- **2 gehäufte EL Sojamehl**
- **150 ml Sojamilch**
- **2 (besser nicht gehäufte) EL Zucker**
- **2-4 TL Zimt**
- **100 g Mehl**

1. Den Apfel vierteln, Kerngehäuse raus und in möglichst dünne Scheiben schneiden.
2. Pflanzenöl in die Pfanne und während das erhitzt wird, werden alle anderen Zutaten zusammengepantscht.
3. Ab inne Pfanne, wenn gut, wenden ... und fertig.

→ Dazu schmeckt leckere Erdbeermarmelade von Mami.

veganer rüblikuchen

für eine große Guglhupfform, von Katrin Hecker, myfrienddoeswickedveganpastries.net
THE CLASH „London Calling“

- 400 g Karotten, fein geraspelt
- 200 g Zucker
- 200 g Öl, am besten Rapskernöl mit Buttergeschmack
- 1 Messerspitze Bourbonvanille
- 200 ml Soja-Joghurt Natur
- 100 ml Wasser mit Kohlensäure
- 1 Messerspitze Zimt
- 1 Päckchen Backpulver
- 1 TL Natron
- 400 g Mehl
- Saft und Schale von 1 unbehandelten Zitrone
- 3 Tropfen Zitronenöl

Außerdem:
- Margarine und Mehl für die Form
- Zuckerguss aus Puderzucker und Zitronensaft

1. Den Zucker und das Öl mit einem Schneebesen verrühren, Soja-Joghurt und Vanille zugeben, dann das Wasser unterrühren.
2. Das Mehl mit Backpulver, Natron und Zimt mischen und zugeben. Zum Schluss die geraspelten Karotten und Zitronenöl, -saft und -schale untermischen.
3. Eine Guglhupfform einfetten, bemehlen und den Teig einfüllen. Im vorgeheizten Backofen bei 180 °C (Umluft) etwa 50-60 min backen (Stäbchenprobe durchführen!).
4. Puderzucker und Zitronensaft für einen Guss zusammenrühren, auf dem abgekühlten Kuchen verteilen und nach Belieben verstreichen.

tofu cheesecake

von Megumi Nachev, DevaDeva Café, Tokyo
SIPA BALED CLONE „Another World"

Wer hat da eben über Wuppertal gelacht? Ja, die Stadt ist nicht der Nabel der Welt, aber dorthin hatte es für kurze Zeit Megumi Nachev aus Tokyo verschlagen, die das DevaDeva Café betreibt und mit dessen vegetarischen und veganen Gerichten zwischen japanischer, indischer und europäischer Küche in Tokyo eine exotische Ausnahme darstellt. An einem kalten Herbsttag kochte Megumi in Wuppertal für ein paar Freunde ein geniales Menü, und dieser Kuchen war das Dessert. devadevacafe.com

für den Teig:

- 250 g Vollkonrmehl
- 2 Prisen Salz
- 1 EL Zucker
- 140 g neutrales Öl
- 100 g kaltes Wasser

für die Füllung:

- 600 g fester Tofu
- 300 g Zucker
- 1 Bio-Zitrone
- Zimt
- 300 g Kokosmilch
- 100-200 g Sojamilch
- 50 g Mehl
- 100 g Kokosfett, z.B. Palmin
- 180 g neutrales Öl
- 2 TL helle Miso-Paste
- 50 g Tahin
- 1 TL Agar Agar
- 50 g Rosinen
- etwas Margarine zum Ausfetten

1. Für den Teig alle Zutaten mit einer Küchenmaschine gut verkneten. Wenn ihr keine Küchenmaschine besitzt, geht es auch so: Mehl, Salz und Zucker mit dem Öl zu einem krümeligen Teig verarbeiten. Dann das Wasser dazugeben und ordentlich verkneten. Den Teig in eine Klarsichtfolie packen und für 30 min in den Kühschrank legen.
2. In der Zwischenzeit könnt ihr euch der Füllung widmen. Zuerst ist die Zitrone dran: mit einem Zestenreißer die Schale abziehen und anschließend noch den Saft auspressen.
3. Das Kokosfett in einem kleinen Topf oder in der Mikrowelle langsam schmelzen. Dann alle Zutaten für die Füllung bis auf die Rosinen in die Küchenmaschine geben oder mit einem Handmixer zu einer homogenen Masse verarbeiten. So viel Sojamilch zugeben, bis die Pampe eine cremige Konsistenz hat; sie darf nicht zu kompakt/dick sein. Zum Schluss noch die Rosinen untermischen.
4. Nach den 30 min den Boden einer Kuchenspringform fetten und mit dem Teig auskleiden. Dazu entweder den Teig mit den Händen gleichmäßig in der Form flachdrücken oder mit einem Nudelholz ausrollen. Wer mag, kann noch einen kleinen Rand hochdrücken.
5. Jetzt die Füllung draufkippen, gleichmäßig verteilen und bei 180 °C 50-60 min backen. Herausnehmen und in der Form auskühlen lassen.

fette schoko-cupcakes

für 12 Cupcakes, von Familie Scheuer
THE BEATLES „Revolver

Fett, süß, klebrig, genial. Wenn man sich für die alkoholfreie Variante entscheidet, ist dieses Rezept auch in der Zubereitung sehr kinderkompatibel. Für den Teig müssen die unten genannten Zutaten einfach nur ordentlich durchgerührt werden. Da der Teig recht flüssig bleibt, können auch schon zarte Kinderärmchen hier zeigen, dass sie doch beachtliche Kräfte haben.

Kuchenteig:

- **180 g Mehl**
- **250 g Zucker**
- **230 ml Sojamilch**
- **175 ml Pflanzenöl**
- **2 EL Margarine (kann, muss aber nicht)**
- **80 g Kakao**
- **1 Tasse Schokosplitter (Blockschokolade) oder Marzipan**
- **1 Päckchen Backpulver**
- **1 Päckchen Vanillezucker**
- **0-2 Tassen Rosinen (mag ja nicht jeder)**
- **1/2 Tasse Rum für die Alkis und/oder Kinderlosen (ich bin weder das eine noch das andere, aber mag beides)**
- **Muffinbackform für 70 mm**
- **Papierbackförmchen**

Zeugs für obendrauf (neudeutsch auch Topping):

- **2 Becher „Wie Frischkäse" (alternativ 300 g Margarine + 1 Spritzer Zitronensaft)**
- **Puderzucker**
- **Kakao**

1. Also alles in den Topf, rühren, rühren, rühren. Fertig.
2. Die Muffinbackform mit den Papierförmchen bestücken und den Teig gleichmäßig in den Förmchen verteilen. Es ist von Vorteil den Ofen auf 180 °C vorzuheizen. Es geht auch ohne, weil es Energie spart – das Backergebnis ist aus dem vorgeheizten Ofen aber definitiv besser. Nach 15–20 min sollten die Muffins fertig sein.
3. Damit Muffin zum Kuchen wird (unsere Definition, nicht allgemeingültig), sticht man mit einem Kuchlöffelstiel in jeden Muffin von oben ein Loch. Nun sollten die Muffins auskühlen.
4. Zeit für die Füllung bzw. Zeugs obendrauf! Den veganen Frischkäse mit dem Handrührgerät rühren und abwechselnd 1 EL Puderzucker bzw. Kakao dazugeben. Achtung: je mehr Zucker, desto flüssiger die Creme! Hier ist Gefühl gefragt. Ziel ist, eine feste, cremige Konsistenz zu erreichen, denn wir wollen die Muffins mit der Creme füllen und von oben stilvoll verzieren bzw. bedecken.
5. Ist die Creme also fertig, nimmt man eine Plastiktüte (eine Tütenecke abschneiden) oder einen Spritzbeutel und presst die Creme in die Löcher und macht obendrauf einen fetten Klecks! Fett! Wer mag, kann noch mit Kuvertüre verzieren. Durch die Rosinen und die Creme bleiben die Cupcakes im Kühlschrank locker 3 Tage frisch und saftig. Nichts für schwache Nerven und Kalorienzähler!

allround-rhabarberkuchen

von Uschi Herzer
WIPERS „Is This Real?"

- **750 g Rhabarber**
- **100 g Zucker**
- **1 Päckchen Vanillepuddingpulver**
- **150 g Margarine**
- **120 g Zucker**
- **260 g Weizenvollkornmehl**
- **1/2 TL Zimt**
- **60 g gehackte Walnüsse oder Mandeln**
- **1 Prise Salz**

1. Als Erstes kommt die Sauerei: Rhabarber waschen, wenn nötig,

schälen und dann in kleine Stücke (0,5 cm) schneiden. In einer Schüssel mit 100 g Zucker und Vanillepuddingpulver ordentlich vermischen und zur Seite stellen.
2. Jetzt schon daran denken, den Ofen vorzuheizen: 180 °C Ober/Unterhitze bitte.
3. Als Nächstes weiche Margarine und Zucker in der Küchenmaschine aufschlagen. Mehl, Zimt, Nüsse und Salz dazugeben und so lange rühren (lassen), bis alles schön vermischt ist.
4. Je nachdem, was in eurem Haushalt vorrätig ist, sucht ihr im Schrank die eckige Backform für die Brownies (ca. 18 x 28 cm), fettet sie gut ein oder nehmt wie ich ein olles Backblech, legt Backpapier drauf und bastelt aus einem zusammensteckbaren Metallbackrahmen ein Viereck. Größe siehe oben.
5. Jetzt etwas mehr als 3/4 des Krümelteiges gleichmäßig auf dem Boden der Form festdrücken. Der Rest ergibt die Streusel. Rhabarberpampe schön auf dem Teig verteilen, Streusel oben drüber und schon ist das Ganze fertig.
6. Kuchen in den Ofen schieben und erfahrungsgemäß 35 min drin lassen. Die Streusel sollten eine leichte Bräunung haben. Rausnehmen, etwas abkühlen lassen, fett vegane Sprühsahne obendrauf und glücklich sein.

→ Geht auch mit Kirschen, Himbeeren, Aprikosen ...

zitronen-apfel-torte

von Ruairidh MacAllan, OI POLLOI

Für den Teig braucht ihr:
- **100 g Vollkornmehl**
- **100 g weißes Mehl**
- **30 g Haferflocken**
- **2 TL Teelöffel Backpulver**
- **50 g brauner Zucker**
- **200 g Margarine**
- **Sojamilch**

Für den Belag:
- **6 große Äpfel**
- **Zucker, Zimt, Ingwer, Vanillezucker, Rosinen**
- **1 Zitrone**
- **gehackte Haselnüsse oder Mandeln**

1. Die Teigzutaten in einer Schüssel mixen. Stellt alles in den Kühlschrank, während ihr den Belag zubereitet. Dafür braucht ihr 6 große Äpfel, die ihr erst einmal schält. 3 davon schneidet ihr klein.
2. Gebt die Apfelstückchen in einen kleinen Topf mit etwas Wasser. Bringt den Inhalt zum Kochen und schmeckt das Ganze mit etwas Zucker, Zimt und Ingwer ab. Reibt etwas Schale von einer ungespritzten Zitrone dazu und kocht das alles zu einem Püree zusammen. Dann runter von der Herdplatte damit, noch etwas Zitronensaft und je nach Geschmack Vanillezucker und Rosinen dazumischen.
3. Jetzt die anderen 3 Äpfel schälen und in dünne Scheiben schneiden. Eine Kuchenform mit Margarine einfetten, den Teig einfüllen, die dünnen Apfelscheiben darüber legen und dann das Apfel-Zitronen-Püree darüber verteilen. Je nach Geschmack gehackte Nüsse oder Mandeln darüber verteilen oder sie in Form eines Anarchiezeichens aufstreuen.
4. Ab damit für 30-40 min in den Ofen bei 200 °C. Am besten schmeckt der Kuchen am Tag darauf, wenn er ausreichend abgekühlt ist, denn so kommt das Zitronenaroma besser zur Geltung. Guten Appetit!

mousse au chocolat

für 2, von Uschi Herzer
„Mario Lanza sings the hit songs from the Student Prince and other great musical comedies"

Mit dieser extrem leckeren Mousse au Chocolat haben wir noch jeden gekriegt! Es kommt dem Original verdammt nahe, bis auf die Fluffigkeit, aber das ist überhaupt nicht schlimm. Das Wichtigste für das Gelingen dieses Rezepts ist ein Pürierstab oder Standmixer, denn ohne kriegt man den Seidentofu nicht gut cremig.

- 200 g Seidentofu (Keinen normalen Tofu nehmen, denn das gibt nur Frust, weil es nicht schmeckt!)
- 1 Päckchen Vanillezucker
- 75 g Zartbitterschokolade. (Ich nehme gerne „Nirwana Noir mit Trüffelfüllung" von Rapunzel, weil die nicht so bitter schmeckt und eine Nusscreme als Füllung hat.)
- Wer vegane Schlagsahne schon offen im Kühlschrank hat, kann da auch noch ein paar Löffel (aufgeschlagen natürlich!) unterheben.

1. Die Schokolade zerbröckeln und im Wasserbad* langsam schmelzen lassen.
2. Parallel dazu schmeißt ihr den Seidentofu in den Mixer und matscht schon mal vor. 1-2 min auf der Turbostufe und gut is'.
3. Wenn die Schokolade geschmolzen ist, gebt ihr sie ebenfalls in den Mixer, V-Zucker dazu und nochmal gut durchmixen. Dann ab damit in vier dekorative Gläser und für 3-4 Std. in den Kühlschrank.

→ Wasserbad: Eine hitzebeständige Schüssel oder ein kleines Edelstahltöpfchen oder einen kleinen Glasmessbecher in einen Topf mit heißem Wasser hängen (ohne Bodenkontakt); die Flamme dabei auf klein stellen; das Wasser darf nicht sprudeln! Zerbröckelte Schoko in das Gefäß und warten, was passiert. Ab und an durchrühren. Wichtig ist, dass das Wasser nicht mit der Schokolade in Berührung kommt, logo. Wer ein Klugscheißer ist und die Schokolade einfach im Topf schmelzen will, wird sehen, was er oder sie davon hat. Wird garantiert eine Riesensauerei!

schneller schichtnachtisch

für 4-6, von Anja, PUNK-O-MAT
A.F.I. „Shut Your Mouth and Open Your Eyes" (Ihr schafft Zubereitung und Aufräumen/Spülen, bis die 28 min durch sind!), oder: Playalongs ohne Gesang deiner Lieblingshits zum Üben – das nächste Karaoke kommt bestimmt ...

Zur Sahne: Je nach Hersteller gibt es gesüßte und weniger/nicht gesüßte, sowie welche, bei der man Sahnesteif zugeben muss. Da muss jeder rumprobieren bzw. gucken, was er oder sie im Laden bekommt.

- **300 g tiefgekühlte Beeren**
- **500 g Soja-Joghurt**
- **250-300 g Soja-Schlagsahne**
- **ca. 3 EL brauner Basterdzucker (gibt es in den Niederlanden in jedem Supermarkt), alternativ je nach Geschmack Rohrohrzucker oder Vollrohrzucker (je dunkler desto cooler sieht es am Ende aus und desto größer ist der geschmackliche Kontrast)**
- **bei ungesüßter Sahne 2 Päckchen Vanillezucker**
- **evtl. Sahnesteif**

1. Die noch tiefgekühlten Beeren in eine eher hohe als breite Glasschüssel geben (jedes andere Material geht natürlich auch, in Glas sieht's halt am schicksten aus ...).
2. Den Joghurt darüber gießen.
3. Die Sahne nach Packungsanleitung steif (oder zumindest fluffig) schlagen, dabei gegebenenfalls Vanillezucker und/oder Sahnesteif zufügen. Dann die Sahne auf den Joghurt geben.
4. Den Zucker auf die Sahne streuen. Das Schichtgebilde ein paar Stunden im Kühlschrank durchziehen und auftauen lassen. Die Beeren brauchen mindestens 5 Std. dafür.

→ Tipp: Morgens für mittags machen oder gar – ganz abgefahren – über Nacht ziehen lassen. Wenn der Zucker sich mit der Zeit verflüssigt und rumsuppt: Super, das soll er!

→ Diese Variante wird frisch-säuerlich mit leicht süßem Hauch. Wer es süßer will, nimmt entweder die bereits gesüßte Sahne oder mehr Sahne oder mehr Zucker. Man kann z.B. die Früchte zuckern, bevor man den Joghurt darauf gibt.

rote-bete-schoko-brownies

von Tina Menzel, koernerfressershop.de
THIN LIZZY „Jailbreak"

Die Rote Bete setzt sich geschmacklich kaum durch, macht diesen Kuchen aber sehr saftig und locker und ersetzt zugleich die Eier. Eine überraschende Köstlichkeit.

- **1 kleine Knolle Rote Bete**
- **150 g Margarine**
- **200 g (Rohr-)Zucker**
- **150 g Mehl**
- **35 g Kakaopulver**
- **1 Päckchen Vanillinzucker**
- **1/2 TL Backpulver**

1. Rote Bete kochen, schälen und pürieren.
2. Margarine schmelzen lassen, das Kakaopulver unterrühren. Beides abkühlen lassen.
3. Zucker, Mehl, Backpulver und Margarine-Kakao-Gemisch langsam verrühren.
4. Rote-Bete-Püree vorsichtig unterheben, bis die Masse cremig wird.
5. Die Teigmasse in eine mit Backpapier ausgelegte Auflaufform (24 x 24 cm) geben und bei 200 °C etwa 20-25 min backen.

→ Tipp der Redaktion: Eine Handvoll gehackte Walnüsse in den Teig geben.

KÜSTEN COOKIES

Ladung

60ml Sojamilch (Vanille)
1 EL Apfelessig
270g Mehl
1 TL Backpulver
1 Prise Salz
115g Soja-Margarine
115g Erdnussbutter
170g brauner Zucker
170g Ahornsirup
120g Walnüsse oder Haselnüsse
1 Vanilleschote
2 große Bananen
1 Tafel Zartbitter (200g)

1 Sojamilch und Apfelessig vermischen und erst mal stehen lassen.

2 Den ganzen drögen Schnick Schnack tüchtig mischen. Margarine, Zucker, Vanillemark & Erdnussbutter cremig schlagen. Die Bananen „zertanzen" und dazu geben.

3 Nun das Mehl Stück für Stück zu den zertanzten Bananen geben und mit der Soja-Apfelessig-Pampe verrüren. Walnüsse und Schoko zerstückeln und unterheben.

4 Mit einem Löffel kleine Häufchen auf´s Blech setzen und ca. 9–11 Minuten goldbraun backen.

Index

Vegetarisch
shoppen!?

Die Verlagskantine empfiehlt alle anderen Ox-Kochbücher und außerdem:

Justin P. Moore

The Lotus and the Artichoke. Vegane Entdeckungen eines Weltreisenden

Über 100 vegane Rezepte, inspiriert von jahrelangen Reisen und Abenteuern in über 40 Ländern! Entdecke phänomenale indochinesische Köstlichkeiten, indische Festmahle, asiatische Delikatessen, italienische, französische, deutsche und andere europäische Klassiker, afrikanisch inspirierte Spezialitäten, amerikanisches Comfort Food, süße Verführungen aus der ganzen Welt, fantastische Salatkreationen und leckere Snacks!

216 S. • ISBN 978-3-95575-011-4 • € 19,90 (D)

Bernd Drosihn

Tofu. Vom skurrilen Kampf um ein unscheinbares Weltnahrungsmittel

Von den Do-it-yourself-Anfängen in Zeiten der ausklingenden Hippiebewegung bis hin zur Professionalisierung: »Tofu« ist ein Stück bundesrepublikanische Mentalitätsgeschichte. Bernd Drosihn, aktiver Tofuerzeuger, erzählt seine ganz eigene »Tofugrafie« zwischen Alternativbewegung und Punk.

160 S. • ISBN 978-3-931-555-53-5 • € 12,90 (D)

Larry Marder

Bohnenwelt

Sie sind klein, garstig, selbstbewusst, philosophisch, biologisch-dynamisch und anarchistisch. Sie sind: Bohnen. Und sie sind die Helden eines aberwitzigen Kult-Comics, der in den USA seit den 1980er-Jahren die unterschiedlichsten Leserschichten fasziniert: »Beanworld« von Larry Marder. Bei Ventil erstmals auf Deutsch. erschienen

272 S. • ISBN 978-3-931555-44-3 • € 17,90 (D)

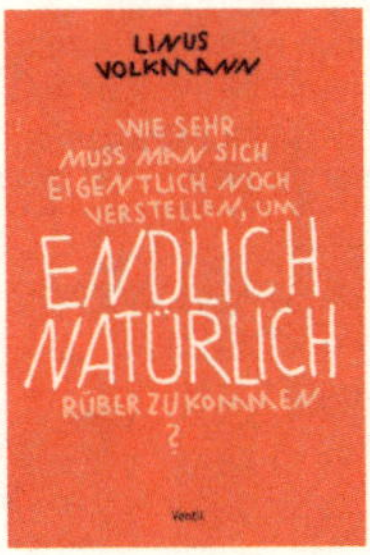

Linus Volkmann

Endlich natürlich. Roman

Wilhelm Bitter ist kein Freund von Geselligkeit, allerdings auch kein ernstzunehmender Gegner für sie. Sein Job als Caterer verbindet ihn wieder und wieder mit dem Unding Welt. Dabei husten, schnarren, klappern, lachen, atmen ihm all die Anderen zu laut und zu viel.

176 S. • ISBN 978-3-931555-54-2 • € 12,90 (D)

Webshop auf www.ventil-verlag.de

Kochen ohne Knochen – mit Sti

Hand- und Geschirrtuch 3,90 Euro
Baumwolle, 54 x 100 cm

Frühstücksbrettchen 8,00 Euro
Melamin-Brett, 23,5 x 14,5 cm

Pfannenwender 3,00 Euro
Unbehandeltes FSC-zertifiziertes Buchenholz, schwarzes Karottenlogo

Sparschäler 3,90 Euro
Kiwigrün, schwarz gedrucktes Karottenlogo

Button-Set 2,50 Euro
Drei bunte Buttons mit Illustrationen von rautie.de

Kochen ohne Knochen-T-Shirt 20,00 Euro
Bio-Baumwolle, navy Blue in M, L, XL, Girlie-M, Girlie-L

Küchenschürze 18,90 Euro
Schwarz, farbig gedrucktes Karottenlogo

Logo-Stofftasche 3,00 Euro
Naturweiß, fair gehandelte Bio-Baumwolle, grünes KoK-Logo

Möhren-Stofftasche 8,50 Euro
Kelly green, fair gehandelte Bio-Baumwolle, farbiges Karottenlog

Küchenmesser 3,90 Euro
Griff aus Kirschholz, 7 cm Klinge, eingeätztes Karottenlogo

Pizzamesser 4,90 Euro
Edelstahl, 10 cm Klinge, eingeätztes Karottenlogo

Buckelsmesser 7,90 Euro
11,5 cm gerundete Klinge, eingeätztes Karottenlogo

Profimesser 16,90 Euro
20,5 cm Super-Molybdänstahl-Klinge, eingeätztes Karottenlogo

Button-Stofftasche-Set 5,00 Euro
Naturweiße, grün bedruckte Stofftasche und 3 Button

Buckelsmesser-Set 29,80 Euro
4 Buckelsmesser

Frühstücksset 14,90 Euro
1 Frühstücksbrett und 1 Buckelsmesser

Karten-Sticker-Buttons-Set 6,00 Euro
5 Postkarten, 5 Aufkleber, 3 Buttons

Kochbuch-Pakete 25,00 – 90,00 Euro
Dunkelgrauer Stülpkarton, je nach Ausführung mit diversem KoK-Merch und Kochbüchern gefüllt

Kochen ohne Knochen

Das Magazin für Menschen, die kein Fleisch essen

Für 3,50 Euro im Bahnhofsbuchhandel, an ausgewählten Verkaufsstellen oder über kochenohneknochen.de erhältlich.

Die Ox-Kochbücher ox-kochbuch.de

Ox-Kochbuch 1 9,20 Euro

Ox-Kochbuch 2 9,90 Euro

Ox-Kochbuch 3 9,90 Euro

Ox-Kochbuch 4 9,90 Euro

Einfach online bestellen unter **ox-fanzine.de/sho**